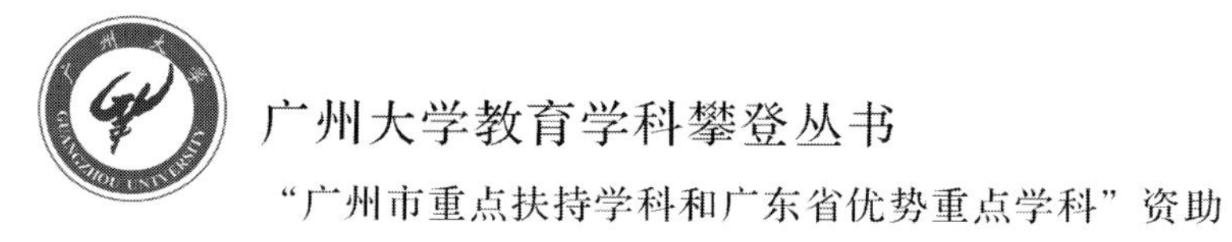

广州大学教育学科攀登丛书

“广州市重点扶持学科和广东省优势重点学科”资助

论教育自由

Lun Jiaoyu Ziyou

常淑芳 著

中国社会科学出版社

图书在版编目(CIP)数据

论教育自由 / 常淑芳著. —北京：中国社会科学出版社，2016.4
ISBN 978-7-5161-7563-7

Ⅰ.①论… Ⅱ.①常… Ⅲ.①教育学—文集 Ⅳ.①G40-53

中国版本图书馆 CIP 数据核字(2016)第 022538 号

出 版 人 赵剑英
责任编辑 冯春凤
责任校对 张爱华
责任印制 张雪娇

出 版 中国社会科学出版社
社 址 北京鼓楼西大街甲 158 号
邮 编 100720
网 址 http://www.csspw.cn
发 行 部 010-84083685
门 市 部 010-84029450
经 销 新华书店及其他书店

印 刷 北京君升印刷有限公司
装 订 廊坊市广阳区广增装订厂
版 次 2016 年 4 月第 1 版
印 次 2016 年 4 月第 1 次印刷

开 本 710×1000 1/16
印 张 16.5
插 页 2
字 数 269 千字
定 价 69.00 元

目　录

序

一直以来，自由都是人类孜孜以求的目标，也是教育的终极价值追求。在我国，如果以五四时期“儿童的发现”为开端，那么，“教育自由运动”的历史已近百年。“自由”是在西学东渐的过程中，伴随西方的人权观念而来的舶来品。它在中国扎根、发芽，历经磨难，对它的研究也几经波折、几经中断。就教育而论，由于其目标是培养自由全面发展的人，所以“自由”本应是教育的圭臬。但是，在20世纪中国极“左”的政治环境下，人人谈“自由”则色变，更遑论“教育自由”。如今，随着思想的解放，改革的深入，“人权”、“权利”、“自由”，以及“教育权利”、“教育自由”等概念和理论才获得应有的身份，其价值也逐渐获得认可。《论教育自由》正是在这样的时代背景下，基于政治哲学的学科之眼——“权利”，就现代教育思想体系的“拱顶石”——自由进行研究，显示了作者的学术抱负、理论勇气和较为扎实的研究功底。

虽然人性的需求是复杂的、多样的，但自由是人性最深刻的需求。在教育思想史上，如果说，“人的发现”为“自由”价值的彰显提供了内在基础，那么，我们也可以讲，人对自身正当权益的追求证明了自由的正当性，教育自由就是给学生、教师等参与教育活动的人以自由、尊重和权利。此时，自由已不仅是一个政治哲学概念，也不仅作为一种流行的理念、口号或抽象的理论而存在，而是教育的基本原则。然而，什么是“教育自由”，教育学意义上的“自由”和哲学、心理学与政治哲学意义上的“自由”的差异何在，教育自由和经济自由、政治自由、社会自由、道德自由乃至形而上学的自由有什么关联，教育自由和教育民主、教育平等、自由教育的关系是什么，谁之自由，何种自由，如何自由等问题接踵而至。《论教育自由》正是在对上述概念及其相互关系追本溯源、条分缕析、纵横比较的基础上，以人的解放与自由为立论基点，以教育场域中不同主体间的权利关系为研究对象，详尽研究教育自由的历史哲学基础，阐明不同的权利与权力观念及其对教育学意义，系统地探究国家、社会、个体的相互作用关系，明确不同主体在教育活动场域中的权责，确立教育自由的合理内涵、价值取向、基本原则等。

通览《论教育自由》一书，作者试图揭示个人的实质自由和组织的形式自由之间的关系，认为，唯有通过合理的制度安排才能最终促成教育的变革，个人的自由才能真正得到实现。这正是该研究的本义和意义所在。

其一，从非形式化、非制度化教育发展到形式化、制度化教育的今天，“人是目的，不仅仅是手段”的自由法则更多地体现在形式自由和实质自由的历史的统一之中。从康德到罗尔斯的自由主义者强调自由优先于权利，希望通过形式自由实现实质自由，维护每个人的自由发展机会和切身利益。从洛克到诺奇克的自由主义者则强调“个人是目的，而不仅仅是手段”“个人是神圣不可侵犯的”，认为，必须从人的主观努力和财富与地位的关系出发，基于个人自由和权利的神圣性而对人的行为进行边界约束，为个人划定一个自由发展的最大空间，从而充分激发人的选择能力和责任意识，体现出人的自主性、主体性。事实上，马克思以来的马克思主义理论家也一直在探索实质的自由，认为，在实现自由的共产主义社会，个人的独创性和自由的发展是高度结合的，它们必须基于个体间的联系，而这种联系部分地表现在经济前提中，部分地表现在一切人自由发展的必要的团结一致中，最后表现在以当时的生产力为基础的多种多样的活动方式中。《论教育自由》从各种思想流派中汲取营养，提出，自由，乃至教育自由的实现拒斥任意性和单纯的选择的自由，必须综合形式自由和实质自由，在其存在的历史性实现统一，因为“人类实践选择的自由只有作为历史的自由，才有可能作为人与他的现实的关系”。（引自德国教育学家本纳的《普通教育学》）

其二，如何在社会控制和个人独立之间做出恰当的调整，处理好自由与发展的关系，从而实现消极自由与积极自由的现实统一，成为教育自由的关键所在。密尔所主张的教育自由是消极的自由，是个人在与他人发生关系的行为中不伤害他人的不作为。相应地，社会对个人的控制必须绝对地尊重这个原则："人类之所以有理有权可以个体地或者集体地对其中任何人的行动自由进行干涉，唯一的目的只是自我防卫。"然而，从积极自由的角度来看，个人也有不受别人阻止做出选择的自由和成为某人自己的主人的自由。因此，《论教育自由》提出：教育自由不仅意味着个体具有摆脱干预和强制获得自由的权利，而且意味着个人有能力、有资源享受这种权利。教育必须创造条件使个体获得自由的能力得到真正的改善，使自由成为自我实现和社会进步的根本条件。

其三，正确处理教育中的权力和权利之间的关系，通过教育制度的人性化改革，实现思想自由、行动自由和个性自由。这是教育自由的根本目标。权力欲是人性的基本内容，它既有无限创造的潜力，也有无穷膨胀带来危害的"毒性"，所以权利的出现，既有张扬人性权力的创造性的一面，也有抑制人性的危害性的一面。对社会权力、教育权力而言，概莫能外。正如《论教育自由》所言：个人自由的实现必须遵循个人主义、权利至上、平等、宽容、限制等原则，既要抑制国家权力及社会权威的过度膨胀，又不得不依赖它们所提供的种种保障；既要依赖于教育公平机制的保障，又要取决于有效的权力约束机制。

其四，纵观全文，作者并不是简单地套用西方政治哲学的分析模式，而是独辟蹊径，立足于教育人学立场，针砭中国教育中自由失落的问题，鞭辟入里，揭示教育自由的内涵、范畴与意义，并在诸多概念、理论与方法的要害处，既能发微探幽，也能自成体系地进行论述。全文行文流畅，论证严谨，知识性与思想性共存，给读者带来思考的无穷乐趣和实践的无限启发。

获知淑芳的博士论文即将付梓出版，我和她一样高兴。在当今社会，能够戒骄戒躁，追求自己的学术梦想，执着于自己的思想进步，乐于与他人分享自己的研究成果，虽不易，但已尽力，且做到了。即使求索之路不平坦，但我们相信，她一定还能奉献给我们更多更好的作品。

是为序。

扈中平

2014 年 4 月于广州石牌

绪论　自由在教育中的失落

一　研究缘起

人是教育的出发点①，一切教育的核心或关键就在于使人成为自由的存在者，教育价值的合理性应当指向人的解放与自由。但是，并不是所有的教育都当然地增进人的自由意识和独立思想，一些教育理论和实践反而限制了人的自由，甚至造成对人的奴役和支配。原因大概有几点：

首先，“长期以来，我们的教科书和大量论著都是从纯粹认识论意义上去理解马克思（K. Marx）、黑格尔（G. W. F. Hegel）、康德（I. Kant）乃至整个德国古典哲学的自由理论的。由于没有跳出这种纯粹认识论的思维框架，自由的本质始终没有进入我们的视野。”② 其次，在教育界，人们更是谈自由即色变，“教育自由”更被当作敏感词汇来对待，而与之相关的种种问题更无法得到合理的探讨。正如有人所言：“自由是人类一种古老的文化主题。……但是，自由又是一个从古至今就非常有争议的主题。……至于教育与自由的关系，则更是没有得到充分的讨论。在政治哲学领域，教育似乎不在学者们的视野之内；在教育学领域，自由又很少成为学者们讨论的话题。……其结果是：社会生活中人们对自由的严重无知以及由此产生的对自由的恐惧、误解或滥用，从而不能够形成可贵的自由人格。”③ 换言之，由于没有真正地把握自由的本质，不能深入地探讨教育自由及与之相关的各种问题，致使教育

---

① 扈中平：《人是教育的出发点》，《教育研究》1989 年第 3 期。

② 任赜：《让个人自由成为社会的承诺》，《开放时代》2000 年第 7 期。

③ 石中英：《教育哲学导论》，北京师范大学出版社 2002 年版，第 231 页。

实践产生种种偏差。即便个别研究者稍有着力，但影响却微乎其微，当面对社会现实时则更显苍白。总言之，理论研究的欠缺导致教育实践对教育自由的僭越不仅在理论上无法得到认识，在制度上也得不到纠正，致使教育实践问题重重。主要体现为：

第一，教育与政治关系的严重扭曲。一方面，由于教育的相对独立性地位没有得到应有的重视，加之过度强调教育的政治性，致使教育成为某一党或某一利益集团谋取私利、维持统治的工具，教育学长期“被”意识形态化。长期以来，我国的教育（学）都以宣传、解释政治化教育政策，并使之准确无误地付诸实践为其职责与使命。因此，自20世纪70年代末改革开放以来，人们围绕“教育的本质”这一基本问题进行了广泛的讨论①，促使教育政治化的倾向有所改观，但时至今日，中国的教育（学）依然难以令人满意，指令化现象仍然未能从根本上消除。②“教条主义的、呆板的指令化‘遗风’在中国当代的百余本教育学教材中均有所体现，对教育进行外在化的对号入座、归位安置的思维方式始终驱控着教育学探究。教育常常被绝对化地、轻率地归置于上层建筑或经济基础、生产力的范畴，而无论‘供职’于哪一个领域，教育学都被赋予一系列指令化的僵化的结论及指标。”③ 另一方面，出于对教育过度政治化的纠正而开始强调教育的独立性，但却滑向了另一极端，即无视教育的政治性特

① 在这场讨论中，影响较大的观点主要有：（1）“教育是上层建筑”说；（2）“教育是生产力”说；（3）教育的双重属性说，即教育受生产力和生产关系的制约，具有生产力和上层建筑的双重属性；（4）教育的多重属性说，即教育的本质是其社会性、生产性、阶级性、社会实践性等的统一；（5）特殊范畴说，即教育是一种复杂的社会现象，它不能简单地归结到生产力、经济基础和上层建筑的某一范畴，而只能独立出来，作为一个专门的、特殊的范畴，具体表现为教育是传递人类社会生活经验的工具；（6）社会实践活动说，大致有“教育是促进个体社会化的过程”、“教育是培养人的社会实践活动”、“教育是人类自身的生产实践”、“教育是人类加速自身建构与改造的社会实践”等不同的观点。（瞿葆奎：《社会科学争鸣大系·教育学卷》，上海人民出版社1992年版，第51—66页。）

② 叶澜先生在《中国教育学发展世纪问题的审视》中指出，意识形态等对教育学科发展的影响在21世纪还会存在，但不再处于影响新世纪教育学发展的第一大问题的“显赫”地位。对此，笔者认为即使到了社会主义民主政治建设的时期，政治意识形态等对教育学的影响或控制依然不会减少，只是控制方式方法的变换而已，从一种大张旗鼓式的控制转变为更为隐蔽的方式进行，如通过对相关学术制度的控制来引诱、控制教育学界知识分子，进而影响教育学的发展。

③ 郝德永：《教育学面临的困境与思考》，《高等教育研究》2002年第4期。

征，主要体现为倡导教育应“不问政治且超越党派”[①]以保持中立而置身于政治纷争之外，但这却会使得教育脱离其存在的现实基础。[②]事实上，这一观点也仅限于学界矫枉过正的讨论，并没有对现实的教育实践产生太多影响。[③]

第二，学校职能的整体异化。就学校教育的总体实践而言，它已俨然成为与慈善团体、道德改良协会、工人住宅区、集体宿舍、儿童收容所、孤儿院、工厂等齐名的规训机构，并共同构成了现代社会之“监狱群岛”。[④]虽然这些机构原本“是用于减轻痛苦，治疗创伤和给予慰藉的，因此表面上与监狱迥然有异，但它们同监狱一样，却往往行使着一

① ［美］范斯科德：《美国教育基础：社会展望》，北京师范大学外国教育研究所译，教育科学出版社1984年版，第69页。

② 教育是人类的一种社会实践活动，是由人来安排的。一个国家、一个时代的教育是什么样，取决于人们的决策。随着教育在社会生活中变得越来越重要，政府越来越多地介入了教育决策。而今，教育已经成为国家的事业，教育决策成为政府政策中一个非常重要的方面。政府的教育决策过程，是一个政治过程。政府掌握教育权力，并对教育事业作出决策，其目的是希望教育为其政治目标服务（马凤岐：《教育政治学》，人民教育出版社2002年版，第357—360页）。范斯科德（R. D. Vanscode）等也认为，教育是美国重要的政治领域之一，在州及地方政府，教育甚至可能是最重要的政治领域，所以，在任何一级政府教育都不会是超越政治以外的活动。（［美］范斯科德：《美国教育基础：社会展望》，北京师范大学外国教育研究所译，教育科学出版社1984年版，第69页。）科根（M. Kogan）说，教育究其本质而言，是政治性的。（瞿葆奎：《教育学文集·教育与教育学》，人民教育出版社1993年版，第874页。）因此，保持教育的中立性几乎是不可能的。但是这并不意味着教育中就一定无自由或教育一定是依附于政治需要的。教育具有其相对的独立性地位。保持这种独立性的地位既是教育本身发展的需要，也是为更好发挥教育为社会培养人才的需要。相反，如果教育一味地迎合政治的要求或者政治强迫教育完全迎合自己的要求，而且政治又走错了方向，那么，教育就可能不能发挥其应有的社会功用，且自身也会遭受严重损失。“文化大革命”时期的教育便是一种典型的以政治教育代替学校教育，以强制说教、简单灌输的方法代替启发、诱导教育方法的教育，这种教育带来的后果是教育事业的停滞不前甚至是倒退以及对社会建设所需的各种人才的奇缺。

③ 教育应脱离政治保持中立性的观点之所以没有在我国的教育实践中产生实质性的影响，原因有：（1）教育为政治服务的传统根深蒂固，不可能马上扭转观念；（2）虽然现有的学术环境越来越多元、开放，但是，允许自由讨论的空间还是非常有限的。

④ 福柯在《规训与惩罚》中经常把学校当作与医院、军营、工厂、修道院等一样的规训机构来对待，认为这些规训机构虽然表面上与监狱不同，但是实质上并无差别：都是对肉体施加压力，使他们得以改造，从而变得驯服、有用；它们的差异仅在于程度上的不同，监狱的规训不过更加彻底更加严厉，更为全面、有效（［法］米歇尔·福柯：《规训与惩罚》，刘北成等译，生活·读书·新知三联书店1999年版，第208—218页）。

种致力于规范化的权力"[①]，并通过"'分配艺术'、'对活动的控制'、'创生的筹划'、'力量的编排'"[②] 等方式对人实施全面的规训，身处其中的"人无论在身体上还是在心灵上都逐渐成为规训社会的囚徒"[③]。因此，当面对"现代社会之'学校'，究竟是学校，抑或是监狱?!"[④]之控诉时，我们可以确定不疑的是执行着现代监狱功能的学校是无论如何也培养不出独立自主的"现代公民"的。正如鲍曼（Z. Bauman）所言："要想在圆形监狱中培育出'独立公民的自由精神'，是绝对没有任何可能性的。"[⑤]

第三，教育过程的全线变质。学校职能的整体变异最突出的体现是教育过程的全线变质。[⑥] 启发、引导不再被认可，取而代之的是规训、奴役，强制说教、简单灌输成为主要的教学方法，考试、评分成为主要的监测手段。以"应试教育"为例，且不论使用"应试教育"之名来概括学生当前的生存现状是否妥帖，它至少反映了一些不争的事实：考试成为学校教育的中心，考试关怀成为学校教育的根本价值追求，升学率成为学校教育挥之不去的情结，而学生的自由在应试教育的作用下则日益式微、边缘化。以培养人、促进人自由发展为宗旨的教育变异成对考试的青睐和信奉。"考考考，教师的法宝；分分分，学生的命根"、"轰轰烈烈搞素质教育，扎扎实实搞应试教育"便是此种教育现实的真实写照。当考试成为学校教育的最大目的，当学校变成一个不断考试的机构，考试自始至终都伴随着教学活动，它越来越不再是学生之间的较量，而成为每个人与全体之间的比较，这使得对每个学生的度量和判断成为可能，并最终导致学校

---

① ［法］米歇尔·福柯：《规训与惩罚》，刘北成等译，生活·读书·新知三联书店 1999 年版，第 353 页。

② 葛新斌：《学校，抑或监狱?》，《华南师范大学学报》（社会科学版）2009 年第 3 期。也有研究者认为，现代学校教育是通过空间分配、活动控制、时间积累、结构编排四个方面对人实现全面的规训（黄晓慧：《大学教育知识的微观政治哲学分析》，博士学位论文，华南师范大学，2008 年）。

③ 汪民安：《福柯的界限》，南京大学出版社 2008 年版，第 180 页。

④ 葛新斌：《学校，抑或监狱?》，《华南师范大学学报》（社会科学版）2009 年第 3 期。

⑤ ［英］泽格蒙特·鲍曼：《自由》，杨光等译，吉林人民出版社 2005 年版，第 7 页。

⑥ 学校职能的变化与教育过程变质之间的关系无异于鸡生蛋与蛋生鸡的问题，本文在此无意于讨论二者间复杂多变的关系，权且将教育过程的变化看作学校职能变化的一种现实而具体的体现。

教育按照规范要求来塑造个人，而学生的个性发展则被淹没在各种规范要求之中。正如福柯所言，“考试是把层级监视的技术与规范化裁决的技术结合起来。它是一种追求规范化的目光，一种能够导致定性、分类和惩罚的监视”，[①] 其实质是通过考试实现对人的精神、行为的钳制和压迫，身处其中的学生毫无自由可言，更无自由发展之可能。然而，出于对学生自由缺失的批判，教育实践却走向了另外一个极端：片面强调学生教育自由的正当性，特别强调要把学生作为主体看待，尊重他们所谓的自由选择权，却走向了对学生自由的放任，致使诸如上课睡觉成了正常的生理需要，“抄袭”、“作弊”成了“参考”，小偷小摸成了“手脚灵活”之类的闹剧不断上演。

如果说人们已开始关注学生的自由，而教育活动中另一主体——教师的自由却未得到应有的关注。在教育活动中，教师自由及其权益正遭受不同程度的侵犯。譬如，教师难以行使正当的教育教学权利，教师的人身自由、安全和健康等权益得不到保障等。自由是个体发展的基础，作为教育教学中的引导者，教师同样需要自由，而且，教师享有正当的权益，既是教育自由的重要内容，也是现代社会公平的一种体现。

综上，教育自由之理论与实践问题重重，尤其是在尚未弄清楚什么是自由及教育自由的情况下就盲目实施所谓的人性化、生命化、个性化或主体（间）性等教育实践，只会造成教育中自由的放任或不及的情况时有发生，且愈演愈烈，最终导致教育毫无自由可言。因此，对教育自由的相关理论问题进行探讨已刻不容缓！

二　当前研究的现状

目前国内外有关教育自由的研究，主要集中在两个层面：一是宏观的国家与教育关系研究；二是中观与微观的学校、教师、学生及家长等教育主体自由的研究，并以对学生自由的研究为主。

---

① 福柯曾指出，虽然考试（examination）起源于18世纪末新型医院组织的巡诊制度之中，但正是在学校之中，它才不断发展成为一种日益成熟的规训手段。参见［法］米歇尔·福柯《规训与惩罚》，刘北成等译，生活·读书·新知三联书店1999年版，第208—209页。

（一）国外的研究

1. 国家与教育的关系

在西方，自柏拉图（Plato）、亚里士多德（Aristotle）开始，教育就已经被提升为城邦事务的高度，教育权被城邦牢牢掌控。之后，虽然对儿童的教育一度被家庭教育（私人教育）替代或被宗教团体把持，但是，伴随着社会大生产而出现的现代意义上的公共教育则实现了教育权力的重新转移，即从家庭或宗教团体重新移交国家。[①] 与此同时，国家在教育中的作用就成为人们所关注的公共性问题之一，任谁都不能否认国家在教育中的作用。问题在于，国家在教育中应该发挥什么作用，或者说政府对教育的干预应当是有限的还是全面的。

一些自由主义者尤其是极端自由主义者认为，政府对教育的干预必然会侵犯人的自由，因此，政府对教育应秉持一种中立的态度或只能进行最低限度的干预。18世纪末的古典自由主义者威廉·洪堡（W. V. Humboldt）在《论国家的作用》一书中指出，国家的基本任务是保障人的自由，国家对公共教育的控制都将被视作一种对人的自由的危害，"……公共教育，也就是由国家安排或领导的教育，它至少在很多方面是令人担忧的"，皆因国家对公共教育的安排或领导将导致教育的单一化而消除"教育的多样化"。因此，"公共教育应完全处于国家作用范围之外"，"教育应完全不受政府机构所应受到的那些适当的限制束缚"，而应"推行最自由的、尽可能少针对公民情况的教育"。[②] 19世纪中叶的功利主义者密尔（J. S. Mill）继承并发扬了洪堡的思想，并在其论著《论自由》中明确指

---

① 因此，华南师范大学的董标教授认为，在西欧国家的历史上，教育国家化是教育现代化的基础。所谓国家化，针对两个不同的对手，有两种不同的意义：一个是教育的私人化，这是西欧的一种传统，但不是具有决定意义的传统，可名之曰"小传统"；另一个是教育的宗教化，这是具有决定意义的传统，自然是"大传统"了。自殖民时代以来，民族主义推动的独立和解放，赋予教育国家化第三种含义：从宗主国收回教育主权。教育国家化的这第三个对手——教育的殖民化，不见于西欧各国。三个传统，即三个对手，三种参照。此外，教育国家化还有第四个涵义：把作为一党之私的教育，改造为国家机器，使教育为政治、经济、文化、国民服务，不为一党专权效忠。

② ［德］威廉·冯·洪堡：《论国家的作用》，冯兴元译，中国社会科学出版社1998年版，第71—75页。

出，由国家主持一种一般的教育，将“形成对于人心并自然而然跟着形成对于人身的某种专制”，从而导致“个性的自由发展”的失落。因此，“这种由国家设置和控制的教育，如果还有存在之余地，也只应作为多种竞赛性的实验之一而存在，也只应以示范和鼓舞其他教育机关达到某种优良标准为目的来进行。”[①] 为了确定国家在教育中的作用，密尔在“国家强制教育”和“国家亲自指导教育”之间做出明确的区分，前者是国家的功能在教育中的发挥，后者则超越了国家所应有的权限。同时期的斯宾塞（H. Spencer）在其有关教育的论述中也明确提出：“我们关于国家职责的定义禁止国家管理宗教或慈善事业，因此它也同样禁止国家管理教育”，“假如说牵涉到儿童的权利，为维护他们的权利，国家的干预是必须的，那么回答是，在儿童的权利受到侵犯以前不能表明进行干预的任何理由，而儿童的权利并不因疏忽对他们的教育就受到侵犯。”[②]

到20世纪，新古典自由主义者的领军人物哈耶克（F. A. Hayek）及弗里德曼（M. Friedman）等在论述其自由理念时，也都触及了这一问题。哈耶克在 *The Constitution of Liberty*[③] 中指出，政府通过直接管理大多数民众就读的学校所拥有的控制权力，固然可以促使一个国家的经济迅速崛起，可以为所有的公民提供一种共同的文化背景，但也付出极高的代价。因为，当公共教育为国家所控制时，那么在这个国家内，应当由谁来控制学校制度，便会成为一个容易引起动乱的政治问题。事实上，“在一种政府管制教育的制度下，所有的小学教育可能逐步受到一个特定集团的理论的控制，这集团真正相信他们对那些问题有科学的答案（就像在很大程

---

① ［英］约翰·密尔：《论自由》，许宝骙译，商务印书馆1998年版，第124—129页。

② ［英］赫伯特·斯宾塞：《社会静力学》，张雄武译，商务印书馆1996年版，第149页。

③ 与其他学术著作的传播一样，哈耶克的 *The Constitution of Liberty*，在传入汉语世界的过程中，也遇到了理解的问题，首先碰到的一个问题就是这一书的书名。哈耶克所著的这部 *The Constitution of Liberty* 一书，在传入汉语世界以后，据我所知，至少被译成“自由的构成”、“自由的宪章”、“自由宪法”等译名。如果单就英语词典来看，无论把 Constitution 译作“构成”、“宪章”还是“宪法”，都是可以的，然而需要指出的是，这里的 Constitution，并不是词典中的单一词，而是一个存在于一种能使它具有意义的上下文中的特定的词，因此，即使搁置理解者的解读范式不论，这一事实也至少要求我们根据该书名的上下文去解读它。（见 http://www.chinaelections.org/NewsInfo.asp? NewsID = 130978）因此，在这里，笔者才倾向使用 *The Constitution of Liberty*，而不使用其众多中译本的任何一种译法。

度上过去30年来在美国发生的那样），上述可能性足以警告我们把整个教育体系交给中央指导要承担风险”①。因此，“在此领域中的整个大问题完全可能很快变成如何防止我们利用所拥有的权力的问题，这种权力会为那些认为有控制的结果总要比没有控制的结果好得多的人提供一个强烈的诱惑。确实，我们可能不久就发现，解决办法在于政府不再做教育的主要施予者，而变成个人的公正的保护人，以控制使用这种最新发现的权力。”② 在此基础上，哈耶克进一步指出，在基础教育阶段和高等教育阶段，政府对教育干预程度的范围上是不同的，应做出适当的区分。新自由主义的另一个代表人物弗里德曼认为：“政府在资助和管理学校方面的作用的不断加大，不仅导致了纳税人金钱的巨大浪费，而且还导致了比自愿合作继续起较大作用所能产生的教育制度远为落后的制度。”③ 因此，基于“自由和充分讨论的基础上在具有责任心的个人之间取得一致的意见”之原则，政府应该是学校教育的“规则制定者和裁判员”，而不应该直接参与对学校教育的管理与控制。④

如果说哈耶克等的研究还比较零散，新自由主义国家与教育关系理论的主要代表人物威斯特（E. G. West）的研究则较为系统化。在其代表作《国家和教育》中，威斯特通过对英国政府学校创建的先驱者的历史分析，驳斥了1870年以来形成的国家干预教育的观点。他反对由政府税收为教育提供经费，不认为年轻人的教育一定是政府的一个正当的功能，也不认为公共教育或政府学校是保护弱小者所必需的。此外，他还反对将学校作为政府削减犯罪、扩大教育机会均等、灌输民主社会共同价值观和取得经济增长的手段。⑤

① ［英］F. A. 哈耶克：《自由宪章》，杨玉生等译，中国社会科学出版社1999年版，第558—559页。

② 同上书，第559页。

③ ［美］米尔顿·弗里德曼：《自由选择》，张琦等译，商务印书馆1982年版，第195页。

④ ［美］米尔顿·弗里德曼：《资本主义与自由》，张瑞玉译，商务印书馆2004年版，第26、30页。

⑤ 爱德温·G. 威斯特（Edwin G. West）关于新自由主义国家与教育关系理论的代表作是《教育和国家》，首次出版于1965年，1970年重版，1994年再版。新自由主义的国家与教育关系理论主要反映在此书中。此外，开放社会大学的教育社会学讲师罗杰尔·达尔（Roger Dale）出版的《国家和教育》（*The State and Education*）一书，研究了欧洲边缘国家的教育、国家和国际组织对国家教育政策的影响。

与自由主义者所持的观点不同，一些“批评者认为，与国家是教育机会均等的提供者相悖的是国家在积极维护社会中的阶级不平等。……国家起到了资本主义的‘奴仆’作用”①。因为从现实层面来看，“国家是教育财政的供应者和规则的制定者，是教育服务的主要提供者”，教育几乎不可能脱离国家或政府的范畴，因此，国家依然是“理解教育制度本质的核心”。② 如此一来，围绕着国家在教育中的作用，在当代西方生发出多种国家发展与教育发展理论流派，呈现出多元化的趋势，除了前文所说的新自由主义国家与教育发展理论外，还有新马克思主义的国家与教育发展理论③、福利—教育国家理论④、国家发展与教育发展的中心—边缘理论⑤、教育和国家的建构理论⑥、民族国家的削弱和少数民族的教育理论⑦、格林的教育发展和国家形成理论⑧等。

以卡诺伊（M. Carnoy）等为代表的新马克思主义教育思想流派认为，从实践层面看，任何对教育制度的研究都必须分析政府部门的目的和功能：既然权力至少部分地通过一个社会的政治制度来表达，那么提出任何一种教育变革的模式的努力都应当对其背后的政府功能的理论进行详尽研

① 朱旭东：《当代西方国家与教育关系理论评述》，《比较教育研究》2002 年第 6 期。

② A. H. Halsey, Hugh Lauder, Phillip Brown, and Amy Stuart Wells, (eds.), *Education: culture, economy, and Society*, New York: Oxford University Press, 1997, p. 254.

③ Martin Carnoy, Education, Economy and the State, Michael W. Apple, ed., *Cultural and Economic Reproduction in Education: Essays on Class, Ideology and the State*, London: Routledge & Kegan Paul, 1982.

④ 20 世纪 80 年代，西方的政治意识形态问题明显地影响到了教育改革，如，福利国家的崩溃和瓦解、国家的财政赤字危机、保守主义的复兴、西方社会尤其是美国“非工业化”（Deindustrialization）、文化和道德危机、与社会费用斗争的“新阶级战争”（New Class War）等。福利—国家教育理论就是在这样的背景下提出来的，该理论认为，教育政策是集中于资本主义国家的持久的和冲突的政治和意识形态斗争的结果。（Svi Shapiro, *Between Capitalism and Democracy: Educational Policy and the Crisis of the Welfare State*, New York: Bergin & Garvey Publishers, 1990.）

⑤ Ken Kempner, *Post – modernizing Education on the Periphery and in the Core*, International Review of Education, Vol. 5 – 6, No. 41 – 460, 1998.

⑥ Bruce Fuller and Richard Rubinson, ed., *The Political Construction of Education: the State, School Expansion, and Economic*, New York: Praeger, 1992.

⑦ Stacy Churchill, *The Decline of the Nation – state and the Education of National Minorities*, International Review of Education, Vol. 4, No. 256 – 290, 1998.

⑧ Andy Green, *Education and State Formation*, London: The Macmillan Press LTD, 1990; Andy Green, Education, Globalization and Nation State, London: Macmillan Press LTD, 1997.

究，卡诺伊把这种理论理解为“国家理论”。他认为即便不相信一种教育制度与一个社会的权力有任何关系，但在理解正规教育时不可避免地要讨论政府。因为，19 世纪、20 世纪的教育已日益成为国家的一种功能。①

以沙皮罗（S. Shapiro）、哈贝马斯（J. Habermas）等为代表的福利—教育国家理论认为，教育政策是集中于资本主义国家的持久的和冲突的政治和意识形态斗争的结果。② 在沙皮罗看来，自由资本主义形成了不可避免的矛盾：每当国家干预解决了一系列问题，它就产生其他一系列问题。教育政策反映了社会的、意识形态的和政治斗争的针锋相对的观点。“基础技能”、“最低能力”、“特殊教育改革”、“个别化教学”、“另类研究模式”和“学术卓越”等概念是表示所有这些观点的复杂性符号的术语。因此，他拒绝只把教育视为附带的角色，相反，他把教育看作是社会的、意识形态的和政治暴风雪的眼睛。

中心—边缘的国家发展与教育发展理论主要是从政治经济学的视角分析教育改革，并将此作为分析发展中国家教育的核心。他们认为，尽管教育发展与经济发展之间的关联具有不确定性，但国家的现代化政策在促进教育中私人和公共利益之间的当代冲突中起了很重要的作用。就发展中国家的教育而言，处在经济边缘的发展中国家的现代化，是通过模仿中心国、工业国家的社会和经济环境以及接受国际服务机构（如世界银行和国际货币基金）的指令或委托管理而完成的。

教育和国家的建构理论主要研究大众学校教育与国家建构之间的关系。这种理论认为，学校教育的政治建构与世俗国家的产生是互相联系的，政治家们促使家庭更喜欢学校教育，而且，随着普遍需求的增长，国家又提供了更多的学校和教师。但问题在于国家在行动上是否独立于精英利益，一旦大众学校制度获得了合法性和地位，国家是否会使普遍需求得到满足，便涉及教育的公正和公平问题。在这一问题上，国家仅仅是发展学校教育的一个角色。家庭可以迫使政府扩大教育机会，特殊社会集团可

---

① Martin Carnoy, "Education, Economy and the State", Michael W. Apple, ed., Cultural and Economic Reproduction in Education: *Essays on Class, Ideology and the State*, London: Routledge & Kegan Paul, 1982, p. 82.

② Svi Shapiro, *Between Capitalism and Democracy: Educational Policy and the Crisis of the Welfare State*, New York: Bergin & Garvey Publishers, 1990, p. xv.

以提高学校的入学率，不管中央国家是否能让资源与需求同步。其次，工作和劳动需求的形式变化改变了学龄青年的机会，导致了所需技能种类的调整，使职业流动与学校文凭相关。此外，其他社会组织，尤其是教会可以用独立于无精神国家的理想和社会化类型的方式来推动学校发展。因此，不同的制度动力在不同的国家和历史条件下其力量是不同的。那么，国家在发展学校教育中的影响力是什么？经济学家米切（D. Mitch）认为，宗教改革后对素养技能需求的提出可归因于各种不同的非中央集权的力量。Francisco Ramirez 和 Marc Ventresca 的研究表明，西方国家在崛起中通过一种全世界极相似的制度建构过程整合和规范了不同层级的学校。John Boli 强调，19 世纪大众学校教育有助于消除社区为本的权威形式，增进了个体对国家的忠诚。Armer Sorcao' Connor 则从女性主义观点论证和评价了国家塑造年轻孩子并为他们提供日常看护的服务组织的不同观点。

格林（A. Green）的教育发展和国家形成理论在借鉴了马克思的国家理论和葛兰西（A. Gramsci）的意识形态和霸权理论的基础上论证了国家形成与教育发展的过程，并对国家与教育的关系进行了分析。该理论认为，一方面，国家这个巨大的组织通过中央权力逐步包围、控制、规范、监督和严格管理市民社会的过程，其中包括对教育的控制和规范，并认为教育制度就是国家控制教育的基本形式和结果；另一方面，教育对国家的形成也具有独特的价值，体现为教育主要是通过观念发生作用，与国家形成过程中的意识形态方面的关系极为密切。国家制度和教育制度的形成、发展过程表明，教育是国家统一和推广意识形态的主要方式。在国家机构建成后，国家是借由教育制度要求教育承担意识形态功能的。教育在国家形成过程中或“国家建设”（Nation - Building）中的历史作用已被学术界广泛接受。[①] 教育在国家形成过程中的作用主要表现在构建政治和文化的同一性，其重要性是显而易见的。创建民族国家教育制度的重要推动力来自于为国家提供训练有素的行政管理人员、工程师和军事人才，传播主流文化，灌输新兴民族国家政治和文化统一的作为主权国家地位的大众意识形态，巩固新兴的民族国家的政治和文化统一性，加强其统治阶级的意识形态霸权

---

① Andy Green, Education, *Globalization and the Nation State*, London: Macmillan Press Ltd, 1997, p. 29.

的需要，统一主流语言，巩固民族认同，同化移民文化。[①] 所有的国家都需要传播大众知识（Literacy），普及主流语言或方言的使用，因为它们都是促进民族认同过程的重要组成部分。在美国，教育也必须在同化移民文化方面发挥重要作用。英国历史学家霍布斯鲍姆（E. Hobsbawm）写道：学校教育是“型塑国家（Nations）最强有力的武器”[②]。总之，教育被视为实现国家目的的重要工具，是向政府官僚和军队系统提供训练有素的干部的重要机构，是为国家生产输送技术的重要部门，是按照统治阶级意图强化政治忠诚、建设富有凝聚力的文化的重要手段。

2. 教育中的自由

在西方历史上有不少研究者都对这一问题做过专门的论述，涉及学校、教师、家长、学生等不同主体，但又以对学生自由的研究为主。[③] 就学生自由问题而言，其实质是对什么是接受教育、教育意味着什么、教育的可能条件是什么等问题的回答。

对此，有研究者认为至少有两种答案。一种观点认为，教育的中心是孩子而不是知识的获取，因此，他们反对任何有权威和强制存在的教育，并建议将教育视为“是能力的充分发展和提升，而不是知识的累积和训练或是适应能力的养成”[④]。另一种观点则认为，所有的实践都必然涉及优秀的标准和对规则的尊重，美好事物的实现也同样如此。从事一种实践就是接受这类标准的权威和相对这些标准来讲自身能力上的欠缺，就是将自己的选择、态度、倾向和品位服从现在定义这种实践的标准的部分衡量。所以，作为一种实践的教育便不可避免地具有一种强迫性，以某种方

---

① Andy Green, Education, *Globalization and the Nation State*, London: Macmillan Press Ltd, 1997, p. 35.

② Hobsbawn, E. J., *The Age of Capital*, 1848 – 1875, London: Abacus Press, 1977, p. 120.

③ 基于研究的需要，这里仅就学生自由的研究进行简单梳理。

④ 由一些教育工作者依据弗亥内的教育思想组织的“现代学校运动国际联盟”（FIMEM）于1968年在法国南方城市Pau召开的大会上通过的一个宣言。有如下几点：教育是关于人的能力的提升和发展，而不是知识的累积、接受训练和适应；反对灌输一切教条；抛弃那种认为教育可以脱离社会和政治的潮流而自足的幻想；明天的学校应该是工作的学校；学校的中心应该是孩子们，是他们自己借助老师们的帮助建构自己的人格；教育实验的经验积累是教育现代化的前提；注重运动内部的合作和国际交流协作；等。（［法］阿贝尔·雅卡尔等：《没有权威和惩罚的教育?》，张伦译，中国人民大学出版社2005年版，第5页。）

式来接受教育的过程无可避免地会是“艰苦的”。[①]

但也有研究者认为对上述问题的回答至少有三种答案。[②] 第一种观点认为，为培养自由的行动者，服从于规则的强制是必须的，主要代表人物有康德、赫尔巴特（J. F. Herbart）、罗素（B. Russell）等。第二种观点认为，为了学生的自由应当取消强制，欧洲及北美先后出现的“自由学校”运动是这种观念的典型代表，这是一种极端的无政府主义取向在教育中的反映。第三种观点认为，为获取自由，可以选择有别于前两种道路的第三条道路，即美国的教育哲学家斯普林格（J. Spring）提出的选择路径。

上述观点大致可以概括为三类：教育中的强制不可避免；教育中的强制必须取消；斯普林格提出的选择路径。

就第一种观点来看，持此观点的研究者认为，教育中的强制是必须的，但必须以学生的发展为目标。“我们怎样才能把服务于法则的强制和运用自由的能力结合起来。因为强制是必需的，我怎么才能用强制培养出自由来呢？”[③] 赫尔巴特认为，教育和管理的目的在于让儿童逐渐学会按照自己的前景来调整他们所希望的活动。在这里，强制并不是我们习惯认为的教师压制学生，也不是作为教育目的和管理目的而存在的，它只是作为教育和管理的手段而存在。罗素[④]等也认为由于教育的过程是企图使学生接受有关良善生活的概念，这就必然会与学生所追求的自由之间产生冲突，因此强制的实施必须遵循自由精神来行使权力的规则。雅斯贝尔斯（K. T. Jaspers）则认为，如果以知识的获取为教育的主导观点，教育中的强制就是不可避免的，但是“只有导向教育的自我强迫，才会对教育产生效用，而其他所有外在强迫都不具有教育作用，相反，对学生的精神害处极大，最终会将学生引向对有用性世俗的追求”[⑤]。

就第二种观点来看，持此观点的研究者认为，不管强制被冠以何种名

---

① ［法］阿贝尔·雅卡尔等：《没有权威和惩罚的教育?》，张伦译，中国人民大学出版社2005年版，第7页。

② 周兴国：《教育自由及其限度》，博士学位论文，南京师范大学，2007年，第6—7页。

③ ［德］伊曼努尔·康德：《论教育学》，张鹏等译，上海人民出版社2005年版，第13页。

④ ［英］波兰特·罗素：《社会改造原理》，张师竹译，上海人民出版社2001年版，第93—94页。

⑤ ［德］卡尔·雅斯贝尔斯：《什么是教育》，邹进译，生活·读书·新知三联书店1991年版，第5页。

称、托词或法律形式，教育中都不应该存在强制，因为，“各种惩罚总是一种错误，它们让人感到屈辱并且从来也达不到所要达到的目的”，而且“没有人喜欢被权威命令，孩子并不比成人更喜欢被命令”，因此必须结束惩罚和控制的逻辑。[①] 这样一种观点倡导学生按照兴趣来选择自己想过的生活，但同时它也不得不面对现实教育实践中学生不学习的“放任”困境。换言之，当学校唯学生的喜好是从，当学生的一切都是对的，那么如何能够使那些心智发展尚不成熟的儿童顺利完成预期的教育目标，这恐怕是持此种观点的人不得不面对的最严酷的现实，以至于最后他们也不得不承认“课堂上的秩序和纪律是必要的”。

斯普林格正是看到了自由放任教育所存在的问题，因此坚持“给孩子不学习的自由会限制孩子未来的自由和幸福”[②] 这样一种立场。他认为，“教育既是自由和幸福的源泉，也是实施控制的源头”[③]，那么，如何进行有意义的运用选择的自由，就要求人们对于选择的东西有一定的了解。因此，走出自由困境的途径在于考察自由运动中自由一词的不同意义。他认为，教育中自由一词至少有四种不同的含义：其一是指“摆脱国家对教育的控制的自由”；其二是指“自由地选择信仰和理想”；其三是指“要保证知识被用来在人们中间平均分配权力并促进所有人的幸福”，这样自由就成为获取知识的机会；其四是指自由是一种能力，“它使人们获取一个可以满足个人需要和愿望的世界”。[④] 基于对教育中自由概念的考察，斯普林格提出，自由应当成为学校的基本指导思想，并为组织自由学校提供了各种指引。为实现上述自由理念必须做到：第一，不能将教育作为实现控制和压迫的工具；第二，学校不应该强加道德观念、信仰和理想；第三，学校应该教学生学会如何保护和增进自己的自由和政治权力；第四，老师应当起到引导作用，使学生知道他们该学些什么；第五，老师应当制订一些课程计划，以便学生可以选择学习内容；第六，老

---

① ［法］阿贝尔·雅卡尔等：《没有权威和惩罚的教育?》，张伦译，中国人民大学出版社 2005 年版，第 4—5 页。

② ［美］乔尔·斯普林格：《脑中之轮：教育哲学导论》，贾晨阳译，北京大学出版社 2005 年版，第 121—122 页。

③ 同上书，第 122 页。

④ 同上书，第 122—123 页。

师有责任以一种非惩罚性的方式保证学生学习。[①] 上述选择路径似乎找到了解决教育中自由困境的真谛。但问题在于，上述选择路径依然没有对什么是接受一种教育，教育意味着什么，教育的可能条件是什么等问题做出令人满意的答复。如果学校不强加道德观念、信仰和理想，则意味着我们必须重新思考教育的意蕴和本质，即教育意味着什么？如果我们承认斯普林格的观念前提，则意味着我们必须放弃教育所承担的育人的职责和功能，放弃教育对社会的整合功能，那么教育又能做什么？

（二）国内的研究

从“自由”一词传入中国以来[②]，由于人们对它的无知及由此产生的对自由的恐惧、误解或滥用，导致人人谈“自由”则色变，“至于教育与自由的关系，则更是没有得到充分的讨论”[③]。近年来国内对自由与教育问题的探讨呈上升趋势，但总体上“有关与教育自由直接相关的讨论才刚刚起步”[④]。已有研究[⑤]对这一问题的讨论主要集中在以下几方面：

1. 国家与教育的关系

“长期以来，由于受到我国教育学研究中‘国家与社会’观念的影响，‘国家与教育’的关系始终没有成为一个专门的研究命题，仅有的研

---

① ［美］乔尔·斯普林格：《脑中之轮：教育哲学导论》，贾晨阳译，北京大学出版社2005年版，第123页。

② 虽然“自由”一词在中国典籍中很早就出现，如“去止不敢自由”（《礼记·少仪》）、“节度不得自由”（《三国志·吴·朱桓传》）、“吾意久怀忿，汝岂得自由”（《孔雀东南飞》）等，但这些“自由”都不是作为政治或哲学意义上的“自由”而存在，它与近代的自由概念有联系，但不完全相同。现今意义上的“自由”概念进入中国，可上溯到1847年麦都思《英汉字典》中释liberty为“自主，自主之权，任意擅专，自由得意”。（陈帅锋：《“自由”如何舶来？——论1903年密尔On Liberty的两个中译本及其影响》，《北京大学研究生学志》2010年第2期；熊月之：《自由、民主、总统三词汇在近代中国的翻译与使用》，《百年》1999年第5期。）

③ 石中英：《教育哲学导论》，北京师范大学出版社2002年版，第231页。

④ 周兴国：《教育自由及其限度》，博士学位论文，南京师范大学，2007年，第7页。

⑤ 现有研究所指的范围主要包括：（1）对中国期刊网全文数据库、中国博士学位论文全文数据库、中国优秀硕士学位论文全文数据库、中国重要报纸全文数据库、中文期刊数据库等进行跨库检索，检索时的各项匹配值：“检索项”栏分别选择“题名”和“主题”，在“检索词”栏输入“教育自由”、“学生自由”、“教师自由”、“国家与教育”等，在“时间”栏选择“从1979年到2011年”，匹配选择“模糊”；（2）有关教育自由的专著或将“教育与自由”作为其中的一个问题进行阐述的相关著作。

究也只是在教育政治学当中涉及，因此缺乏丰富的研究资源。”[①] 目前，关于国家与教育关系的讨论主要有三类。一是对国外有关国家与教育关系理论与实践的介绍，其中，又以对英、美、日等国的介绍为主，这是当前对这一问题研究的主要形式，如朱旭东对西方国家与教育关系理论的介绍[②]；周兴国、易红郡等对哈耶克自由主义教育观的反思；[③] 乐先莲、李协京、高益民、张德伟等对新自由主义视角下的国家与教育关系的反思；[④] 此外，还有郑崧、曹雁、滕志妍、陆骄、申素平、朱利霞、陈列达等分别从不同的侧面对国家、宗教、公共教育的关系进行了研究。[⑤] 二是对某一人物或某一时期的“国家与教育”思想的研究，如王晓燕、许庆

① 朱旭东：《当代西方国家与教育关系理论评述》，《比较教育研究》2002 年第 6 期。

② 朱旭东：《当代西方国家与教育关系理论评述》，《比较教育研究》2002 年第 6 期；朱旭东、蒋贞蕾：《国家发展与教育发展模式探讨——教育现代化的视角》，《比较教育研究》2001 年第 1 期；朱旭东：《格林的教育发展和国家形成理论》，《比较教育研究》2002 年第 4 期；朱旭东：《试论教师教育的公益性——政府在教师教育中的作用》，《教育理论与实践》2002 年第 1 期；朱旭东：《西方民族——国家、大学和社会科学》，《比较教育研究》2001 年第 12 期；朱旭东：《试论民族——国家教育体系的比较研究》，《外国教育研究》2008 年第 8 期；朱旭东：《远没有过时的民族性国家教育体系——评〈教育、全球化和民族国家〉》，《外国教育研究》2005 年第 1 期；朱旭东：《康德尔的比较教育研究范式— —民族主义的国家与教育发展理论》，《比较教育研究》2001 年第 9 期；朱旭东：《西方民族主义与教育研究述评》，《比较教育研究》2002 年第 11 期。

③ 易红郡：《自由·平等·市场——哈耶克的自由主义教育观》，《当代教育论坛》2006 年第 11 期上)；周兴国：《从政府控制到市场运作——哈耶克自由主义教育政策观的思路与困境》，《比较教育研究》2005 年第 9 期。

④ 乐先莲：《新自由主义视域中教育与国家的关系——韦斯特的“国家公共教育神话论”评析》，《比较教育研究》2010 年第 8 期；李协京：《新自由主义和新保守主义路线指导下的日本教育改革》，《教育研究》2005 年第 8 期；高益民：《日本教育改革的新自由主义侧面》，《清华大学教育研究》2002 年第 6 期；［日］黑泽惟昭：《日本教育中的新自由主义》（上、下），张德伟译，《外国教育研究》2010 年第 11—12 期。

⑤ 郑崧：《教育世俗化与民族国家》，《比较教育研究》，2002 年第 11 期；曹雁：《美国教育：自由主义体制下的国家主义倾向》，《比较教育研究》2007 年第 6 期；滕志妍：《西方国家宗教与公共教育关系的政策模式探析》，《比较教育研究》2009 年第 1 期；［美］J. B. G. 提拉克：《我们是否迈向高等教育的自由放任主义?》，陆骄译，《北京大学教育评论》2005 年第 3 期；申素平：《父母、国家与儿童的教育》，《比较教育研究》2009 年第 3 期；朱利霞：《国家观念、市场逻辑与公共教育——转型期西方公立学校改革透析及其对中国的启示》，博士学位论文，华东师范大学，2004 年；陈列达：《国家市场经济与高等教育关系的不同模式》，《高等教育研究》1996 年第 2 期。

豫、周兴国等对洪堡、Andy Green、哈耶克等人的国家与教育思想的介绍[①]。三是直接对国家与教育或学校教育关系的讨论，如成有信、马凤岐、劳凯声等对现代国家与教育关系的探讨[②]；石中英对学校教育与国家文化安全的研究[③]；项贤明对教育发展与国家竞争力的讨论[④]；刘家峰对抗战时期基督教学校与国民政府关系的回顾[⑤]；李涛、秦惠民、余若峡等从法理学的视角对国家教育权、教育的公共治理等问题的探讨[⑥]。

2. 对“教育自由”的总体讨论

较早的有代表性的成果是马凤岐的博士学位论文《教育中的知识传递与学生自由》[⑦] 和涂艳国的《走向自由》[⑧]。前者着重探讨了教育过程中的知识传递、教育思想和教育目的与受教育者自由的关系；后者则从马克思有关个人的“自由的全面的发展”思想出发，展现了有别于西方自由主义者的教育自由观。之后，金生鈜从人的自我实现的角度对教育自由进行了探讨。他指出：“教育自由应该是通过免除人为的干预、提供充分的条件，创造最大的精神成长空间，使个人享有最大限度的自我创造。……教育自由意味着个人目标选择，或者在教育的任何情况下，免除

① 王燕晓、吴练达：《洪堡关于国家与教育关系的思想研究》，《现代大学教育》2008 年 5 期；许庆豫：《教育研究中的历史比较方法评介——〈教育与国家形成〉分析》，《比较教育研究》2000 年第 2 期；许庆豫：《西方国家教育制度的诞生与发展》，《苏州大学学报》（哲学社会科学版）2000 年第 3 期；周兴国：《教育自由及其限度》，博士学位论文，南京师范大学，2007 年，第 4 页。

② 成有信：《教育政治学》，江苏教育出版社 2000 年版；马凤岐：《教育政治学》，人民教育出版社 2002 年版；劳凯声：《论现代国家与教育关系》，《教育研究与实验》1992 年第 4 期。

③ 石中英：《学校教育与国家文化安全》，《教育理论与实践》2000 年第 11 期。

④ 项贤明：《教育发展与国家竞争力的理论探析》，《比较教育研究》2010 年第 6 期。

⑤ 刘家峰：《论抗战时期基督教大学与国民政府之关系》，《史林》2004 年第 3 期。

⑥ 李涛：《全球化语境下的中国教育公共治理——法理国家视阈中的政治哲学诠释与批判》，《教育学术月刊》2010 年第 3 期；秦惠民：《现代社会的基本教育权型态分析》，《中国人民大学学报》1998 年第 5 期；余若峡：《自然法视角下的国家教育权》，《教育发展研究》2010 年第 11 期。

⑦ 该论文后来以专著的形式出版（马凤岐：《教育：在自由与限制之间》，中国工人出版社 2001 年版）。此后，作者还相继出版了一些相关论著，如《自由与教育》、《教育政治学》等。

⑧ 该论文后来在王道俊主编的“教育科学研究系列”中出版（涂艳国：《走向自由——教育与人的发展问题研究》，华中师范大学出版社 1999 年版）。

任何形式的对人性的扭曲和对个性的强迫。"[①] 然而，根本性的问题依然存在："教育在承诺教育自由的同时，怎样承担起教化的重任呢?" 为解决教育中的自由与教化的困境问题，金生鈜提出 "问责性"[②] 概念，即 "一方面，教育必须防止那些以教育名义出现的种种对求教者的强制和驯化；另一方面，教育自由意味着在追求教化中实现对求教者的自我创造所承担的道德责任。"[③] 此后，相继有不少学者分别从不同的维度对教育自由进行了论证。如蔡辰梅借鉴阿马蒂亚·森（A. Sen）"以自由看待发展" 的发展观将教育是否拓展了人的实质自由作为教育发展的价值追求和衡量教育发展的价值维度并对其进行了阐述。[④] 王燕、李江源都 "不约而同" 地表达了相同的观点，即一切教育的核心或关键就在于使人成为自由的存在者，教育价值合理性的依据应当指向人的解放与自由，应当以人的自由、自由发展为根本，应当为扩展人的自由、促进人的自由发展服务。[⑤] 此外，刘尧、彭文晓、李江源等也从不同的侧面论述了教育自由的价值及其实现的可能性等问题。[⑥]

3. 教师自由

目前，对教师自由的研究主要集中在学术自由、教学自由以及教师自由的类型、价值、可能性等方面。

对教师学术自由的研究主要包括三类。一是对国外教师学术自由的

---

① 金生鈜：《规训与教化》，教育科学出版社 2004 年版，第 177 页。另外，金生鈜在《论教育自由》一文、冯建军在《论教育自由及其原则》一文中都表达了相同的观点。见金生鈜：《论教育自由》，《南京师大学报》（社会科学版）2004 年第 6 期；冯建军：《教育自由及其原则：政治哲学的视角》，《教育学术月刊》2008 年第 6 期。

② 问责性（accountability）是来自英美教育学中的一个概念，其内涵时具有责任实现的解释性义务，并且承担实现被要求的义务。（金生鈜：《规训与教化》，教育科学出版社 2004 年版，第 187 页。）

③ 金生鈜：《规训与教化》，教育科学出版社 2004 年版，第 187 页。

④ 蔡辰梅：《以自由看待教育发展——教育发展的价值反思与价值追求》，《复旦教育论坛》2006 年第 5 期。

⑤ 李江源、蒋映洪：《自由：教育的价值之维》，《社会科学战线》2009 年第 1 期；王燕：《自由：教育的伦理之维》，《教育研究》2007 年第 11 期。

⑥ 刘尧：《教育要在功利与自由之间追求平衡》，《教育科学研究》2008 年第 4 期；彭文晓：《教育自由论》，《学术论坛》2006 年第 4 期；李江源、王蜜：《教育自由：教育制度建设的价值维度》，《教育理论与实践》2010 年第 1 期；王蜜、李锐：《教育自由何以可能——教育制度的解答》，《教育学术月刊》2009 年第 10 期。

介绍。如，王保星、陈芳等对美国的终身教职制、教师工会与集体谈判、黑名单制度等对美国大学教师学术自由权利保障的研究；[①] 赵婷婷、于旸等从大学行政权力应当扮演的角色和地位出发就如何改进大学管理及其制度进行了研究。[②] 二是从制度层面对我国大学教师学术自由的研究。如，郭峰对教师聘任制对大学教师学术自由关系的研究；[③] 潘洪建对不合理的人事制度、教学制度、评价制度、研究制度、奖励制度和培训制度等对教师的时空自由、教学专业自由、发展环境自由和专业成长自由等的限制。[④] 三是从理论层面对教师学术自由的概念、必要性等的探讨。如，石中英对学术自由的性质、内涵、价值及其构成等的研究。[⑤]

对教学自由的研究，主要有两类。一类研究者主要就教授自由进行探讨，并认为"教师的教授自由是教学自由的一个重要构成部分。教授自由是必然、权利与责任的统一。教师的教授自由意味着教师必须按教学的规律办事，一方面，教师拥有教学的自主权利；另一方面，教师在拥有教学权利的同时肩负着社会责任。因此，教师的教授自由并非无边界、无限度，它的实现需要具备多方面的条件。"[⑥] 另一类研究者则主要就一般教学自由的内涵、价值及构成等进行讨论。如，石中英等的研究。[⑦]

对教师自由的价值、类型及可能性等的理论探讨。张晓丽、戴双翔、

① 王保星：《美国大学教师终身教职与学术自由的关系》，《北京大学教育评论》2005 年第 1 期；王保星：《美国大学教师终身教职的学术自由意义》，《高等教育研究》2006 年第 3 期；王保星、张斌贤：《"大学教师终身教职"的存废之争——美国大学教师学术自由权利保障的制度分析》，《教育研究》2004 年第 9 期；王保星：《美国大学教师的学术自由权利：历史的视角》，《高等教育研究》2004 年第 6 期；陈芳：《美国大学教师学术自由权利保障的制度分析》，《中国高等教育评估》2008 年第 2 期。

② 赵婷婷、于旸：《美国大学中的行政权力及其对教师学术自由的影响》，《高等教育研究》2006 年第 12 期。

③ 郭峰：《教师聘任制与学术自由》，《教育发展研究》2008 年第 3 期。

④ 潘洪建：《教师解放：从制度规约到自由发展》，《教育科学研究》2010 年第 1 期。

⑤ 石中英：《教育哲学导论》，北京师范大学出版社 2002 年版，第 272—274 页。

⑥ 叶秀丹、黄欣祥：《教师的教授自由及其限度》，《海南师范大学学报》（社会科学版）2010 年第 2 期。

⑦ 石中英：《教育哲学导论》，北京师范大学出版社 2002 年版，第 278—280 页。

姜勇、赵昌木、宫顺升、管月飞[①]等分别从不同的角度对教师自由的构成进行了分析。还有研究者对教师自由的可能性进行了探讨。如宫顺升认为，教师自由包括教师个体的生命自由和教学生活中的教学自由。自由的遮蔽是伴随着两条线索形成的：一是教师与生活的脱离，一是教学内容（课程）与教师的分离。因此，重现教师自由应通过教师回归生活世界实现教师的个体生命自由，通过还课程于教师和教师回归课程实现教师的教学自由。[②] 赵敏则从教师制度建设的角度对教师自由的可能性进行了论证。[③] 此外，还有人对具体的教师自由进行了研究，如陈道英以“禁网门”为契机对教师思想、言论自由的研究，[④] 张俊友对美国公立中小学校教师表达自由及其限度的研究。[⑤]

4. 学生自由

对学生自由的研究主要集中在学生自由内涵、学生自由价值的反思、教师权威与学生自由关系等方面。

关于学生自由内涵的研究。石中英认为，学生的学习自由是指学生在专业学习上具有探讨、怀疑、不赞同和向权威提出批评的自由，有选择教师和学习内容的自由。[⑥] 金生鈜认为儿童基本的自由意味着对于个人的德性、理性和个性的自我创造具有重要的教化价值，这些自由是教育必须保障的根本性自由，是不可剥夺也不可让渡的，主要包括：思想自由和表达自由、学习自由、道德自由、个性自主发展自由、教育资源平等利用的自由、人身自由、交往的自由、基本权利的保障（如生命健康权，以及对以上自由的要求权）。[⑦] 冯建军则提出儿童教育自由的主要构成包括：教

① 张晓丽：《论教师自由》，《教育科学论坛》2009 年第 12 期；戴双翔、姜勇：《论教师的自由》，《教育发展研究》2008 年第 1 期；赵昌木、宫顺升：《教师的理性与自由》，《教育理论与实践》2009 年第 4 期；管月飞：《论教师自由的可能性及其限度》，《文教资料》2007 年第 1 期。

② 宫顺升：《教师自由的遮蔽与重现》，《教育科学论坛》2009 年第 3 期。

③ 赵敏：《教师制度：自由秩序的生成路径》，《教育研究与实验》2009 年第 6 期。

④ 陈道英：《关于“禁网门”的几点宪法学思考》，《法学》2010 年第 12 期。

⑤ 张俊友：《美国公立中小学校教师表达自由及其限度》，《比较教育研究》2009 年第 9 期。

⑥ 石中英：《论学生的学习自由》，《教育研究与实验》2002 年第 4 期。

⑦ 金生鈜：《论教育自由》，《南京师大学报》（社会科学版）2004 年第 6 期。

育的选择自由（是否选择受教育的自由）、教育的社会自由（社会教育资源平等享有的自由）、学习自由、思想表达自由、个性自由等方面，这些自由体现了自由主义的个人中心、权利至上、价值多元等理念。实现这些自由应遵循平等、限度、宽容和引导的原则。① 仲建维则从学生权利的视角出发，认为学生应享有以下的自由权：言论自由权、人身自由权、隐私自由权、财务自由权、选举自由权等。② 此外，周兴国、李虎林、王善安等基于伯林的“两种自由概念”对学生的积极自由和消极自由进行了研究。③

对学生自由的价值及其在现实教育中缺失的反思。如，李虎林认为学生自由的价值主要体现为：自由是学生的基本权利，学生自由是教育基本伦理的要求、学生自由是学生自由发展和培养学生创造才能的前提条件、学生自由是养成学生责任感的必要条件。④ 陈玉祥则从自由作为一种重要的人文素养和学生的一项基本权利出发，呼唤现代教育观念的转变和发展以实现学生自由。⑤ 此外，程天君、周杰、谢丽娜、杨明等对学生自由的缺失及解决对策进行了反思。⑥

有关教师权威与学生自由的关系研究。从已有研究成果来看，大多数研究者都从积极的角度来看待教师权威与学生自由的关系。如吴思孝、涂艳国、夏琍、姚本先、韦雁仙等都认为，教师权威与学生自由并不是天然的对立关系，合理的教师权威与适当的学生自由是解决教师与学生之间矛盾与冲突的一种途径，教师权威与学生自由的统一有利于良好的师生关系

---

① 冯建军：《教育自由及其原则：政治哲学的视角》，《教育学术月刊》2008 年第 6 期。

② 仲建维：《学生权利论》，华东师范大学出版社 2008 年版，第 66—74 页。

③ 王善安、杨晓萍：《论教育与儿童自由——基于伯林“两种自由概念”视角》，《教育探究》2009 年第 2 期；李虎林：《学生自由的含义及其实然判断》，《信阳师范学院学报》（社会科学版）2004 年第 1 期；周兴国：《教育自由及其限度》，博士学位论文，南京师范大学，2007 年；等等。

④ 李虎林：《论学生自由的价值》，《教育评论》2005 年第 4 期下。

⑤ 陈玉祥：《现代教育呼唤学生自由》，《华南师范大学学报》（社会科学版）2001 年第 2 期。

⑥ 程天君：《学生自由发问何以缺失？》，《全球教育展望》2006 年第 4 期；周杰：《学生自由缺失的教育观反思》，《现代教育论丛》2009 年第 12 期；谢丽娜：《探究学习中“学生自由”的异化及合理化》，《教育发展研究》2010 年第 20 期；杨明：《论课堂中学生自由支配时间利用的问题和对策》，《教育科学》2007 年第 3 期。

的建立，有利于师生双方的发展。①

5. 学校的教育自由

目前对学校教育自由的研究不多，且不够深入。原因是多方面，正如有人言，不同于学生、教师、家长等在教育中的自由，自由的主体基本上都是个人，学校则是一个组织，作为一个组织的教育自由问题会复杂，且更容易受到来自政府和市场的威胁。而且，学校自治的观念主要涉及的是高等教育机构。② 因此，多数研究只是就大学的自治问题进行了讨论。但近年来，越来越多的研究者开始意识到，自治不是高等教育的专属品，对任何一个阶段任何性质的学校而言都是必要的，相关的研究成果也开始出现。

马凤岐曾比较宏观地就大学自治的历史、内容，与政府、市场的关系等问题进行了讨论。在他看来，大学自治不意味着学校要放弃应当承担的社会责任；相反，应加强学校的自律，尽可能地保持自己的学术标准和原则，同时谨慎地处理与政府、市场等的错综复杂的关系，尽可能地顾及各种合理的原则和各方面的合理利益。③

就多数研究者而言，他们主要是就高等学校教育自由的某一方面如自主管理、自主办学权、自主招生等进行了较为深入的探讨。如，袁祖望、杨晓波、俞可等曾就美国、德国、英国、日本、俄罗斯、希腊等地的高校自治状况进行了介绍，这为我国进行相关研究提供了诸多借鉴。④ 当然，

① 吴思孝：《西方教师权威与学生自由的历史回眸》，《教育理论与实践》2006 年第 2 期；涂艳国：《教师权威与学生自由》，《教育理论与实践》1999 年第 7 期；夏琍、姚本先：《教师权威与学生自由》，《当代教育论坛》2004 年第 5 期；韦雁仙：《浅谈教师权威与学生自由及其相互关系》，《当代教育论坛》2008 年第 5 期；马晓燕：《教师权威与学生自由》，《宁波大学学报》（教育科学版）2005 年第 4 期。

② 马凤岐：《自由与教育》，北京师范大学出版社 2006 年版，第 235 页。

③ 同上书，第 235—289 页。

④ 袁祖望：《美国高校自治与自律的统一机制分析》，《比较教育研究》2006 年第 12 期；杨晓波：《责任与自治：美国公立高校和政府的关系》，《高等教育研究》2003 年第 3 期；俞可：《没有自由的自治——解读德国〈高校自治法〉兼论德国高等教育政策》，《复旦教育论坛》2007 年第 6 期；丰继平：《学校的自治与教育责任》，《基础教育参考》2003 年第 7 期；刘承波：《希腊高等教育管理体制与学校自治制度》，《大学教育科学》2006 年第 6 期；刘淑华：《走向大学自治——俄罗斯扩大高等学校自主权的改革述评》，《比较教育研究》2009 年第 6 期；马约生：《论日本早期现代化过程中的高校自治与进步运动》，《扬州大学学报》（人文社会科学版）2002 年第 3 期。

也有学者如唐玉光等早在1994年就在分析了西方大学自治历史的基础上指出，我国高等学校办学自主权不同于西方，必须强调权利与义务的同步，而且必须转变政府的职能，完善调控手段，建立高效率的高等教育宏观管理系统。① 在我国到底如何实现高校的办学自主权，后来的研究者如袁海军、别荣海等②纷纷从不同侧面进行了探索。自主招生也是近年来讨论的特点问题之一，熊贤君等曾就高校自主招生的历史、现状、存在的问题等进行了回顾、探讨。③

近年来，中小学的自主发展问题也逐步进入学界视野。如刘俊仁指出，我国的义务教育虽然经过了将近30年的“简政放权”改革，但是公立学校与政府之间的科层关系仍然比较明显，这种状况制约着义务教育公立学校的特色发展。为了实现特色发展，义务教育公立学校应该获得自治地位，被赋予公法人资格。④ 李伟胜指出，目前我国中小学界存在四种具体学校形态：形式性组织、事务性组织、局部整合组织、全面整合组织，各学校可以据此确立自主发展的方向和策略，从而在不断变化的环境和内部发展之中，真正实现自主发展。⑤ 在此基础上，有人就如何监督和评估学校的发展进行了探索。如，秦行音就英国教育督导制度进行了介绍，⑥ 李思民、盛逸民等则较为系统地总结了发展性评估的特点及实施。⑦

---

① 唐玉光：《大学自治与高校办学自主权》，《上海高教研究》1994年第4期。

② 袁海军：《董事会：高等学校自主办学权的保障与约束》，《吉林教育科学》1999年第3期；王海平：《高等学校自主办学和教育行政管理职能转变的理论思考》，《辽宁高等教育研究》1999年第3期；许剑：《试论政府宏观管理和学校自主办学的结合》，《高等教育研究》1997年第2期；张娜：《论科层制改革与学校自主发展》，《教育发展研究》2006年第8期。

③ 熊贤君：《20世纪上半叶中国高等学校自主招生的回顾》，《教育研究与实验》2001年第4期；高等学校自主招生对江浙沪高中教育影响调研组：《高等学校自主招生的问题与对策》，《上海教育科研》2009年第6期；施光明等：《高等学校自主招生对江浙沪高中教育影响的比较分析》，《上海教育科研》2009年第6期。

④ 刘俊仁：《义务教育公立学校自治的法理基础及制度设计》，《中国教育法制评论》2011年第9期。

⑤ 李伟胜：《试析学校自主发展的四种思路》，《教育理论与实践》2006年第4期。

⑥ 秦行音：《学校自主中的国家监督》，《比较教育研究》2012年第2期。

⑦ 盛逸民：《发展性评估模式建设与学校自主发展》，《上海教育科研》2003年第2期。

6. 教育自由的限度

马凤岐和石中英较早地提出了“教育中的自由及其限度”问题。马凤岐认为适当的教育是保证受教育者实践其自由的重要条件，但是，教育与受教育者的自由的关系并非总是一致，教育在本质上包含对受教育者的自由的限制。[①] 石中英也认为教育中的自由不应毫无限制，无论是学术自由、教学自由还是学习自由都有一定的限度。[②] 此外，不同主体不同类型的教育自由其限度也是不同的。周兴国、任仕君等针对儿童教育自由的限度进行了探讨。[③] 管月飞指出，学生自由是教师自由的限度。[④] 叶秀丹、黄欣祥、杨小秋等则对教师的教授自由、实践自由等自由的限度进行了探讨。[⑤] 李文兵重点介绍了美国高等教育专家布鲁贝克（J. S. Brubacher）的学术自由限度思想。[⑥] 马凤岐指出，学术自由是学术繁荣的基本条件，也是高等教育健康发展的基本条件；但学术自由并不是无条件的，也不具备绝对价值；学术自由的限制，包括概念的限制、学术道德的限制和在与其他积极价值竞争中受到的限制。[⑦] 张俊友指出，在美国公立中小学，教师职务表达受学校教育的使命与学生的未成年人特点的影响而受到严格限制，教师的公言论比私言论受到更大程度的保护，但教师个人表达一旦与学生利益发生冲突，无论是教师公言论、还是私言论，都要受到适当限制。[⑧]

7. 教育自由与自由教育的关系

目前，不少学者将教育自由等同于自由教育。显然，二者有明显的区

---

① 马凤岐：《教育与受教育者的自由》，《教育理论与实践》2001 年第 4 期。

② 石中英：《教育哲学导论》，北京师范大学出版社 2002 年版，第 274—277、281—282、286—288 页。关于学生的学习自由问题，另见石中英《论学生的学习自由》，《教育研究与实验》2002 年第 4 期。

③ 周兴国：《教育自由及其限度》，博士学位论文，南京师范大学，2007 年；任仕君：《论学生自由及其限度——道德教育的自由困境与解决路径》，《教育理论与实践》2009 年第 5 期。

④ 管月飞：《试论教师自由的可能性及其限度》，《教育科学论坛》2007 年第 5 期。

⑤ 叶秀丹、黄欣祥：《教师的教授自由及其限度》，《海南师范大学学报》（社会科学版）2010 年第 2 期；杨小秋：《教师实践自由的张力及其限度》，《现代大学教育》2009 年第 4 期。

⑥ 李文兵：《论学术自由及其限度》，《高教探索》2006 年第 6 期。

⑦ 马凤岐：《学术自由的限制》，《高教探索》2006 年第 1 期。

⑧ 张俊友：《美国公立中小学校教师表达自由及其限度》，《比较教育研究》2009 年第 9 期。

别。一种观点认为,[①] 教育自由与自由教育的关系问题可以看作是儿童的当下自由与其未来自由的关系问题，教育自由需要对儿童进行自由教育，但如何对教育自由下的儿童进行自由教育，仍是一个需要进一步思考的问题。另一观点认为[②]，自由学术与学术自由、自由教育和教育自由的本质和目的都是唤醒、解放和发挥人的自由本性、形成人的自由本质、提高人的自由能力，但它们的范畴和行为方式又有明显区别。自由教育和自由学术主要属认识范畴，教育自由和学术自由主要属实践范畴。教育自由是指举办教育、管理教育、选择接受教育和进行教育教学的自由，涉及广泛的政府与学校、社会之间的关系，学校与社会、学生及其家长之间的关系问题，必须遵守政治、法律、道德等的规范，也需要政治、法律、道德等自由规范的保证。自由教育是指教育中自由学习、自由思考、自由想象、自由研究以及在遵守政治、法律、道德、学术规范前提下自由表达思想言论的教育，主要涉及教育内容、教学方式、教育者和受教育者的问题，包含在教育自由的范畴内。在当代中国，自由教育就是培养学生创新精神、实践能力和全面德性的教育，是以素质教育为基础的创新教育。

（三）反思与展望

教育与自由这一主题的研究必将会成为教育理论与实践研究中的焦点，且会在较长时间内持续影响教育实践及政策改革的走向。但是，与国外悠久的研究历史相比，我国实际上刚刚起步。虽然，近年来越来越多的人开始关注，其中也不乏较为深入且富有启发意义的成果，但存在的问题也是比较突出的。正如危机与机遇并存，已有研究中存在的种种问题和不足也恰恰为我们今后的研究提供了新的空间和生长点，具体而言：

1. 观点多重复少冲突

目前这一领域的研究在很多问题上达成了共识，这为后续研究的深入奠定了基础，推动了人们对教育中“自由”价值的关注、认识、肯

---

① 周兴国：《教育自由及其限度》，博士学位论文，南京师范大学，2007 年，第 110—111 页。

② 郝文武：《自由教育的价值和实现方式》，《高等教育研究》2009 年第 9 期。

定及实践。如，在相关研究的推动下，人们开始重新检视教育目标、教学内容、教学方式、课程安排等是否合乎“人性”对“自由”的需求并引起了显著的改观，教育对人的奴役和支配等问题得到了彰显和批判，将自由作为教育的根本价值追求，并以追求“人”的自然生成为宗旨。然而，除此之外，不少研究在内容、方法、观点上都惊人地相似，是纯属巧合的“默契”，还是缺乏研究活力的一种体现？“自由”观念引入中国教育学界本就不久，似乎尚无可能形成悠久的研究传统以致学人无法突破传统的樊篱，那么，学界的这种默契或许有一种解释，即论者对这一敏感话题都尽量保持小心、谨慎之态，都在现有的研究范畴、框架等之内进行摸索，便形成了现有的“共识”，这是未经争论、辩驳的“虚假繁荣”。如果在今后的研究中依然缺乏必要的学术争鸣，恐怕难以改变人云亦云的状态，这对于推动教育与自由这一主题研究的深入是非常不利的。教育与自由问题不仅是教育学要研究的问题还是其他多学科关注的焦点，不仅是中国的问题也是国外学界争论的热点，不仅是学界应当讨论的问题，更应成为普通大众关心的问题。因此，今后的研究可博采众家之长，形成百花齐放、百家争鸣之态势，以推进研究的进一步深入、系统。

2. 重理论轻实践

自由与教育的问题不仅需要系统、深入的理论研究，更需要扎实的实践探索，寻求行之有效的路径、模式等。因此，实现教育自由，除了要扫清观念上的障碍，进行系统、深入的理论建构，更重要的还是使理想化的自由理念能够在现实的实践中扎根发芽，促进教育实践的改革，实现“人”的培养的变革。然而，就现有研究来看，显然更重视理论研究，就如何更加有效地推进自由之教育实践的研究并不多见，或讳莫如深或浅尝辄止。进言之，现有研究多停留在理论演绎阶段，立足于教育现实，以解决教育问题、提高教育教学质量为中心的研究少之又少，即便少数研究者开始关注现实层面的问题，但依然是应然层面的理论演绎，少有实然层面的实践论证。从理论上讲，理论研究与实践研究应当是统一的、相互促进、相互依托的，而且，理论研究最终必然走向实践，唯有通过实践检验的问题才是“真”问题。因此，今后的研究可在深化理论研究的同时加强实践研究，利用多方面资源和可能性探讨实现教育自由的可能性基础是什么，前提条件是什么，行之有效的方法、对策又有哪些，从而为后来的研究者及一线教师提供必要的启示、帮助。

3. 研究问题有待深入细致

纵观近30年的研究，学界对教育与自由的一些基本问题的认识已基本达成共识，但从研究问题的深入、系统程度来看，却有待提高。以教育自由的概念为例。现有对教育自由概念的解释多是从“自由”一词的一般意义上推演出“教育自由”，存在生搬硬套之嫌。事实上，“自由”的内涵几经变革，因此，谈论教育自由问题不可简单套用自由的概念。此外，主体指代也不明确。在已有的研究中，虽然研究者都使用了“教育自由”一词，但实际上指涉的主体并不同。一类研究者认为，教育自由的主体包括学校、教师、家长、学生等，如马凤岐、石中英等。另一类研究者则主要关注儿童或学生的教育自由，如金生鈜、冯建军、周兴国等。目前的研究多集中在儿童（学生）的教育自由，对于教师等其他主体的教育自由则较少关注。实际上，教育自由的主体不应仅限于学生（儿童），教师、学校、家长等都应当享有一定的教育自由权。此外，还有教育中自由如何实现的问题等，都只是从最一般的层面进行了设计，但教育实践是复杂多变的，不可能按照预想的进行。因此，对自由与教育的研究应在前期研究的基础上整合相关论域的研究进行更加细致、深入的研究，不断完善现有研究体系，逐渐形成“走向自由的教育学”体系。

4. 研究视角与方法有待多样化

从研究视角来看，已有研究基本上停留在对宏观的基本问题的辨析，缺乏微观的、多元的视角，对具体论域内问题的研究少有深入细致的透视，譬如，教师的专业素质、制度改革的基础、学校与班级管理、课堂教学策略等；就研究方法来看，也较为单一，譬如，概念的使用多是其他学科概念的直接演绎，实践途径的寻求也多是理论假设。然而，自由概念历经变迁，有关教育中自由的认识也是众说纷纭，自由之实践也情境各异，单一的教育学学科视角及单一的理论演绎法不能应对复杂多变的教育现实。因此，应突破现有研究视角及方法等的局限，或可从人类学、伦理学、社会学、经济学、制度学等学科视角汲取营养，或可普遍运用实证研究、叙事研究、行动研究等方法进行多样化的研究，将有助于理论研究的深入，同时有益于对教育实践问题的反思与把握。

三 研究内容

在近代西方，自洛克（J. Locke）以来，自由就不仅仅成为自由主义所信奉的基本政治价值，而且也成为整个社会制度所遵循的价值原则之一。然而，在我国，“自由”还依然是一个令人生畏的概念。教育作为国家事业的重要组成部分，其自由问题更未得到应有的正视和理性认识，其合理性或正当性更未得到应有的证明。理论研究上的不足造成教育实践中对教育自由的不断僭越，而身处其中的人，无论是教师还是学生都深受其害。基于此，本文从教育欲要养成个性全面发展的人出发，在承认教育所承担的育人职责和功能，不排斥教育对社会的整合功能的前提下，对自由及教育自由的本质内涵、价值取向、基本原则及其实现的可能性等进行探讨，以建构教育自由的理念体系，从而为教育自由的合理性和正当性进行辩护、正名，并为现实的教育实践活动提供指导。

四 研究方法及思路

（一）研究方法

1. *文献研究法*

研究的问题决定研究方法，本研究主要是对“教育自由”这一概念进行理论的建构，属于基础理论研究。因此，作为理论研究的基本方法的文献研究法必不可少。所谓“文献研究法”是指对于文献进行查阅、分析、整理，从而找出事物本质的一种研究方法。[①] 从本质上讲，这是一种基于文献进行逻辑分析的方法。

文献法是本文的重要研究方法，文献资料收集的范围主要涵盖教育学、政治哲学、社会学等学科领域的相关著作，包括书籍、杂志、报纸等诸多文献资料。首先，通过查阅有关资料，分析当前教育自由理论研究之不足；然后，借鉴教育学、政治哲学、社会学等关于教育自由的研究成

① 李秉德：《教育科学研究方法》，人民教育出版社 1986 年版，第 136 页。

果，重建教育自由的概念体系。

2. *历史研究法*

通过文献研究法，可以告诉我们（教育）自由是什么？但却不能解答（教育）自由为什么的问题，即（教育）自由的由来？对这一问题的回答，唯有通过历史考察的方法，将（教育）自由概念放入观念史中进行考察，方能解答（教育）自由为什么的问题。因此，历史研究法在本研究中必不可少。

历史研究法是指通过搜集某种教育现象发生、发展和演变的历史事实，加以系统客观的分析研究，从而揭示其发展规律的一种研究方法。①已有关于教育自由的研究，虽然不乏从自由主义视角所做的探讨，但多是从一种“自由”到“教育自由”的直接演绎或移植套用，忽视了自由主义在不同的发展阶段所历经的变化。本文在对自由以及教育自由进行分析时，欲采用自由主义作为分析的样本，并以一种历史的眼光，在历史的语境下追踪探究这种观念的演进，考察它的变化性和连续性，并在此基础上对教育自由的基本价值取向等做出判定。还需指出的是，本研究拟采用的两种研究方法，并不是截然分开的。在使用过程中，应当遵循历史与逻辑相统一的原则。

（二）研究思路

对教育自由进行讨论之前，首先对“自由”概念进行界定。但是，在对“自由”的理解上，据观念史家统计，有两百多种，不同的人对它有不同的理解，不同的理论对它也有不同的看法。以至于“自由是一个意义漏洞百出以至于没有任何解释能够站得住脚的词”②。在自由概念如此混乱的情况下，如何对“教育自由”展开研究便是一个难题。在此种情况之下，要在一团思想乱麻中理出相对清晰的头绪，一条可行的路径便是解剖一个表征自由观的典型样板，而这个典型样板便是作为一种政治哲学的“自由主义”，这是由于学术界一般认为自由主义是对自由的观念、

① 裴娣娜：《教育研究方法导论》，安徽教育出版社1995年版，第136页。

② ［英］以赛亚·伯林：《自由论》，胡传胜译，译林出版社2003年版，第189页。

思想和知识传统的代称。[①]

新的问题是，即使将自由主义作为分析自由及教育自由的典型样板，依然需要展开十分复杂的讨论工作。这不仅因为，自由主义经历了曲折的思想变迁，且因为在其变迁过程中，自由主义形成了不同的理论流派，并在一些重大论题上提出了不同甚至迥异的观点和见解。如，从自由主义发展的历史脉络来看，“最早是主张自由放任的人自称自由主义，后来是反对自由放任的人自称自由主义，最后是主张福利国家的人自称自由主义。可以看出，自称‘自由主义’的人一直在向全权政府和平等主义的方向挪动，自由主义的内涵已经改弦易辙”[②]，“但它却不愿改称‘平等主义’”[③]。再如，当洛克提出“天赋人权”时，他只是以基本人权为依据，反对封建等级和特权，但到了罗尔斯（J. Rawls）那里，人的天赋因为是偶然造成的而属于不应得，以至于被列为不正义的缘由之一。[④] 而诺齐克

---

① 就自由主义这一概念本身的起源来说，它也首先出现在 19 世纪的西班牙，指一个小集团想推翻专制国王的统治，建立宪政，以保卫自由。（Walter Simon（ed），*French Liberalism, 1789 - 1848*，New York：New York，1972，p. 3.）约翰·格雷则说是在 1812 年的西班牙出现了这个词。（John Gray，Liberalism，Buckingham：Open University Press，1955，p. 12.）后来，这个词传播到了其他国家，用来指称具有自由理念的党派、政府和思想观念本身。（J. Salwyn Schapiro，*Liberalism：Its Meaning and History*，Princeton：Princeton University Press，1958，p. 9.）有关自由主义诞生的时间，很多人认为是 17 世纪，如约翰·格雷认为，历史学家从古代世界，尤其从希腊与罗马中找出自由观念的成分，然则这些成分仅仅构成自由主义史前的内容，而不是自由主义运动的组成部分。作为一种政治思潮与知识传统，作为一种可以辨认的思想要素，自由主义的出现只是 17 世纪的事。（John Gray，Liberalism，Buckingham：Open University Press，1955，p. 12.）但是，也有一些人持不同看法，例如，J. Salwyn Schapiro 就认为，自由主义最早开始于文艺复兴、宗教改革和科学革命，而作为一种思想体系，并且取得它的准确地表达是 18 世纪的启蒙运动。（J. Salwyn Schapiro，*Liberalism：Its Meaning and History*，Princeton：Princeton University Press，1958，p. 16.）另外，Anthony Arblaster 也把“文艺复兴”和“宗教改革”作为近代自由主义开始的界标。（Anthony Arblaster，*The Rise and Decline of Western Liberalism*，Oxford：Basil Blackwell，1984，p. 11、p. 95.）本文则赞成约翰·格雷的观点，认为自由主义是从 17 世纪开始的，并以霍布斯为开端。

② 钱满素：《美国自由主义的历史变迁》，生活·读书·新知三联书店 2006 年版，第 245 页。

③ 同上书，第 246 页。一些反对自由主义的人认为，当代的自由主义已经成为一种“平等主义”。[美] 约翰·凯克斯：《反对自由主义》，应奇译，江苏人民出版社 2003 年版，第 6 页。

④ [美] 约翰·罗尔斯：《正义论》，何怀宏等译，中国社会科学出版社 1988 年版，第 100 页。

(R. Nozick) 则认为，“罗尔斯的世界绝对不可能变成文明世界；对于由运气造成的差异进行压制，会破坏大多数发现新机会的可能性。”[①] 因此，当我们今天尝试从自由主义的视角对教育自由问题进行解读时，不得不先明确一下：是哪个版本的自由主义？古典的，现代的，还是当代的？

但是，无论自由主义怎样发展变化，它始终都围绕着一些基本问题而展开。不同历史时期的自由主义都只是对这些基本问题的适时论述。如英国《简明不列颠百科全书》认为，自由主义从广义上说，就是旨在保护个人不受外界的无理限制。[②] 德尔马（C. Delmas）认为，自由主义是一种关于根本目的和对政权进行限制的理念，它包含着政治自由、社会自由和思想自由等内容。[③] 阿巴拉斯特（A. Arblaster）认为，在狭义上说，自由主义就是对个人自由价值的信仰。[④]

鉴于此，本研究拟借用拉卡托斯（Lakatos）的概念，把自由主义理解为一套“纲领”[⑤]，着重对以下几方面进行讨论：作为一种政治哲学的自由主义，它的价值取向是什么、自由主义纲领的“硬核”是什么、当自由主义为了应对环境变化的挑战而积极调整其纲领的“保护带”的时候，它又做了哪些调整等。因循这种思路，我们对教育自由进行尝试性的解读：教育自由的基本价值取向是什么？教育自由纲领的“硬核”又有

① ［英］F. A. 哈耶克《致命的自负》，冯克利等译，中国社会科学出版社 2000 年版，第 83 页。

② 《简明不列颠百科全书》，中国大百科全书出版社 1986 年版，第 580 页。

③ ［法］克洛德·德尔马：《欧洲文明》，郑鹿年译，上海人民出版社 1988 年版，第 128 页。

④ Anthony Arblaster, *The Rise and Decline of Western Liberalism*, Oxford: Basil Blackwell, 1984, p. 11.

⑤ 拉卡托斯批判地继承了他称之为“朴素证伪主义”的波普尔（Karl Popper）的哲学思想，提出了一种有独到见解的科学研究纲领方法论。他认为不仅一切理论是可错的，而且理论的经验基础也是可错的，任何个别理论既不能被经验证实，也不能像波普尔所说的那样可以被经验证伪。因此，拉卡托斯认为科学中的基本单位和评价对象不应是一个个孤立的理论，而应是在一个时期中由一系列理论有机构成的研究纲领。以下列几个研究纲领相互联系的部分组成：(1) 由最基本的理论构成的“硬核”。它不容经验反驳，如果遭到反驳，整个研究纲领就遭到反驳，放弃“硬核”就意味放弃了整个研究纲领。(2) 围绕在硬核周围的许多辅助性假设构成了“保护带”，对保护带的调整、修改可消除研究纲领与经验事实的不一致。(3) 不准放弃或修改研究纲领的硬核的原则——反面启发法。(4) 丰富、完善和发展研究纲领的原则——正面启发法。参见［匈牙利］拉卡托斯《科学研究纲领方法论》，兰征译，上海译文出版社 1986 年版。

哪些？面对不同的教育情境，教育自由的“保护带”又做了哪些调整？在此基础上，对国家、社会等在教育中应当发挥的作用进行限定，对教育关系中不同主体的自由及其相互关系等进行讨论，并就如何践行教育自由之理念进行探讨。

第一章　教育自由的概念分析

沛西·能说："人类社会除了在一个个男男女女的自由活动之中，并通过这些自由活动，再没有其他什么善了，教育实践必须按照这个真理来计划"，"教育的真正目的是积极的、在于鼓舞自由的活动，而不是消极的、在于限制或抑制这种活动。"[①] 因此，"怎样才能教育人们去追求自由，去理解自由，去获得自由"[②] 成为教育成败的关键所在。但是，什么是教育自由，或者说，教育自由意味着什么？这是进行教育自由实践的理论前提。

一　何谓"自由"

研究教育自由首先要明确什么是"自由"。然而，试图给自由下一个公认的定义，不仅艰难，而且危险。但不管思想家们对自由的概念做何种表达，问题的本质在于，自由究竟意味着什么，它要表达的基本含义到底是什么。

（一）对自由的词源学考察

在汉语中，"自"指"自我"，"由"乃"顺随"。第一次把"自"和"由"合在一起使用始见于汉朝郑玄《礼少仪》中"请见不请退"一语的注解："去止不敢自由"，意思是去留不敢自作主张。后有"节度不得自由"[③]、"吾意久怀忿，汝岂得自由"[④]、"今方权宦群居，同恶如市，上不自由，政出左右"[⑤]、"既总朝政，生杀自由，公行淫泆，信任群小，随

---

① ［英］沛西·能：《教育原理》，王承绪等译，人民教育出版社 2004 年版，第 11、255 页。

② 李江源、蒋映洪：《自由：教育的价值之维》，《社会科学战线》2009 年第 1 期。

③ 《三国志·吴·朱桓传》。

④ 《孔雀东南飞》。

⑤ 《后汉纪·灵帝纪中》。

情与夺”[①]、“寸步东西岂自由，偷生乞死非情愿”[②]、“野人之性，视宫殿如樊笼，不如秀才家得自由也”[③] 等用语，大意是指顺随自己的意志，自我决断、自主行动。然而，此时的“自由”并不作为政治或哲学用语而存在，虽然与近代的自由概念有联系，但不完全相同，也无直接渊源。现代意义上的自由是在晚清时期开始使用的，始见于1900年的《万国公报》对斯宾塞《自由篇》的连载[④]。《辞海》对自由的解释是从被束缚、被虐待中解脱出来。《现代汉语词典》对自由的解释有：一是指在法律规定的范围内，随自己意志活动的权利；二是指把人认识了的事物发展的规律性，自觉地运用到实践中去的活动。

在古拉丁语中，“自由”（Liberta）一词的含义是从束缚中解放出来，此时，“自由”同“解放”。英语中与自由对应的单词有两个，即Liberty和Freedom。在英美学术界，一般认为这两个词的意义相同，指自主、自立、摆脱强制等。伯林（I. Berlin）曾说过，“没有区别地使用这两个词，都表示同一种意义”。[⑤] 斯金纳（Q. Skinner）也说，我已经有意识地在本书中不加区别地使用这两个词，尽管这两个词并非同义。[⑥] 克兰斯通（M. Cranston）认为两词是可以互换的，虽然freedom是在哲学和更为一般

---

① 《北史·尒朱世隆传》。

② 《胡笳十八拍》。

③ 《聊斋志异·巩仙》。

④ 自由一词及自由思想传入晚清中国的简单过程：“Liberty”在马礼逊《字典》（1822）中被译为“自主之理”。在麦都思《英汉字典》（1847）中被译为“自主，自主之权，任意擅专，自由得意”，以中文“自由”二字解释“Liberty”自此开始。在罗存德的《英华字典》（1866）中被解释为“自主，自由，治己之权，自操之权，自主之理”，并添加了“natural liberty（任从心意）”、“civil liberty（法中任行）”、“political liberty（国治己之权）”等具体解释。20世纪初商务印书馆出版的《华英音韵字典集成》（1902），主要沿用罗存德的解释。对西方自由思想比较完整的介绍是从译介斯宾塞、密尔等人的思想开始的。1900年《万国公报》从第136册起连载斯宾塞尔（斯宾塞）的《自由篇》；1903年严复翻译出版了约翰·密尔的 *On Liberty*，定名《群己权界论》，同年，马君武将此书翻译定名为《自由原理》出版，把西方的自由思想比较完整地介绍到了中国。（陈帅锋：《“自由”如何舶来？——论1903年密尔 *On Liberty* 的两个中译本及其影响》，《北京大学研究生学志》2010年第2期；熊月之：《自由、民主、总统三词汇在近代中国的翻译与使用》，《百年》1999年第5期。）

⑤ Isaiah Berlin, *Four Essays on Liberty*, Oxford: Oxford University Press, 1969, p. 121.

⑥ Queen Skinner, *Liberty befor Liberlism*, Cambridge: Cambridge University Press, 2001, p. 5.

的意义上来使用，liberty 则更倾向于在政治和法律的语境中使用。[①] 为进一步弄清两个词的准确意义，皮特金（H. F. Pitkin）在深入地探讨了这两个词的来源后指出，freedom 起源于德语，通过盎格鲁—撒克逊人传递给了英国人，而 liberty 是带有古法语的拉丁语，它通过诺曼人传到了英国，由此在英国形成了两个单词并用的情况。[②] 但阿伦特（H. Arendt）认为，freedom（自由）、liberation（解放）和 liberties（自由权）具有严格的区分。[③] 在这里，我们暂且采纳伯林和斯金纳的意见，不在这两个词的形式上做过多的停留，而重点考察自由的内涵。

（二）对自由的一般认识

就一般意义来看，自由指的就是"免于受到政府或者国家的直接强制"[④]，这意味着和必然包括着人的独立，同时也可以表达为人的不依从。[⑤] 佩蒂特（P. Pettit）认为，自由指的是不受支配（non - domination）。[⑥] 如此一来，自由的含义总是指向政治或社会的自由，而非哲学和伦理学上的自由。密尔说："自由并不是意志自由，而是指公民自由或者社会自由。"[⑦] 孟德斯鸠（B. D. Montesquieu）也明确地将自由分为两类：一是"哲学上的自由"，一是"政治上的自由"，"哲学上的自由，是要能够行使自己的意志，或者，至少（如果应从所有的体系来说的话）自己相信是在行使自己的意志。政治的自由是要有安全，或者至少自己相信有安全。"[⑧] 本文所要研究的正是"政治上的自由"而非"哲学上的意志自由"。

---

① 李宏图：《从"权力"走向"权利"：西欧近代自由主义思潮研究》，上海人民出版社 2007 年版，第 3 页。

② Hanna Fenichel Pitkin, *Are Freedom and Liberty Twins*, Political Theory, Vol. 16, No. 2, 1988.

③ 阿伦特认为，解放是免于压制，自由则是一种政治生活方式。［美］阿伦特：《论革命》，陈周旺译，译林出版社 2007 年版，第 21 页。

④ Anthony Arblaster, *The Rise and Decline of Western Liberalism*, Oxford: Basil Blackwell, 1984, p. 8.

⑤ Queen Skinner, *Liberty befor Liberlism*, Cambridge: Cambridge University Press, 2001, p. 5.

⑥ Philip Pettit, *Republicanism: A Theory of Freedom and Government*, Oxford: Oxford University Press, 1999, p. 21.

⑦ ［英］约翰·密尔：《论自由》，许宝骙译，商务印书馆 1998 年版，第 188 页。

⑧ ［法］孟德斯鸠：《论法的精神》（上），张雁深译，商务印书馆 1987 年版，第 188 页。

政治哲学认为，在现实的社会化场景中，人与人之间总要以某种方式发生相互干涉，自由应当表现为人在与其他人的相互关涉中的行动自由，即不被他人限制和阻碍的自由。“‘自由’一词就其本义来说，指的是没有障碍的状况”，“自由人就是不受阻碍地做他想做的事情的人”。[①] 伯林说：“就没有人或人的群体干涉我的活动而言，我是自由的。在这个意义上，政治自由简单地说，就是一个人能够不被别人阻碍地行动的领域。”[②] 麦卡勒姆（G. C. MacCallum）则进一步指出，“自由始终是某人（一个或多个行动者）的（of）摆脱（from）什么，去（to）做或不做什么、成为或不成为什么的自由；它是一种三位一体的关系。”[③] 罗尔斯也认为，有关自由的解释需要参照三个方面的因素：“自由的行动者；自由行动者所摆脱的种种限制和束缚；自由行动者自由决定去做或不做的事情。”[④]

所谓自由行动者，涉及的是“谁”或者什么可以是自由的？当我们说“X 是自由的”，这个政治上的主体可以是一个人、一个团体或整个社会。但是，只有富有情感、理性和意志的生命个体才可以称得上真正的自由行动者，因为，唯有个人才有思考能力，而群体、社团、国家等，都不能思考，或只能在比喻的意义上思考。就此而言，“个人能够选择，并且只有个人才能选择”。[⑤] 对于生命个体而言，自由意味着摆脱种种限制或强制而径自行动的自由。[⑥]

但是，政治哲学所讨论的自由，仅仅关涉“人与人的关系”。而不考虑人在某一特定时间所能选择的各种“物理可能性”。[⑦] 因此，政治哲学中的限制包括外在的、故意的、无理的干涉和限制等。伯林则将自由的限制归结为三类：（1）别人（个人或一群人）所加诸于我们身体上的干涉

---

① ［英］霍布斯：《利维坦》，黎思复等译，商务印书馆 1987 年版，第 163 页。

② ［英］以赛亚·伯林：《自由论》，胡传胜译，译林出版社 2003 年版，第 189 页。

③ 应奇等：《第三种自由》，东方出版社 2006 年版，第 41 页。

④ ［美］约翰·罗尔斯：《正义论》，何怀宏等译，中国社会科学出版社 1988 年版，第 192 页。

⑤ ［匈］安东尼·德·雅赛：《重申自由主义》，陈茅等译，中国社会科学出版社 1997 年版，第 76 页。

⑥ 张凤阳：《政治哲学关键词》，江苏人民出版社 2006 年版，第 27 页。

⑦ ［英］F. A. 哈耶克：《自由秩序原理》（上），邓正来译，生活·读书·新知三联书店 1997 年版，第 5 页。

(physical interference）及限制；（2）国家或法律对我们行动的限制；（3）社会舆论对我们所构成的压力。[①] 我们所要考虑的是种种强制或限制对个人的正当自由是否以及在多大程度上构成了伤害。因此，从否定性的角度来看，自由实际上是个人免于种种无理限制而自我做主的一个选择和活动空间，并与外在限制的强度成反比。当外在限制的强度越大，自由空间的范围就越小；反之，降低外在限制的强度，自由空间就越大。哈耶克曾说，自由是人的这样一种生存状态，在此状态下，“一些人对另一些人所施以的强制，在社会中被减至最小可能之限度”。[②]

然而，免于限制的自由并不是自由的全部，因为在自由许可的范围内，个人在选择和实现自己所偏爱的方案时，却往往表现出不同的主体能力。这就意味着，在法理上每个人的自由权利或许都是平等的，但“自由的价值”对他们来说却是有差别的。[③] 也就是说，“可自由地做某事”不等于“有能力做某事”[④]。无疑，没有能力或条件竞选总统的人有竞选总统的自由，同样，我们大多人没有能力成为百万富翁或获得诺贝尔奖，但有成为百万富翁或获得诺贝尔奖的自由。[⑤] 换言之，仅拥有自由的权利或机会并不能保证个体能够享有真正的自由。正如一个流浪汉不可能“真正地”自由进入高档的饭店一样，因为他缺乏这样做的必要手段，尽管存在这样一个事实，即没有人会积极地阻止他这样做。因此，个人真正的自由应该同其

---

① 石元康：《当代西方自由主义理论》，上海三联书店 2000 年版，第 19 页。

② 同上书，第 3 页。

③ ［美］约翰·罗尔斯：《正义论》，何怀宏等译，中国社会科学出版社 1988 年版，第 194 页。

④ ［法］雷蒙·阿隆：《论自由》，姜志辉译，上海译文出版社 2007 年版，第 106 页。在书中，雷蒙·阿隆认为自由有复数和单数之分，并引用 M. 菲利克斯和 E. 奥本海姆关于自由的定义：“我有做某事的自由，只要没有人能阻止我做这件事或我因为做这件事而受到惩罚，只要没有人能强迫或命令我做这件事。”（原文：I am free to do something provided nobody prevents me from doing it or makes it punishable for me to do it , or provided nobody makes it either necessary or mandatory for me to do so.）他认为这种定义将自由分为形式自由和实际自由，并认为这两种自由是对立的，因此，自由地做某事和能做某事是两个完全不同的概念；其次，他认为这一定义意味着一个社会的任何成员在许多行为（法律禁止的所有行为）方面都不是自由的，在法律禁止其他人阻止我完成的许多行为（去我所选择的教会，发表我的意见，到国外旅行）方面是自由的。

⑤ There is no doubt that somebody who does not have the skill or the pull to run for President is, nevertheless, free to do so, or that most of us are unable, yet free to become millionaires or to win a Nobel-prize. 转引自［法］雷蒙·阿隆：《论自由》，姜志辉译，上海译文出版社 2007 年版，第 106 页。

有效的能力联系起来，或者直接等同于其自由的能力，又或者说自由必须被实质化[①]。只有被落实为事实的自由才是真实的自由。阿马蒂亚·森指出，自由是在“实质的”意义上被定义的，不仅仅限于权利，而是人们能够过自己愿意过的那种生活的“可行能力”（capability）。[②] 有自由是一回事，有能力则是另一回事。因此，自由不仅仅是一种形式上的权利，而是有足够条件做自己想做的事。既然如此，“倘若对包括弱者在内的社会成员追求幸福的能力给予促进，使他们不仅‘可以’而且‘能够’成为自己的主人，便是所谓的‘积极自由’”。[③] 显然，自由不满足于安全的需要，还要在一定程度上满足欲求的需要。[④] 正如马林诺夫斯基（B. K. Malinowski）所言，人类自由扩张的基础是生存的自由。而生存的自由包含两个基本点：安全的自由，即远离恐惧的自由；繁荣的自由，即满足欲求的自由。[⑤]

综上可知，自由不仅仅在于打破权威对于个人的限制，还在于促进个人获得自由的能力，使他做自己想做的事情。但是，自由从其心理学的意义来看，是指谋求无限制的绝对自由，这是人的潜意识的某种本能冲动。当外在的约束性障碍被打破时，这种本能冲动就会被宣泄出来，在这种情况下，自由往往被直译为“解放”，而“解放”赤裸裸地展现便是不加收敛的我行我素：“可以狂欢，可以痛饮，可以把东西烧掉。”[⑥] 显然，这种不加限制的自由是不可取的。当一个人的自由行为对他人的正当权益不断造成伤害时，也就意味着新的不平等的出现。一个组织良好的社会，需要构建一个正义的法律框架，这个框架既要对每个人的权益提供平等的保护与救济，也对每个人的行为施以必要的规范与约束。在此种意义上，自由

① 赵汀阳：《论可能生活》（第2版），中国人民大学出版社2009年版，第111页。

② ［印］阿马蒂亚·森：《以自由看待发展》，任赜等译，中国人民大学出版社2009年版，第18页。

③ 张凤阳：《政治哲学关键词》，江苏人民出版社2006年版，第30页。

④ 一般而言，积极自由的捍卫者都会将自由与欲求联系起来，但是其反对者则反对将自由与欲求联系起来，因而只强调消极自由的意义。

⑤ ［英］布老尼斯娄·马林诺夫斯基：《自由与文明》，张帆译，世界图书出版公司北京公司2009年版，第72页。

⑥ ［匈］安东尼·德·雅赛：《重申自由主义》，陈茅等译，中国社会科学出版社1997年版，第25页。

只能被恰当地理解为“做法律所许可的一切事情的权利”[1]，但应明确的是，确立“法律的目的不是否弃或限制自由，而是保护并扩大自由”[2]。那么，如何行使法律所许可的自由权？雅赛（A. D. Jasay）认为至少应遵循以下规则：（1）自由行为应该且只可以接受合理的约束与强制；（2）当只有对某人施加约束与强制才足以防止他对别人造成伤害时，约束与强制的合理性质方能被认可；（3）如果超越道德和社会舆论的范围而诉诸强力制裁，则这种制裁必须在授权下依法执行。[3] 显然，上述限制性规则在于说明，文明社会中的自由绝不意味着一个人“想做什么就做什么”[4]，也“绝不是愿意干什么就干什么”[5]。

（三）不同形式的自由

对自由形式的划分有助于进一步理解自由的内涵。

1. 古代自由与现代自由[6]

对自由观念最早进行理论区分的是法国著名思想家贡斯当（B. Constant）。他将自由分为古代人的自由与现代人的自由。

---

① ［法］孟德斯鸠：《论法的精神》（上），张雁深译，商务印书馆 1987 年版，第 154 页。

② 顾肃：《自由主义基本理念》，中央编译出版社 2005 年版，第 41 页。

③ ［匈］安东尼·德·雅赛：《重申自由主义》，陈茅等译，中国社会科学出版社 1997 年版，第 37 页。

④ ［英］约翰·密尔：《论自由》，许宝骙译，商务印书馆 1998 年版，第 124 页。

⑤ 同上书，第 155 页。

⑥ 1819 年，贡斯当在“古代人的自由和现代人的自由之比较”的讲演中指出，古代人珍视的自由不同于现代人视为珍贵的自由。19 世纪，专制统治已被推翻，人民获得了他们应有的政治权利和公民自由。此时，人民所面对的已经不再是原先的一个专制性的政治权威，而是有可能形成新的专制性社会权威的时代，思想家们思考的重点已经不再是如何争取公民的政治权利和自由，而是如何在民主即将到来的情况下保持自由，维护每一个人的权利。包括贡斯当、托克维尔、密尔等在内的一批思想家认为，要确保人民的自由和权利不受侵犯，就必须在社会权威和个人权利之间划定一条界线。贡斯当将这种自由称之为“公民拥有独立于一切社会权威的个人权利”，即他所说的现代人的自由。托克维尔也明确指出，“给社会权力规定广泛的、明确的、固定的界线，让个人享有一定的权利并保证其不受阻挠地行使这项权利”。（［法］托克维尔：《论美国的民主》（上），董果良译，商务印书馆 1988 年版，第 885 页。）密尔也明确表示，他要讨论的“乃是公民自由或称社会自由，也就是要探讨社会所能合法施于个人的权力的性质和限度”。（同上书，第 1 页。）他们认为，通过对社会权威与个人权利界限的划分，可以有效制止民主制度中“多数暴政”的发生，以保障个人权益的最终实现。

古代人理解的自由主要是一种公民资格，即参与公共事务辩论与决策的权利，主要体现为“以集体的方式直接行使完整主权的若干部分，诸如在广场协商战争与和平问题，与外国政府缔结联盟，投票表决法律并作出判决，审查执政官的财务、法案及管理，宣召执政官出席人民的集会，对他们进行批评、谴责或豁免”[①]。这种集体主权的方式决定了“古代人没有个人（individual）的观念”，没有一个明确界定的私人领域，也没有任何个人权利（individual rights）。“个人在公共事务中几乎永远是主权者，但在所有私人关系中却都是奴隶。”[②] 社会的权威机构干预个人活动的几乎所有领域，阻碍个人的意志，所有私人行动都要受到严厉的监视。“社会对成员有完全的权威”，“个人以某种方式被国家所吞没，公民被城邦所吞没”。[③]

与古代人的自由相反，现代人的自由不再追求那种持续不断地参与集体事务的权利，而是追求和平的享受和私人的独立（peaceful enjoyment and private independence），即“个人自由”（individual liberty），主要体现为：“对他们每个人而言，自由是只受法律制约、而不因某个人或若干个人的专断意志受到某种方式的逮捕、拘禁或虐待的权利，它是每个人表达意见、选择并从事某一职业、支配甚至滥用财产的权利，是不必经过许可、不必说明动机或事由而迁徙的权利。它是每个人与其他个人结社的权利，结社的目的或许是讨论他们的利益，或许是信奉他们以及结社者偏爱的宗教，甚至或许仅仅是以一种最适合他们本性或幻想的方式消磨几小时或几天。最后，它是每个人通过选举全部或部分官员，或通过当权者或多或少不得不留意的代议制、申诉、要求等方式，对政府的行政施加某些影响的权利。”[④] 与古代人的自由相比，现代人的这种自由体现为每个个体有着选择、表达、思考、不受限制的权利和不可剥夺的财产权，任何人、任何外在的力量绝对不能要求其做出任何牺牲。此时，“公民拥有独立于任何社会政治

---

① ［法］邦亚曼·贡斯当：《古代人的自由与现代人的自由》，阎克文等译，上海人民出版社 2005 年版，第 47 页。

② 同上书，第 35 页。

③ 同上。

④ 同上书，第 34 页。

权力之外的个人权利，任何侵犯这些权利的权力都会成为非法权力”[①]。

贡斯当认为古代人的自由仅是一种“政治自由”（political liberty），现代人的自由则是一种“个人自由”（civil liberty）[②]，个人自由才“是真正的现代自由”，政治自由则“是个人自由的保障”[③]，但在古代人那里，政治自由本身就是一种乐趣。“古代自由的危险在于：由于人们仅仅维护他们在社会权力中的份额，他们可能会轻视个人权利与享受的价值。现代自由的危险在于，由于我们沉湎于享受个人的独立以及追求各自的利益，我们可能过分容易地放弃分享政治权力的权利。”[④] 然而，放弃政治权力，就无法为个体自由寻求保障，因此“放弃政治自由将是愚蠢的，正如一个人仅仅因为居住在一层楼上，便不管整座房子是否建立在沙滩上”。[⑤]“虽然政治自由和公民自由非常不同，然而，他们又有着一种非常相近和明显的联系。”[⑥] 因此，“我们必须学会将两种自由结合在一起。”[⑦] 只有这样，我们才能真正确保个人的权利，使个人的自由获得一个稳健的制度化保障。正如贡斯当所说：“制度必须完成人类的使命”，“一方面，制度必须尊重公民的个人权利，保障他们的独立，避免干扰他们的工作；另一方面，制度必须尊重公民影响公共事务的神圣权利，号召公民以投票的方式参与形式权力，赋予他们表达意见的权利，并由此实行控制与监督；这样，通过履行这些崇高职责的熏陶，公民们会既有欲望又有权利来完成这些职责”。[⑧] 简言之，个人权利和政治自由相互依附、相得益彰，缺一不可。

---

① ［法］邦亚曼·贡斯当：《古代人的自由与现代人的自由》，阎克文等译，上海人民出版社2005年版，第63页。

② Civil liberty，也有人将其译为“公民自由”。

③ ［法］邦亚曼·贡斯当：《古代人的自由与现代人的自由》，阎克文等译，上海人民出版社2005年版，第45页。

④ 同上书，第48页。

⑤ 同上。

⑥ Guy Howard Dodge, *Benjamin Constant' s Philosophy of Liberalism : A Study in Politics and Religion*, the University of North Carolina Press, 1980, p. 43.

⑦ ［法］邦亚曼·贡斯当：《古代人的自由与现代人的自由》，阎克文等译，上海人民出版社2005年版，第49页。

⑧ 同上。

2. 消极自由与积极自由

伯林继承并发展了贡斯当的自由概念，提出了消极自由和积极自由之分。①

伯林所谓的消极自由大致相当于贡斯当的现代自由，它指的是自霍布斯（T. Hobbes）以来英美自由主义思想家所强调的那种不受其他个人或人们制约的自由，即“免于……”（liberty from）的自由。一般来说，“在没有其他人或群体干涉我的行动程度之内，我是自由的。在这个意义上，政治自由只是指一个人能够不受别人的阻挠而径自行动的范围。我本来是有能力去做某些事情的，但是别人却阻止我去做，那么我就是不自由的，如果这个范围被压缩到一个很小的限度，那我就是被强制或奴役了。”② 哈耶克将这种自由概括为：（1）否定形式的定义——它是“不被强制”的自由，“别管我”就是自由；（2）人际关系的定义——它是就人与人、个人与政府—国家的关系界定自由的，从而划出一块不容侵犯的私人领域；（3）法治权利——表现为法治的程序性规定。③ 就消极自由而言，它具有以下特征：（1）自由具有内在的价值，而不是实现其他价值的手段；（2）自由关注的核心是个人的权利，个人的活动空间，而不是集体的权利；（3）自由仅仅和政府控制的范围相关，而与政府权力的渊源乃至政府的形式无关；（4）自由是人类追求的众多美好的价值之一，

---

① “对一个人施以强制，就是剥夺他的自由”，但问题在于“剥夺他的什么自由”？为了澄清这一问题，1958年，以赛亚·伯林发表了《两种自由的概念》一文，把“自由”划分为“消极自由”和“积极自由”两种类型。但是，无论是“消极自由”概念还是“积极自由”概念都不是伯林的首创。最早提出“积极自由”概念的是19世纪的新自由主义者格林（T. H. Green）。他认为，积极自由“是一种积极的权利或能力，以此去做值得做的事或享有值得享有的东西，这是我们与他人共做或共享的。”（李强：《自由主义》，吉林出版集团有限责任公司2007年版，第171页。）最早提出消极自由概念的思想家也不是伯林，他只是继承了包括霍布斯、边沁等人的这一思想，并做了简练的概括，从而使得这一概念得到了广泛的认同。“在当代说英语的哲学家当中，对这个话题的讨论已经产生了一个得到极为广泛赞同的结论——自由的概念实质上就是消极自由的概念。”“不管是谈论某个人的还是某些人的自由，它始终意味着免于某些强制或限制，以不受阻碍或妨碍地作为或无为、衍变或不变。”（达巍等：《消极自由有什么错》，文化艺术出版社2001年版，第92—93页。）

② I. Berlin, *Four Essays on Liberty*, New York: Oxford University Press, 1969, p. 122.

③ ［英］F. A. 哈耶克：《通往奴役之路》，王明毅等译，中国社会科学出版社1997年版，第29页。

但并不是唯一的价值。[①]

伯林的积极自由概念在很大程度上是针对“极权主义”的自由理论而发的，他认为，积极自由的主旨是“自主”，一种更理性的自主（rational self - direction），在这种状态下，一个人的生活由某种理性的欲望所主导，而不是由非理性的欲望左右。换言之，“积极自由”即“做（各种事情）”（freedom to…）的自由，它回答的是“究竟谁或者什么东西是控制及强制我的源泉”、“究竟我是否在各项行为上都是自主的”等问题。如果强制及控制我的源泉是外在于我的力量，我对于自己的行为没有主宰权，那么我就是不自由的，是处于一种被奴役的状态。但是，如果我是自己的主人，没有受到任何外在力量的支配，那么我就是自由的。

因此，积极自由概念强调的是作为一种力量或能力的自由，指“我成为我自己”、“我是自己的主人”的一种行动能力。在伯林看来，正是这种强调自我实现的积极自由定会将我们灾难性地带向极权主义。[②]当然，伯林也并没有完全否定积极自由的价值，但是他显然认为，靠得住的自由应该是消极意义上的自由。柏林的这一见解在当代自由主义理论家中得到了积极的响应，他们在使用“自由”一词的含义时，所持的基本上都是其消极意义上的含义。[③] 如，哈耶克、诺齐克、弗里德曼等。

与伯林对待积极自由的态度不同，阿马蒂亚·森、萨拜娜·奥凯（S. Alkire）、劳伦斯·克罗克（L. Crocker）、霍雷肖·斯佩克特（H. Spector）等则认为真正的自由应该是积极自由，而不是由法制权利保证的、受最少限制的消极自由或形式自由。森指出，在一个正义的社会中，人的价值观中必定包含对后果的考虑。因而他主张既要考虑法治的权利，也要考虑人们可以实际达到的享受。他把这样一种自由概念称为“个人的实质自由”（substantive freedom），即享受人们有理由珍视的那种生活的可行能力。更具体地说，实质自由包括免受困苦——诸如饥

① 李强：《自由主义》，吉林出版集团有限责任公司 2007 年版，第 171 页。

② ［美］伊恩·卡特：《自由的概念》、《后伯林的自由观》，刘训练编译，江苏人民出版社 2006 年版，第 6 页。

③ 艾克文：《霍布斯政治哲学中的自由主义》，武汉大学出版社 2010 年版，第 146 页。

饿、营养不良、可避免的疾病、过早死亡之类——基本的可行能力，以及能够识字算数、享受政治参与等等的自由。[①] 这种自由概念包括法治意义的自由，但不限于权利，还包括各种“政治权益”（entitlements），比如说，失业者有资格得到救济，收入在最低标准线之下者有资格得到补助，每一个孩子都有资格上学受教育等。换言之，个人自由不仅意味着有选择的机会，还要有选择的能力。[②] 从众多积极自由倡导者的观点来看，积极自由大致包含以下特征：（1）自由不仅仅是缺乏外在干预的状态，而且同时意味着以某种方式行为的权力或能力；（2）自由是一种更理性的自主（rational self - direction），在这种状态下，一个人的生活由某种理性的欲望所主导，而不是由非理性的欲望左右；（3）自由还意味着集体自决，在这种状态下，每个人都通过民主参与的方式控制自己在社会环境中扮演一定的角色。[③]

3. 第三种自由

不同于伯林的二分法，斯金纳、米勒（D. Miller）、佩蒂特等思想家则认为，伯林对自由的区分支持了一种政治幻想，即只有两种理解自由的方式。但是，在思想史的研究中，还存在着第三种视角，即共和派对“自由”的理解。[④] 米勒指出，在西方有关自由的思想传统中，除了消极自由和积极自由观念，还存在一种最古老的，即共和主义的（republican）自由传统。这是一种与政治直接相关的自由观念，因为它依据一套特定的政治安排来定义自由。成为一个自由的人就是要成为一个自由的政治共同体中的一个公民；反过来，所谓自由的政治共同体就是自治的政治共同

① ［印］阿马蒂亚·森：《以自由看待发展》，任赜等译，中国人民大学出版社 2009 年版，第 30 页。

② 选择指人们在生活中面对着可供自己选择的各种活动（诸如吃、穿、住、行、读书、看电视、发表言论、社会参与等），每个人从这个备选活动集合中按照自己的意愿选择一定的组合。能力指个人通过在可行的各种活动组合中，按自己的标准选择最优组合的能力。机会指备选活动集合所包括的活动必须对这个人是“可行的”（feasible to achieve），这使得“能力”的概念又等同于“机会”。

③ 李强：《自由主义》，吉林出版集团有限责任公司 2007 年版，第 171—172 页。

④ Philip Pettit, *Kepublicanism A Theory of Freedom and Government*, Oxford University Press, 1999, pp. 18 - 19. 另外，斯金纳也曾直接用“第三种”自由的概念来表达共和主义的自由主义思想。（Quentin Skinner, *A Third Concept of Liberty*, London Review of Books, Vol. 4, No. 4, 2002；达巍等：《消极自由有什么错》，文化艺术出版社 2001 年版，第 92—93 页。）

体。这意味着，首先，不受外国人的统治；其次，公民在这个共同体的政府中发挥一种积极的作用，因此颁布的法律在某种意义上能够反映人民的意志。[①] 佩蒂特更进一步指出，自由不仅仅是免于限制，而且还在于得到保障。[②] 斯金纳也明确指出，不自由是与“依从”联系在一起的，自由意味着“不依从”，而保证人的“不依从”需要一个没有任何专断权力成分的政治体制，即共和政体。“只有在一个共和政体的自治形式下，个人的自由才能得到充分的保证。”[③] 因此，个人作为一个国家的公民，要享有自由，就必须满足如下条件：（1）有能力（power）采取行动追求一种既定的选择（或者至少是可以选择的选择）；（2）不存在依附（dependence）、不存在干涉（interference）及自我实现（self－realisation）的获得。[④] 然而，针对上述观点，消极自由观的辩护者则反驳说，共和主义者对“支配”的关注事实上完全可以被对消极自由的一种正确的和精确的概括所吸收，如伊恩·卡特（I. Carter）、马修·克雷默（M. H. Kramer）等又开始循着这种思路对斯金纳、佩蒂特等人的共和主义自由观展开系列的批判。[⑤]

二　自由与教育的关系

教育，无论是作为一种促进个体发展的活动，还是作为社会系统的重要组成部分，其本身都赋有自由的要求，具有自由的品性。任何真正的教育都必须满足人的自由发展的需求，教育的发展就是不断地增进人的自由能力，扩大人的自由范围，最终不断地趋向人的发展自由。

---

① ［英］戴维·米勒：《自由读本》导言，《后伯林的自由观》，刘训练编译，江苏人民出版社 2006 年版，第 24 页。

② ［美］伊恩·卡特：《自由的概念》，同上书，第 11 页。

③ 达巍等：《消极自由有什么错》，文化艺术出版社 2001 年版，第 95 页。

④ ［英］昆廷·斯金纳：《国家与公民的自由》，《后伯林的自由观》，刘训练编译，江苏人民出版社 2006 年版，第 326 页。

⑤ ［美］伊恩·卡特：《自由的概念》，《后伯林的自由观》，刘训练编译，江苏人民出版社 2006 年版，第 12 页。另外，有关卡特、克雷默等对共和主义自由观的批判可参见《自由的度量》、《自由的性质》等文献。

首先，教育作为一种培养人的活动，自由是其根本的价值追求。

人生而自由！“对于自由，人有一种如此强烈的、出自自然的趋向，以至于如果他有一段时间习惯于此，就会为它牺牲一切。”① 因此，“每一个人按照自己的方式来处理一生的事业的自由，并且充分地利用这种自由，是自然所承认、理智所许可的普遍的理想。这样的自由，如果说不是一切崇高美德的源泉，就是一切崇高美德的条件”②。因此，自由之于人的重要性就在于它是“全部精神存在的类本质”③，也是“精神的固有本质，也就是说，是它自身的本体”④，“人的本质力量正是在对自由的不懈追逐中得以显现与验证的，人对自由的希求深深植根于人的本性之中”⑤。然而，“自由不是天赋的而是后天习得的；它不是处于静止的僵化状态，而是处于不断努力和不断生长的状态；它不是一个起点，而是一个运行过程的结果；如果是起点，那也仅仅只是个作为目标的起点——不是一个干枯的数字而是一个生动的目标。正如天体的规则运动产生了运动的节奏感一样，自由也是在行动之中遵循各得其所的原则所产生的结果。”⑥ 而且，从作为自然生命体而存在的人来看，人类“在一切本质方面是和动物本身一样不自由的”⑦。但是，作为精神存在的人，却“具有不受自然冲动所规定的地位。所以，处于直接的无教养的状态中的人，是处于其所不应处的状态中，而且必须从这种状态中解放出来”⑧。问题的关键是：人类如何才能从这种“直接的无教养的状态中”解放出来？答案就是教育。

自由的获得必须依靠教育。康德说：“人只有通过教育才能成为

① ［德］伊曼努尔·康德：《论教育学》，赵鹏译，上海人民出版社 2005 年版，第 4 页。
② ［英］沛西·能：《教育原理》，王承绪等译，人民教育出版社 2004 年版，第 15 页。
③ 《马克思恩格斯全集》第 1 卷，人民出版社 1956 年版，第 67 页。
④ ［意］莫迪恩：《哲学人类学》，李树琴等译，黑龙江人民出版社 2005 年版，第 82 页。
⑤ 王燕：《自由：教育的伦理之维》，《教育研究》2007 年第 11 期。
⑥ ［英］阿克顿：《自由与权力》，侯健等译，商务印书馆 2001 年版，第 314 页。
⑦ 《马克思恩格斯选集》第 3 卷，人民出版社 1972 年版，第 154 页。
⑧ ［德］黑格尔：《法哲学原理》，范扬等译，商务印书馆 1982 年版，第 29 页。

人"[1]，且"人是唯一必须受教育的被造物"[2]。他认为，要从根本上破除人的奴化，就必须对人进行启蒙。所谓启蒙，"就是人类脱离自己所加之于自己的不成熟状态。不成熟状态就是不经别人的引导，就对运用自己的理智无能为力"[3]。因此，启蒙就是打破笼罩在自己身上的奴化、驯化状态，成为一个真正的、自立的人。而要做到这些，就需要一种以真正的"人"的教育来取代奴化教育、驯化教育。因为只有一种"人"的教育才能对人加以引导，才能使人打破自己对自己的无知，才能使人认识到人之为人的意义和尊严，认识到人之为人的权利和责任，认识到人之为人的独特性和不可替代性，认识到"作为人类活动的首要价值，真理和正义是决不妥协的"[4] 并勇敢地去捍卫它。只有一种"人"的教育才能珍视并竭力捍卫个体的自由，才能在向个体努力揭示自由真谛的同时，启发个体把握自身的本质及其自由的规定，并鼓励其勇敢而富有理性地追求自由。

从这个意义上说，教育是人从不自由的自然生命体状态走向自由人状态的纽带。教育之于人不仅仅具有工具和手段的意义，而且是人的自由解放不可或缺的内在环节。而且，只有当教育致力于拓展与提高人的自由度的时候才是与人类本性相契合的真正的教育，也才是"人"的教育。[5] 就个体的精神发展而言，个人是最高的主权者，是自己精神健康的最好的守护者。[6] 一切教育的关键就在于使人成为自由的存在，成为自由发展的主体，教育价值的合理性依据应当指向人的自由，应以人的自由和自由发展为根本。因此，教育制度的制定、教育宗旨的厘定、教育内容的选择、教育方法的设计以及教育改革方案的确定等，都必须以自由为圭臬，都必须

---

① ［德］伊曼努尔·康德：《论教育学》，赵鹏译，上海人民出版社 2005 年版，第 5 页。或参见 E. F. Buchner, *The Educational Theory of Immanuel Kant*, New York: AMS Press INC, 1971, p. 106.

② 同上书，第 4 页。或可参见 E. F. Buchner, *The Educational Theory of Immanuel Kant*, New York: AMS Press INC, 1971, p. 101.

③ ［德］伊曼努尔·康德：《历史理性批判文集》，何兆武译，商务印书馆 1990 年版，第 13 页。

④ ［美］约翰·罗尔斯：《正义论》，何怀宏等译，中国社会科学出版社 1988 年版，第 2 页。

⑤ 李江源、蒋映洪：《自由：教育的价值之维》，《社会科学战线》2009 年第 1 期。

⑥ ［英］约翰·密尔：《论自由》，许宝骙译，商务印书馆 1998 年版，第 10 页。

以珍视、捍卫并努力扩展人的自由、促进人的自由发展作为根本的价值追求。

其次，教育作为国家事业的一部分，其自由的品质决定了未来社会发展的水平及文明程度。

教育作为人类的一种社会实践活动，是由人来安排的。一个国家、一个时代的教育是什么样，取决于人们的决策。随着教育在社会生活中变得越来越重要，政府越来越多地介入了教育决策。如今，教育已经成为国家的事业，教育决策成为政府政策中一个非常重要的方面。政府的教育决策过程，是一个政治过程。政府掌握教育权力，并对教育事业做出决策，目的是希望教育为其政治目标服务。① 即使是在以自由、民主著称的美国，教育也是其重要的政治领域之一，在州及地方政府，教育甚至可能是最重要的政治领域，在任何一级政府教育都不会是超越政治以外的活动。② 因此，“教育究其本性而言，是政治性的”③，保持教育的中立性几乎是不可能的。但是，这并不意味着教育中就一定无自由或教育一定是依附于政治需要的。教育应当具有相对的独立性地位。保持这种独立性的地位既是教育本身发展的需要，也是为更好发挥教育为社会培养人才的需要。如果教育一味地迎合政治的要求或者政治强迫教育完全迎合自己的要求，而且政治又走错了方向，那么，教育就可能不但无法发挥其应有的社会功用，且自身也会遭受严重损失。“文化大革命”时期，当政治教育代替学校教育，强制说教、简单灌输代替循循善诱、启发诱导，带来的后果已经不仅仅是教育事业的停滞，更重要的是，由此导致了社会发展的停滞不前甚至是倒退。

教育作为国家事业的一部分，教育自由既是社会自由的表现，又塑造着社会的自由发展，其自由品质决定了未来社会发展的水平及文明程度。教育的不自由，不仅会妨害身处其中的人（包括教师和学生）的发展，而且也会使所有其他方面的质量下降，如政治专制、文化落后等。因为，无自由的教育是无论如何也不可能培养出来具有自由精神和行为能力的

---

① 马凤岐：《教育政治学》，人民教育出版社 2002 年版，第 357—360 页。

② ［美］范斯科德：《美国教育基础：社会展望》，教育科学出版社 1984 年版，第 69 页。

③ 瞿葆奎：《教育学文集·教育与教育学》，人民教育出版社 1993 年版，第 874 页。

人，就更不可能会促进社会、政治、经济文化等的自由发展。赵汀阳曾说，“为了获得幸福就必须有个人自由，所以自由实际上总是属于个人的自由。”[①] 而个人的自由，就其实质而言，它是一种社会产品。这里存在一种双向的关系：通过社会安排来扩展个人自由；运用个人自由来不仅改善单个个人的生活，而且使社会安排更为恰当和富有成效。同样，个人对争议和正当概念的掌握，影响他们对所拥有的多种自由的应用，而这些概念也取决于社会联系——特别是在相互交往中形成公共的感知以及对所面临的问题及其解决办法合作达成理解。分析、判断公共政策时对这种多重联系必须敏感。[②] “教育是社会进步和社会改革的基本方法”[③]，“学校乃是社会发展的策源地”[④]。教育自由就是要在学校这块社会发展的策源地上培养出自由的个体以促进社会的进步和改革。因此，自由、民主的社会中的和为自由、民主社会而办的学校教育，必须为每个学生提供所需的教育，以充分发展他的能力和兴趣，发挥他自己的特长，并且学会和别人共同生活，即使不能相互合作，至少也要和平相处。

最后，教育本身作为一种中性的活动，并不必然走向自由。

虽然，自由是教育的根本价值追求和内在要求，但是，自由在教育中的实现并不是自发的，教育也不必然走向自由，人们经过教育或者得到自由，或者成为统治者、独裁者或暴君，或者成为奴隶。或者说，教育带来自由也限制自由。因为，就教育而言，教育不仅仅是一种个体活动，更是一种社会的要求。这种社会要求可能是理性合理的，教育也是民主的，但这并不是必然。极权主义国家就借助教育来实现对人的奴役。如，纳粹时期的德国有领袖学校和平民学校之分，教育中充斥着的主导思想都是个体需要且必须绝对服从于国家政治机器的需要。此时，不但人的自然权利遭到了否定，就连人获得自由发展的一切可能性也遭到了削减。这种教育以中央强权专断的且以惩罚为手段建立起来的忠诚来取代个体与生俱来的对家庭、教会、工厂或者职业的忠诚。公民个体的自由权利的保障主要取决

---

① 赵汀阳：《论可能生活》（第 2 版），中国人民大学出版社 2009 年版，第 100 页。

② ［印］阿马蒂亚·森：《以自由看待发展》，任赜等译，中国人民大学出版社 2009 年版，第 51 页。

③ ［美］杜威：《民主主义与教育》，王承绪译，人民教育出版社 1990 年版，第 18 页。

④ ［美］杜威：《人的问题》，傅统先等译，江苏教育出版社 2006 年版，第 18 页。

于个人对于党或国家的或真实或虚假的忠诚。

就教育的手段而言，奖励和惩罚是经常使用的教育手段。但是，无论是奖励还是惩罚都是一种强化。当某种行为符合要求时便会得到奖励，反之则会受到惩罚，通过这种方式，可以使人的行为得到某种矫正、强化。教育便是通过这样的方式使那些不成熟、未开化的生物人转变成社会人，成为能够思考、能够行动、能与其他成员协作的部落成员、城市公民。但是，还存在另外一种情况。奖惩意味着一种权力，当这种权力的发挥超越了保障个人自由权利的界限而单纯成为实现某种国家、社会、团体的利益手段时，这种权力便通过强化学生的某种行为品质导致对人的奴役。此外，教育中的规章制度、对纪律的强调等在保障个体自由的同时也同样对人的自由造成威胁，一旦这些规章制度或纪律等超出一定的权限，势必对个体的自由及其发展形成压制。

那么，如何保障自由在教育中的实现，或者说，如何消解教育对个体已经造成的或可能造成的奴役？除了从认识论上对自由展开全面的清理之外，最重要的是把自由设定为人的基本权利，把自由看作是对政治和社会提出的要求，才有可能从制度上保障教育过程中的个人自由不受侵犯，并阻止任何政府、社会机构“把它自己的观念和行事当作行为准则来强加于所见不同的人，以束缚任何与它的方式不相协调的个性的发展”①。否则，教育就会仅仅停留在充斥着强制规训的奴化、驯化状态。也就是说，教育自由应当被设定为人的一种基本权利，但是，仅仅将自由设定为人的一种基本权利是不够的，还必须对那些因经济贫困、文盲、残疾等因素导致的处境不利者予以适当的补偿，使他们具备享有自由权利的能力，从而真正享有自由的权利。也正是从这个意义上说，教育的发展就是不断地增进人的自由能力，扩大人的自由范围，不断地趋向自由。

三　何谓“教育自由”

自由作为人的一种基本权利而存在。但是，自霍布斯以来的种种关于

① ［英］约翰·密尔：《论自由》，许宝骙译，商务印书馆1998年版，第5页。

自由的论说都不曾使用过“教育自由”这一概念[①]，那么，作为概念的教育自由是否可能？其次，即便不存在概念使用上的合法性问题，作为一种自由形式的教育自由，它的内涵到底是指什么？尤其是与一般的自由相比，教育自由是否具有特殊性？如果有其特殊性又是怎样体现的？诸如此类的疑问说明，人们并没有对教育自由形成一个清晰的认识。为此，我们尝试从以下几方面对教育自由的概念进行分析、考察，以便获得一个较为完整、清晰的教育自由概念。

（一）作为概念的“教育自由”

虽然在已有关于自由问题研究的政治哲学著述或教育文献中很难找到“教育自由”这种确定性的表达。但并不意味着作为概念的“教育自由”不可能存在，也不意味着教育自由作为一种教育主张在理论上的不可辩护性和在实践中的不可操作性。

首先，对教育自由的研究从未中断。自从国家从私人或宗教团体中收回教育权，国家教育权力与个人教育权利之间的冲突就从未停止过，由此产生的教育自由问题便从未消失过。人们对有关教育自由问题的讨论，不管是宏观的教育与国家的关系还是微观教育中的自由，也从未中断过。历史上，如密尔、洪堡、哈耶克、弗里德曼、杜威、康德等都曾参与其中。

① 在西方，自洛克以来的自由主义者，虽然对自由进行了种种的论述，但始终未曾对教育自由做出区分。如，霍布豪斯在《自由主义》一书中将自由进行了非常细致的区分，如公民自由、财政自由、人身自由、社会自由、经济自由、家庭自由、地方自由、种族自由、民族自由、国际自由、政治自由等，但始终不见教育自由。（［英］伦纳德·特里劳尼·霍布豪斯：《自由主义》，朱曾汶译，商务印书馆 1996 年版，第 8—23 页。）罗尔斯在其代表作《政治自由主义》和《正义论》中曾谈到结社自由、移居自由、职业选择自由、政治言论自由、良心自由、信仰自由等，但也始终不见“教育自由”。（［美］约翰·罗尔斯：《正义论》，何怀宏等译，中国社会科学出版社 1988 年版，第 203 页；［美］约翰·罗尔斯：《政治自由主义》，万俊人译，译林出版社 2000 年版，导论。）也有不少人曾对教育与国家的关系及教育中的自由问题进行过讨论，如密尔、洪堡、哈耶克、弗里德曼等，但他们始终都不曾明确地使用过“教育自由”这一概念。如，密尔在《论自由》中将自由区分为思想自由、选择自由和结社自由。（［英］约翰·密尔：《论自由》，许宝骙译，商务印书馆 1998 年版，第 14—15 页。）虽然他对教育中的自由问题进行过论述，但却没有使用“教育自由”这样的概念。（［英］约翰·密尔：《论自由》，许宝骙译，商务印书馆 1998 年版，第 126—127 页。）同样，弗里德曼在《自由选择》一书中也对学校教育的自由问题进行了较为深入的讨论，但他也不曾使用教育自由这样一种概念。（［美］米尔顿·弗里德曼等：《自由选择：个人声明》，胡骑等译，商务印书馆 1982 年版，第 68—69 页。）

在当前自由、民主的社会环境之下，教育自由似乎不应该成为问题。但事实上，国家不仅没有削减对教育的控制，反而以更加隐晦的方式实现对人的控制和奴役。按照教育社会学、知识社会学等学科的观点，国家或社会如何选择、分类、分配、传递和评价它认为具有公共性的知识，反映了权力的分配和社会控制的原则。因此，教育知识的组织、传递和评价无不反映了国家社会权力的分配及其控制的原则。事实也是如此。教育知识的传递主要是通过课程、教学和评价三种信息系统来实现。那么，国家或社会就通过课程知识的准入标准、教学的有效性及其评价标准等的制定来实现对人的控制。在当代，不仅教育社会学对教育中的自由与控制问题展开了研究，教育政治学的兴起也表明人们对于这一问题越来越多的关注。

其次，无论是教师或学生都同样享有教育自由的权利。密尔曾指出："人类之所以有理有权可以个别地或集体地对其中任何分子的行动自由进行干涉，唯一的目的只是自我防卫。这就是说，对于文明群体中的任一成员，所以能够施用一种权力以反其意志不失为正当，唯一的目的只是防止对他人的危害。"① 就具备成熟理性能力的教师而言，人们对这条自由原则的适用性并不会产生太多的质疑。② 但是就学生而言，尤其是对尚在法

---

① ［英］约翰·密尔：《论自由》，许宝骙译，商务印书馆 1998 年版，第 10 页。

② 但是，对于那些持教师是"国家代言人"（郑杰：《社会转型法律视野中的师生关系》，《探索与争鸣》2004 年第 2 期）或教师"是社会要求的代表者，他们必须完成社会给予的使命"（柳丽娜、姚本先：《合作型师生关系探析》，《现代中小学教育》2005 年第 1 期）之类观点的人来说，他们认为教师享有的自由是非常有限的，尤其是中小学的教师更不可能享有诸如教学自由、学术自由等。但是，现在看来，这种观点是有问题的。因为，教师不是政府官员，在日常教学工作中，也没有得到政府的特别授权。而且，教师的各种观点言论等都不尽相同，甚至是相互冲突的，因此，他们既不可能代表国家发言，也无须代表国家发言。同时，教师也不可能是社会的代言人。因为，现在许多讲"社会"的人实际上并不知道这个词的含义。什么是社会？社会是以各种关系互相联系的全部人的总称。没有抽象的社会，只有由各式各样的人组成的社会。任何人的自身条件和生活经历都不可能跟别人完全相同，人们的要求往往互不相同。有些要求虽然互相矛盾，却可能都是合理的；有些要求可能根本不合理。如果说教师是社会要求的代表者，那么，他们代表的是谁的要求？如果教师向学生提出了某种要求，社会上持不同看法的人们又是否承认教师是他们的代表？如果教师要当社会要求的代表，那么他们几乎肯定代表社会上最有权势的人，而这又显然违反了自由平等的原则。事实上，教师是向学生传播知识的专业人员，应该忠诚于学术的原则，讲授符合学术标准的知识。教师在课堂上坚持一种观点，应该是因为它经得起学术标准的检验，而不应该是因为它跟政府的看法一致。参见袁征《中国教育问题的哲学思考》，海天出版社 2009 年版，第 46—47 页。

定未成年以下的儿童，由于他们并不具备完善的理性能力，也无法对自己的行为承担责任。因此，上述自由原则似乎并不适用于学生，尤其是儿童。密尔也曾指出："自由，作为一条原则来说，在人类还未达到能够借自由的和对等的讨论而获得改善的阶段以前的任何状态中，是无所适用的。"[①] 但是，伴随着人们对"儿童"的不断发现，不但儿童的地位得到了承认，其享有的权利也不断地得到扩充。进入20世纪，对儿童权利的保护走向高峰。1924年的《日内瓦保障儿童宣言》、1959年的《儿童权利宣言》以及1989年的《儿童权利公约》集中体现了对儿童权利的保护。前两个文件主要从传统的成人与儿童关系出发，着眼于强调儿童因其脆弱和易受伤害的特性而在应当受到的保护方面所具有的合法权利：在身体方面免于饥饿、疾病、贫困、剥削，以及在精神方面不受阻碍地享有精神发展、受道德教育的权利。1989年的《儿童权利公约》则从根本上撼动了传统的成人与儿童的关系，标志着儿童权利观念的一大变化。《公约》规定，1948年的《世界人权宣言》所规定的所有自由与权利不仅适用于成人，而且也适用于儿童等所有人。相应地，儿童被承认享有该文书中所载的一切权利和自由，如在意见表达、思想意识、宗教、结社、和平集会甚至在个人生活上得到尊重等方面的自由。显然，"儿童至少在趋势上是被承认与我们成人类似并因此具有同样的权利与自由"[②]。到现在为止，在法理上成人享有的人权和权利范围对儿童和学生来说几乎已经没有限制。换句话说，过去儿童和学生没有真正进入政治哲学的视野，也不曾在政治意味上作为一个完整的"人"享有一个现代成人享有的基本权利，但是现在的学生权利范围已经发展到甚至让许多人认为需要认真考虑维护教育权力的程度。由此可见，学生和儿童在教育过程中的自由，并非是一个想象出来的子虚乌有的问题，而是一个真实存在的问题。

最后，教育自由概念的使用也非首创。虽然，在已有的关于自由的种种述说中，始终不见有教育自由的确定用法。但是，我们还是可以找到将"教育自由"当作概念来使用的出处。如，法国的斯特拉斯堡大学历史系

① ［英］约翰·密尔：《论自由》，许宝骙译，商务印书馆1998年版，第11页。

② ［法］阿贝尔·雅卡尔等：《没有权威和惩罚的教育?》，张伦译，中国人民大学出版社2005年版，第31—32页。

教授库朗热（F. D. Coulanges）在《古代城邦——古希腊罗马祭祀、权利和政制研究》一书中提到："古人既不知道什么私人生活自由，什么教育自由，也不知道什么信仰自由。"[①] 尽管该书并没有专门地探讨古代人的教育自由问题，但至少明确地使用了"教育自由"这样一个概念。从我国的教育理论研究现状来看，"教育自由"作为概念的出现，也已经有人提出。如金生鈜、冯建军、周兴国等都曾从政治哲学的角度对教育自由的概念、原则等进行过阐述。

（二）谁之自由

依前文所言，政治哲学中的自由所指涉的对象要么是个体，要么是集体，而"自由"之前的修饰词，则只是表明了自由的范围和领域，如教育自由指的就是教育活动领域中的自由，但是"教育自由"的对象是什么呢？与"言论自由"、"良心自由"、"思想自由"、"表达自由"等均明确地指向公民个体相比，"教育自由"明显地存在着含糊不清与指代不明的问题。但有一点是确定的，即自由与主体行动有关。脱离了行动主体，便无所谓自由或不自由。然而，仅从语词表达来看，"教育自由"则是一个无涉主体的概念，或者说是一个任意主体性的概念，因而也是多主体性概念。就主体而言，教育自由的指涉对象，可以是学校，可以是教师，也可以是学生，甚至是家长。

但是，仅有主体的存在也不一定会产生教育自由问题。只有当个体与他人发生一定的社会关系时，自由才可能成为问题。鲍曼指出："要使一个人获得自由，必须至少存在两个人。自由表示一种社会关系，一种不对称的社会状况，"而且"只有当某种人们渴望逃避的依附关系存在时，才能说有些人是自由的"[②]。也就是说，自由的问题总是与人们之间的关系联系在一起，并且这种关系具有不对称性。在一种对称或者平等的关系中，自由是不会作为问题而成为人们思考和研究的对象。只有当处于不对称或不平等的关系中的一方试图摆脱另一方的影响和控制时，才会产生自

---

① ［法］库朗热：《古代城邦——古希腊罗马祭祀、权利和政制研究》，谭立铸译，华东师范大学出版社 2006 年版，第 213 页。

② ［英］泽格蒙特·鲍曼：《自由》，杨光等译，吉林人民出版社 2005 年版，第 1 页。

由问题。同样，教育自由也产生于错综复杂且具有不对称性的教育关系中。

虽然教育中的各种关系错综复杂，但是从主体出发依然可以将教育中的关系大致划分为以下几种类型：政府与学校的关系、学校与教师的关系和教师与学生的关系。在这三种不同类型的教育关系中，明显地存在如鲍曼所说的“不对称”状况，隐含着某种差别，或者说存在着某种依附关系，体现为：学校对政府的依附关系（现代学校教育制度建立以来）、教师对学校或政府的依附关系以及学生对教师或学校的依附关系。正是这种依附关系的存在，才使得“教育自由”作为问题而显示其探究的价值和意义。没有这种不对称状况或依附关系的存在，也就无所谓“自由”或“不自由”之说。

就政府和学校的关系而论，教育自由是对学校而言，无所谓政府的教育自由之说。通常，依照法律，政府对教育工作有领导、规划、监督、审批和财政管理的权力。这意味着，在形式上，政府有决定教育的自由。然而，政府对教育的管理权限制和约束了学校的自由、教师的自由及学生的自由，因此就产生了政府对这些教育主体进行限制的合法性与可能性问题。对学校来说，这一问题就转换为学校是否有教育自由的问题。就学校与教师的关系而论，教育自由是对教师而言的，无所谓学校教育自由之说。学校表达自己的教育哲学，按照自己的教育哲学来安排学校的教育工作，决定培养目标、教育内容，决定对教师的聘任，决定招生政策，对教师和学生进行管理等，这些行为可能会限制教师的自由，包括教师的教学自由、研究自由等，由此便产生了教师的教育自由问题。就教师和学生的关系而论，教育自由总是对学生而言的。教师在一定范围内按照自己的意愿选择教育内容，按照自己的理解对学生讲解教育内容，自由地表达自己的观点，设计教育过程和选择教育方法，对学生提出纪律要求，独立评价学生的品行及学业成绩等，教师的这些行为成为对学生自由的限制，由此产生了学生的教育自由问题。

综上，围绕教育中主体之间的基本关系相应地产生了学校的教育自由、教师的教育自由与学生的教育自由。然而，上述三种关系类型的区分，仅仅是为了研究的需要。实际上，在日常的教育生活中，围绕政府、学校、教师和学生之间的关系错综复杂。但是，无论教育中的关系多么错综复杂，政府与学校、学校与教师、教师与学生都是最基本的教育关系，其中，政府与学校的关系影响甚至决定着学校与教师的关系及教师与学生的关系。正因此，学校教育自由、教师教育自由及学生教育自由共同构成了教育自由的基本类型。就已有的研究来看，多数研究者都将教育自由等同于学生自由，一些研究者虽然没有明确地将教育自由等同于学生自由，但是在行文中，所讨论的内容也是学生自由或儿童自由。如康德在《论教育学》中，虽然没有明确指出教育自由的主体是儿童，但是从文本的语境来看，所指还是非常明确的，即他所研究的正是儿童在教育中的自由与强制之关系。其他如沛西·能、福禄培尔（F. Frobel）、卢梭等对教育自由的论述也多指向儿童的自由问题。还有一些研究者认为，教育自由虽然也包含了教师自由、学校自由等，但学生自由才是最重要的教育自由。如杜威在《人的问题》一书中明确指出，"把学生包含在教育自由这种观念中去，比把教师包含在这种观念中尤为重要；如果这两者是可能分开的话，至少它会重要些。教师的自由是学生学习自由的必要条件"①。事实上，无论是学校教育自由还是教师教育自由都可能对学生教育自由产生决定性的影响，学校教育自由及教师教育自由不仅是学生教育自由的一个重要条件，也是社会公平的重要内容和体现。正如杜威所言："教育的自由是一件正在争论中的事情——我甚至想说，它正在危险之中。既然教育并不是一种在真空中发生作用的功能，而是由人来执行的；教育的自由，具体讲来，就意味着学生和教师的自由、作为一个教育机构的学校的自由。"② 完整的教育自由至少应该由学校自由、教师自由及学生自由共同构成。但是，学校的教育自由不同于教师、学生的自由，它是一种组织的自由，其涉及的问题会更加复杂，而且，一个组织的自由与这个组织内部成员的自由是不同的，有时候甚至是矛盾的。本文仅就教育中的人即教师和学生的教育自由问题进行探讨，而学校的教育自由暂不作讨论。

（三）何种自由

一般来说，教育自由作为社会自由的重要组成部分，是与政治自由、

① ［美］杜威：《人的问题》，傅统先等译，江苏教育出版社2006年版，第58页。

② 同上。

经济自由等并列的概念，它是自由理念在教育领域的应用，因此教育自由具有一般自由的一切内涵。但是，教育活动不同于一般的政治、经济等社会活动，自由在教育中的应用又表现出一些特殊性。

首先，作为行为领域的自由，教育自由意味着免除任何形式的强制和奴役。这种靠免除强制和奴役获得的自由是一种消极的自由，即做某事的自由，其实质是指“社会所能合法施于个人的权力的性质和限度”①、“一个人能够不被别人阻碍地行动的领域”② 或“一些人对另一些人所施以的强制，在社会中被减至最小可能之程度”③。作为消极自由的教育自由意味着一个人按照自己的意志行动而不被他人任意干预，这就要求在教育制度的设计上，在教育管理的过程中，在教育教学过程中应“免除任何的强制，并且脱离任何以‘教育’之名出现的压制、贬抑和强迫”④。需要注意的是，教育自由只是摆脱“不正当”的干预或强制，而不是所有的干预或强制。因为，就教育的本质来说，无论是对于教师还是对于学生，教育都意味着一种干预或强制，但是这种干预和强制对于教师和学生的成长和发展来说都是必要的。同时，任何自由本身也总是以必要的干预和强制为条件的，社会制度与规范本身便是一种对个体的干预或强制，摆脱了必要的强制和干预也就意味着秩序的混乱，最终的结果只能是人人不得自由。因此，保证教育自由的首要条件便在于，这种干预或强制能够达到何种程度以及在哪些方面施以干预或强制。在这里，自由的机会概念是把自由作为任意干预或不正当强制的对立面而提出的。

其次，有做某事的自由不意味着有做某事的能力。自由不仅仅意味着一个人享有某种抽象的权利，而且意味着个人有能力、有资源享受这种权利。如果缺乏实现自由的手段，必然影响着自由的获得，使自由出现实质性的不平等。如因贫困而无法上学便构成了教育的不自由。因此，教育必须创造权利平等的条件，也就是创造自由得以实现的教育条件，比如丰富的教育机会、资源和目标可以保障每个人获得发展的机会和支持性的资

① ［英］约翰·密尔：《论自由》，许宝骙译，商务印书馆1998年版，第1页。

② ［英］以赛亚·伯林：《自由论》，胡传胜译，译林出版社2003年版，第189页。

③ ［英］F. A. 哈耶克：《自由秩序原理》（上），邓正来译，生活·读书·新知三联书店1997年版，第3页。

④ 冯建军：《教育自由及其原则：政治哲学的视角》，《教育学术月刊》2008年第6期。

源，从而避免在自由竞争机会和资源中的失败，可以寻求自我价值得以展示的方向。如果资源和机会方面存在着巨大的不平等，而制度本身所安排的竞争结构又强化着这种不平等，就会产生依附和支配。在这个意义上说，自由也是教育必须创造的人的发展的条件，这并不意味着自由只是一定时期的产物，而是教育必须创造的平等的教育条件，没有这样的条件或者不去创造这样的条件，就意味着教育并没有把自由作为一种必须追求的价值。在一定条件下，教育就有可能变成压制、歧视，甚至是奴役。[①] 因此，在这个意义上，“教育自由其实意味着教育只能创造条件让个体的理性在充分自由的交流中自己决定自己的发展”[②]，也就是说要让人人都能平等地享有自由。人人平等地享有自由即是人的潜能、人的理性得以充分发展的根本条件，也是基本人权的保证。平等地享有自由，意味着首先要免除教育中的一切特权，建立一种保障自由的制度，做到制度面前人人平等。正如哈耶克所言：“争取自由的斗争的伟大目标，始终是法律面前人人平等。”[③] 同时，平等地享有自由还意味着个人有能力、有资源享有这种权利。对那些不具备能力、资源享有平等自由权的人应进行适当的补偿，使他们在自由竞争中处于一种实质性平等。不管是按照罗尔斯等人的说法，即贫穷、无知和缺乏一般意义上的手段，不是自由本身，而是自由的价值。因此，必须对达成自由的手段进行改善以实现自由的价值。还是森等人的观点，即自由实际上包括了实现自由价值的可行能力，缺乏这种可行能力必然影响着自由的获得，使自由出现实质性的不平等。他们都一致认为，必须对条件不利者进行补偿。因此，平等地获得教育自由，必须通过适当的补偿，使条件不利者获取自由的能力得到某种改善。

最后，教育自由最终体现为精神领域的自由，表现为理智自由、道德的自由、审美创造的自由、个性发展的自由等，这是一种个性自由。教育自由的意义便在于个性的自由。正是为了个性的发展，每个人才需要自由，需要对个人基本权利的保障，需要对个人理性和人格的尊重，正是为了激发个人在个性的发展中追求优秀，每个人才需要能够保护追求理性的

---

① 金生鈜：《规训与教化》，教育科学出版社 2004 年版，第 16 页。

② 金生鈜：《论教育自由》，《南京师范大学学报》（社会科学版）2004 年第 6 期。

③ ［英］F. A. 哈耶克：《自由秩序原理》（上），邓正来译，生活·读书·新知三联书店 1997 年版，第 102 页。

目标和正确的生活观念的制度。自由的实践在于组织任何社会“把它自己的观念和行事当作行为准则来强加于所见不同的人，以束缚任何以它的方式不相协调的个性的发展”[①]，如果没有自由，社会可能迫使一切人都按照某种模型来形成个性。就个性的发展来说，个人才是最高的主权者，[②] 也是自己精神健康的最终守护者。因此，这种个性的自由是在主体自身关系中作为主体的人按照自己所固有的内在本性的要求去支配自身的存在和发展，从而实现了自我价值和自我追求的积极的自由。

但是，单独的积极自由只能存在于个人的意志之中，是形而上学的自由。而且，单独的追求积极自由可能导致的结果是不自由。因为，积极自由本身是无法遏止对他人进行强制或接受他人的强制。由于积极自由是自决的，这就意味着人人都有可能经常被欲望或激情所左右，为此，如果要实现理性自我的自由，就必须对欲望和激情等进行严格的规训。而正是这种规训极有可能导致对人性的扭曲。更为危险的是，这种自我实现的积极自由可能会给那些使用身体暴力或精神暴力强制人的理由提供可能性。在教育实践中不就从来都不乏以人类灵魂工程师自居的人。因此，政治哲学中的积极自由是以消极自由为前提的。伯林也曾指出：“对‘自由’这个词的任何诠释，不论多么特殊，都必定包含最低限度的、我所谓的‘消极’的自由。”[③]

消极自由即免除强制和奴役，为自我实现创造条件。但是，实现自我的积极自由才是教育自由的根本所在。一般来说，政治自由主要是捍卫个人的政治权利不受侵犯而专注于消极自由，但教育自由的目的是为了实现人的发展。所以建立在消极自由基础上的以自我实现为核心的积极自由才能完整地反映教育自由的意义。教育自由就是在保证权利和价值免于干涉的前提下，让个体的精神获得自主发展，追求优秀和卓越。因为自由，所以才有自我，才有自我的个性发展。如果没有自由，把心智活动限制在某一种模式之中，带来的必然是精神的奴役和个性的泯灭。实现自我和个性化的发展，既是教育自由的目的，也是教育的归宿。

---

① ［英］约翰·密尔：《论自由》，许宝骙译，商务印书馆1998年版，第5页。

② 同上书，第10页。

③ I. Berlin, *Four Essays on Liberty*, New York: Oxford University Press, 1969, p. 131.

四 相关概念辨析

（一）自由教育与教育自由

自由教育作为一种古老的教育思想，其内涵经历了一系列的变化。最早提出自由教育问题的是亚里士多德。在他看来，“父辈对于诸子应该乐意他们受到一种既非必需亦无实用而毋宁是性属自由、本身内含美善的教育”[①]，即自由教育。

它包括两个基本含义：（1）以受教育者具有闲暇为前提，又以受教育者充分利用闲暇为手段；（2）目的在于探索高深的纯理论知识。亚里士多德认为，“任何职业，工技或学课，凡可影响一个自由人的身体、灵魂或心理，使之降格而不复适合于善德的操修者，都属‘卑陋’。”[②] 因此，自由教育同职业训练截然不同，前者高尚，后者卑下。实施自由教育适合于“自由人的价值”，可以获得智慧、道德和身体的和谐发展。各种行业的实际操作是奴隶们的事务，它有损于智力的发展。但是，在法律上虽属自由人，但若醉心于狭隘的功利，必然妨害对纯理论的钻研，同样也是不自由的。亚里士多德关于自由教育与职业训练的区分，反映了古希腊人重视理智、德性和审美修养，鄙视知识的实用价值的文化传统；同时，也说明在古希腊不同阶级和阶层的人只能享受不同的教育。

到了中世纪，基督教教会利用亚里士多德的哲学来解释神学，改组了古代希腊、罗马学校中的一般文化学科，提出了“七艺”教育，并将其定位为进一步学习神学的基础学科。但是，中世纪的七艺教育渗透着神学的内容，其“自由”已不是指充分发展人的理性，而是指摆脱尘世的欲望，皈依基督的神性。待至文艺复兴时期，由于人文主义者要求冲破教会的束缚，倡导解放人性，把谋求个人的自由视为教育的要务，所以意大利人文主义者韦杰里乌斯（P. P. Vergerio）在论述“自由教育”的理想时提倡的是个人身心的自由发展，认为自由教育“是一种符合于自由人的价值的教育；是一种能唤起、训练与发展那些使人趋

① ［古希腊］亚里士多德：《政治学》，吴寿彭译，商务印书馆1965年版，第412页。

② 同上书，第408页。

于高贵的身心的最高才能的教育”。[①] 但是，此时自由教育的内容仍然限于古典人文学科。

18、19 世纪以来，自然科学的兴起使自由教育的概念也获得了新的发展。赫胥黎（T. H. Huxley）认为，将自由教育等同于古典教育，“不仅是极端贫乏的，而且几乎是一文不值的。”[②] 真正的自由教育“是在自然规律方面的智力训练，这种训练不仅包括了各种事物以及它们的力量，而且也包括了人类以及他们的各个方面，还包括了把感情和意志转化成与那些规律协调一致的真诚热爱的愿望”[③]。而且，“这种教育适宜于全体自由公民，他们可以选择任何一种职业，国家要求他们能够胜任各种职务。”[④] 这种自由教育思想不仅将自然科学与人文学科置于同等的地位，最为重要的是，自由教育的范围也扩展至普通公民。自由教育就是普通公民教育，不仅要发展个人的理性、德性，提高他的修养，还要培养公民，并为受教育者能够胜任国家和社会要求的各种职业打下基础。

到 20 世纪，面对新的政治、经济形势，自由教育的内涵又有了新的发展。

面对价值的混乱、政治的不稳定，赫钦斯（R. M. Hutchins）认为，教育最主要的任务是培养人性中的“共同要素”，分辨不变的善和恶。因此，普通教育课程之间应该有一种“基本观念的共同基础”，其内容应该包括“西方世界最重要的名著以及读、写、思考和谈话的艺术，还有作为人类的推理过程最好典范的教学”。[⑤] 学习这些课程最好的途径是钻研西方古典名著，因为这些名著都深深扎根于传统，从中可以“抽绎出人性的共同因素”，是全人类的共同遗产。而且，“一本古典著作是这样的书，它在任何时代里都是属于当代的。这就是它成为一本古典著作的原因”[⑥]。因此，如果一个人从来没有读过西方世界的任何名著，我们无论如何都不能称他是

① 滕大春等：《外国教育通史》（第 2 卷），山东教育出版社 1989 年版，第 11、176 页。

② ［英］赫胥黎：《科学与教育》，单中惠等译，人民教育出版社 1990 年版，第 122 页。

③ 同上书，第 59 页。

④ 同上书，第 159 页。

⑤ 王承绪等：《西方现代教育论著选》，人民教育出版社 2001 年版，第 215—216 页。

⑥ 同上书，第 212 页。

一个受过教育的人。[①] “这就是适用于自由人的教育。这就是自由教育。”[②] 皮特斯（Peters）则认为，“教育要以理性原则为基础，以培养具有独立心灵的自治的个性为目的，反对凭借权威的力量，强制灌输各种教条。”[③] 因此，他将自由教育解释为“非权威性教育”（liberal education as non - authoritarian education），主张个人基于理性基础上的选择和自治，反对以权威仲裁来代替理性的思考，反对个人受他人的设计、操纵和灌输，主张个人真正的自我导向。在皮特斯看来，现代社会可能不存在人身是否自由的问题，但却存在着心灵是否自由的问题。限制心灵自由发展的最大障碍首先来自个人对权威的迷信和盲从；其次来自权威对个人的灌输。自由教育就是要使人心从盲从和迷信、权威和灌输中解放出来。[④]

综上，通过对自由教育内涵的简单梳理可以看出，自由教育关注的是“教什么”和“如何教”才能发展学生的理性、德性等，其目的在于唤醒、解放和发挥人的自由本性、形成人的自由本质、提高人的自由能力。但是，教育自由关注的是“在什么样的条件下”或“满足什么样的条件”才能使得教师及学生等主体获得自由发展的空间，因此，教育自由指的是处于教育活动中不同主体之间的自由关系或状态。正是这种自由的状态可以为自由教育活动的实施及目的的达成提供一种自由发展的空间。因此，教育自由可以看作是自由教育的前提或条件，正是教育自由为自由教育的实现提供了可能。具体而言，在教育实践活动中，教育自由主要体现为举办教育、管理教育、选择接受教育和进行教育教学等的行为或选择自由，它涉及广泛的政府与学校、社会之间的关系，学校与社会、教师、学生及学生家长之间的关系，教师与学生及其家长之间的关系。借助这些关系的分析，为不同的教育活动主体确定合理的、理性的自由活动空间，为自由教育活动的顺利实施提供可能。此外，教育自由与一般的政治自由不同，它追求的是在消极自由基础上的理智自由、道德自由、审美创造自由、个

---

① ［美］赫钦斯：《美国高等教育》，汪利兵译，浙江教育出版社 2001 年版，第 46 页。原文：如果一个人从来没有读过西方世界的任何名著，我们如何能称他是一个受过教育的人？

② ［美］赫钦斯：《教育中的冲突》，华东师范学教育系等编译，《现代西方资产阶教育思想流派论著选》，人民教育出版社 1980 年版，第 221 页。

③ 毕淑芝等：《当代外国教育思想研究》，人民教育出版社 1993 年版，第 392 页。

④ 同上。

性自由等积极自由，这意味教育自由不仅仅是免于外界干涉的自由，还意味着个体具有以某种方式行为的权力或能力。因此，个体在积极参与的过程中，必然伴随着个体的自主性、理性能力等的提高，或者说，积极自由本身就是一种更高层次的理性自主。如此一来，积极自由就属于认识的范畴。就自由教育而言，不管是亚里士多德的自由教育，还是现当代的自由教育，它都主要属于认识范畴，包括自由学习、自由思考、自由想象、自由研究以及在遵守政治、法律、道德等的前提下自由地思想和表达等，主要目的在于提高个体的理智、德性和审美修养，涉及教育内容、教学方式、教育者和受教育者等问题。在这个意义上，我们又可以说教育自由在积极自由的维度上与自由教育不谋而合。

（二）教育民主与教育自由

在日常生活中，经常出现教育自由与教育民主混用的现象。教育自由是否等同于教育民主，或者教育民主是否必然带来教育自由，又或者教育自由是否必然带来教育的民主或民主的教育？这些问题都有待进一步的考证。

“民主”一词对应的英文单词是“democarcy”，它的意义一直都很复杂。[①] 但其基本含义则是与权威主义相对立的平等以及“多数人的统治”。[②] 民主意味着反对专制，反对压迫及“多数人的统治”。“民主政

---

① 有关“民主”一词的历史流变，可参见［英］威廉斯：《关键词：文化与社会的词汇》，刘建基译，生活·读书·新知三联书店2005年版，第110—117页；张凤阳：《政治哲学关键词》，江苏人民出版社2006年版，第51—78页。

② 柏拉图在《理想国》第8卷、第9卷有关政府形式的分类中，不但区分了民主制与主制，还将民主与其他政治形式做了区分，如寡头制、荣誉制以及位于最顶层的哲学王的统治。在《政治学》中，亚里士多德也给出了一个分类。亚里士多德对政体的分类由一个双重标准构成：（一）有多少人统治；（二）是否考虑到了共同的利益，或是仅仅促进了比较狭隘的利益。（［古希腊］亚里士多德：《政治学》，吴寿彭译，北京：商务印书馆2009年版，第132页。）如果一种政府形式对于共同利益予以了考量，那么它就是“正宗的”，否则便是“变态的”。其中，民主制是变态政体中最不恶劣的一种，因为，“在民主政府（democracy）之中，占多数的自由人与穷人被赋予政治权力。”（［古希腊］亚里士多德：《政治学》，吴寿彭译，商务印书馆2009年版。）阿奎那（Thomas Aquinas）也把democracy定义为“群众的力量”。埃利奥特（Charles William Eliot）曾以希腊为例对民主进行了界定：“一种存在于雅典人中的公众福祉，在这之中人人平等……这种统治方式在希腊文中被称为Democratia，在拉丁文中被称为Popularis potentia，在英文中被称为rule of the comminaltie。”（［英］威廉斯：《关键词：文化与社会的词汇》，刘建基译，生活·读书·新知三联书店2005年版，第110页。）

治”则意味着平等，即每一个人都有治理国家的权利。虽然在如何行使这种民主权利之时，出现了直接民主、代议制民主以及慎议民主三种形式。但“在民主制度下，统治行为与那些受到这些行为影响的人们的愿望之间存在必要的一致性”①。因此，不论是哪一种民主政体，只要说明了它是如何确保这种一致性的就是达到了民主的目的。换言之，民主也意味着人们愿望的达成。然而，纵观民主运动的发展历程会发现，这种“多数人的统治”“似乎并没有如人们一度希望的那样，被证明一定能够阻止专制和压迫”②，反而可能会形成对少数个体的专制，由此便产生了民主的悖论③，苏格拉底式的悲剧、雅各宾派的专政等都是这种民主悖论的最好证明。为此，我们不得不对民主进行必要的反思：民主除了意味着平等之外，它还意味着什么？如何防止民主悖论带来的弊端？正如有人指出的那样，也许“我们应当着眼于以一种公正性（equality）原则上来把握民主的正义性，而不仅仅是限于传统的对民主内涵的抽象的平等性（equity）方面的思考。”④

由于作为一种政治体制而存在的民主本身存在着悖论，它既可以是对平等的一种维护，也可以发展成为一种多数专制。因此，当我们将民主概念移植到教育领域时，首先必须回答的问题是：民主是否具有教育的价值？密尔的回答是：民主制度能够最好地促进公民的美德和智力的发展。一方面，民主制可能促进一种积极、进取、奋斗的民族性格；另一方面，民主是公民教育（civic education）的最佳方式。反之，专制制度就其本质而言倾向于采取愚民政策。“消极被动的性格类型是独夫的统治或少数几个人的统治所喜爱的。”即使是“好的专制”或曰“开明专制”，在扼杀人民智力和破坏人民道德方面也不比“坏的专制”逊色。⑤托克维尔（A. D. Tocqueville）也把美国人的爱国情感归于美国的民主制度，认为是

---

① ［英］杰弗里·托马斯：《政治哲学导论》，顾肃等译，中国人民大学出版社 2006 年版，第 267 页。

② ［英］F. A. 哈耶克：《哈耶克文选》，冯克利译，江苏人民出版社 2006 年版，第 369 页。

③ 假设在一场选举中，我相信政策 X 是一个正确的政策，但是，大多数人最终选择了政策 Y；在多数人决策的统治下，我承认应当遵循政策 Y；然后，我信守了这样的立场：遵循一个错误的政策是正确的。（同上书，第 268 页。）

④ 王占魁：《教育的民主实践何以可能》，《教育理论与实践》2009 年第 8 期。

⑤ 李强：《自由主义》，吉林出版集团有限责任公司 2007 年版，第 205 页。

对国家事务的参与培育了公民对国家的挚爱。[①] 那么，民主的价值如何成为教育关注的话题。杜威的回答是：民主“首先是一种联合生活的方式，是一种共同交流经验的方式。人们参与一种有共同利益的事，每个人必须使自己的行动参照别人的行动，必须考虑别人的行动，使自己的行动有意义和有方向，这样的人在空间上大量地扩大范围，就等于打破阶级、种族和国家之间的屏障，这些屏障过去使人们看不到他们活动的全部意义”[②]。换言之，民主作为一种联结生活的方式包含了社会性尊重的价值内涵。而这种社会性尊重的价值内涵可体现在教育实践活动中的三个关系之中：一是教师和学生之间对于彼此角色价值的尊重；二是教师与教师之间对于彼此学科价值的尊重；三是学生与学生之间对于彼此存在价值的尊重。[③]

通过以上分析可知，民主作为社会生活中重要的普适价值，应当并且可以成为教育的重要价值追求。因此，在教育理论研究中，出现了“教育民主化”、“教育的民主”、“民主的教育”、“民主教育”等意义相近形式多样的提法。但就教育民主而言，研究者的看法虽然有些差别，但基本的内涵还是比较一致的，有代表性的观点有：

杜威认为，教育民主就是不容许少数人垄断教育机会，要通过教育使人人发挥其开拓创新的才能，“给全体成员以平等和宽厚的条件求得知识的机会”，“教育成员发展个人的首创精神”[④]。陶行知认为，“民主运用到教育方面，有双重意义：第一，民主的教育是民有、民治、民享的教育。……第二，民主的教育必须办到各尽所能，各学所需，各教所知。”[⑤]“民主教育是教人做主人，做自己的主人，做国家的主人，做世界的主人”，“民主教育是人民的教育，人民办的教育，为人民自己的幸福而办的教育。”[⑥] 马和民认为，教育民主化是民主这一范畴在教育领域中的体现，它包含相辅相成的两个方面，“教育的民主”与“民主的教育”。[⑦]

① ［法］托克维尔：《论美国的民主》（上），董果良译，商务印书馆 1988 年版，第 350 页。

② ［美］杜威：《民主主义与教育》，王承绪译，人民教育出版社 2001 年版，第 97 页。

③ 同上。

④ 同上书，第 97—98 页。

⑤ 中央教育科学研究所：《陶行知教育文选》，教育科学出版社 1981 年版，第 123 页。

⑥ 同上。

⑦ 马和民、许小平：《西方关于教育平等的理论》，《杭州师范学院学报》1999 年第 1 期。

金生鈜认为，不民主的教育是剥夺性的、专制的，“民主教育意味着要为儿童提供更多的社会支持”，“通过向学生提供选择的自由、理智的开放和实际的参与机会来形成学生的公共道德、社会态度和社会责任感，形成社会技能”。①

综上，教育民主所关注的重点是由大众或大众的多数控制乃至行使国家或社会的教育权力，它涉及的问题是谁来行使教育权力的问题。而教育自由关注的是限制政府或社会等的权力范围，从而为个人提供较大的活动空间，它涉及的问题是政府、学校、教师及学生权限的范围。教育民主的反面是权威主义，而教育自由的反面是教育的极权主义或教育的全能主义。② 因此，仅就语义而言，教育自由与教育民主是两个全然不同的概念。从历史渊源上讲，教育自由与教育民主也有不同的传统。教育自由是近代以来权利理论兴起之后才出现的理论，教育民主则是自古代便存在的。民主的理论与实践可以追溯到古希腊时期，而教育自由理念的形成则是 17 世纪以后的事情。因此，一些持极端自由主义理论的人认为自由与民主之间是相互对立的。但多数人并不持如此极端的态度。从历史上看，大多数主张教育自由的人也都是民主主义者。在悉尼·胡克（S. Hook）看来，“对一种民主制来说，多数原则是很重要的，而大多数人如果不能接近消息的来源，如果只能读到官方的解释，如果在课堂、讲台和无线电广播中只能听到一种的声音——总之，如果一切批判性的反对意见都被打上叛逆的烙印而为异端的审判、为集中营的和行刑队所根除的话，他们的表示同意就不是自由的。当个人的心灵被有意地束缚于愚昧无知的时候，就同他的双手被绳索捆绑的时候一样，没有行动的自由。”③ 因此，自由主义者一般都会特别强调文化教育的民主，反对在教育领域里设立标准答案和灌输方式的使用，认为充分发挥受教育者的想象力和创造性，发展其个人趣味，课堂上容许不同的观点、个人信念和价值观的自由表达，是作

---

① 金生鈜：《我们为什么需要教育民主》，《教育学报》2005 年第 6 期。

② 为区分自由主义和民主主义，哈耶克认为最好的办法就是找到二者的反义词。自由主义的反面是极权主义或全能主义（totalitarianism）；民主主义的反面则是权威主义（authoritarianism）。

③ ［美］悉尼·胡克：《理性、社会神话和民主》，金克译，上海人民出版社 1965 年版，第 286—287 页。

为一种生活方式的民主的必要条件。①

（三）教育平等与教育自由

一些人认为，倡导教育平等必然会危害到教育自由。事实是否如此需建立在对教育平等概念的分析基础之上。

与“平等”对应的英文是“equality”。② 有人认为，平等观念主要可以归纳为三种：经济上的平均主义；权利和机会的平等；完全平等。显然，这里对平等的划分明显存在着分类标准不一的问题，也不适用于分析教育领域的平等问题。③ 也有人认为，平等至少可以区分出两种：一种是作为正义的一种逻辑要求的平等；另一种是作为实质的社会和政治思想的平等。④ 前者实际上是一种原则的平等，后者实际上是一种事实的平等。然而，“在作为事实的平等和作为原则的平等之间，存在着如孟德斯鸠所

---

① 顾肃：《自由主义基本理念》，中央编译出版社 2003 年版，第 117 页。

② “Equality”在英文中经常被使用是从 15 世纪初期开始的，可追溯的最早词源为拉丁文 aequalis；aequalis 这个词源自 aequus——意指水平的、平均的、正义的。Equality 的最早用法与物理的量有关，但是 equality 的社会意涵，尤其是“阶级平等”（equivalence of rank）这个意涵，出现在 15 世纪——虽然从 16 世纪以来变得更普遍。Equality 指涉“一种较普遍的状态”是从“阶级平等”这个概念开始延伸而来。这种意涵代表着词义演变的一个重大转变：指的不是一种阶级的对比，而是一种对于“更普遍的、正常的、标准的状态”的主张。这种广义的用法，一直到 18 世纪末期才变得普遍；在美国独立战争和法国大革命时，被特别强调。（［英］威廉斯：《关键词：文化与社会的词汇》，刘建基译，生活·读书·新知三联书店 2005 年版，第 152 页。）

③ 韩水法：《正义的视野：政治哲学与中国社会》，商务印书馆 2009 年版，第 119 页。经济平均主义的核心是要求社会财富的平均分配，主要是穷苦群众、特别是穷苦农民的一种要求，是他们憧憬的理想社会。然而，这种经济上的平均主义只能成为种种乌托邦传统的基石而不可能得以实现。权利的平等是指人的基本权利，即生命、自由和主权的平等；机会的概念是考虑到实际结果中的地位和财富的不平等而提出来的，它要求每一个人都有同等的机会去得到地位和财富。完全平等即当“两个或更多的人或客体，只要在某些或所有方面处于同样的、相同的或相似的状态，那就可以说他们是平等的。”（［美］乔万尼·萨托利：《民主新论》，冯克利等译，上海人民出版社 2008 年版，第 372 页。）或“当一个事物在某一认同的方面不比另一事物多，也不比另一事物少时，我们可以说这两个事物是平等的。”（［美］莫蒂默·艾德勒：《六大观念》，陈德中等译，重庆出版社 2005 年版，第 197 页。）因此，完全平等即无差别、等同、齐一的状态或结果。很显然，这种对平等的分类不适用于分析教育平等问题。因为，教育不是经济上的平均主义，也不限于权利和机会的平等，更不是完全平等。

④ ［英］杰弗里·托马斯：《政治哲学导论》，顾肃等译，中国人民大学出版社 2006 年版，第 178 页。

说的‘天壤之别’”[①]。从各方面情况看，如果同等情况同等对待，不同情况区别对待，这样才合乎正义的有关要求。但是，对作为一种实质的社会和政治思想的平等而言，没有什么差异可以证明区别对待是正当的。如何协调这两种平等形式之间存在的矛盾？亚里士多德有关平等分类的思想恰为我们解决这一问题提供了思路。亚里士多德认为，平等可以分为“数量平等”和“比例平等”两种。数量平等是指“你所得相同事物在数量和容量上与他人所得的相等”；比例平等是指“根据个人的真价值，按比例分配与之相衡称的事物”。[②] 两者的不同就在于所适用的范围不同。

就数量平等而言，它主要是针对社会平等而言，指人们在社会上处于同等的地位，在政治、经济、文化等方面享有同等的权利，这是一种实质的社会和政治思想的平等。作为一种实质的社会和政治思想的平等，它要求不论人的性别、种族、肤色、家庭出身等，都应当享有同等的条件，譬如接受教育、享有足够的生活资源、适当的医疗服务等等。由此可见，数量平等实际上与上文所说的完全平等概念一致。

就比例平等概念而言，正义并不是绝对完全的平等，对于差异个体而言，应该根据一个人的贡献或价值按比例分配社会的财富。这就是说，相同的人应给予平等的对待，不同的人应给予不平等的对待。英国的米尔恩（A. J. M. Miline）在继承了亚里士多德的比例平等思想的基础上，提出了更为明确的比例平等原则：“（a）某种待遇在一种特定的场合是恰当的，那么在与这种待遇相关的特定方面是相等的所有情况，必须受到平等的对待；（b）在与这种待遇相关的特定方面是不相等的所有情况，必须受到不平等的对待；（c）待遇的相对不平等必须与情况的相对不同成比例。”[③] 他在这里明确表述，一个人是否应该拥有某种待遇，取决于与这种待遇相关的特定方面。这一特定的方面因分配的对象不同而不同，例如对政治权力的分配与职务有关，经济的分配与贡献有关，教育资源的分配与才能有关。比例分配杜绝无关因素在分配中的作用，例如对教育资源的分配应当不受种族、家庭出身、性别、宗教因素等无关因素的影响。

---

① ［法］皮埃尔·勒鲁：《论平等》，王允道译，商务印书馆 2010 年版，第 21 页。

② ［古希腊］亚里士多德：《政治学》，吴寿彭译，商务印书馆 1965 年版，第 234 页。

③ ［英］米尔恩：《人的权利与人的多样性：人权哲学》，夏勇等译，中国大百科全书出版社 1995 年版，第 59 页。

通过上述分析，我们可以将平等界定为在满足了人的基本社会生产、生活、发展等需求基础上的一种比例平等。具体而言，在人生的某些重要领域，我们应当享有同等的条件，如所有人应该拥有足够的衣服、一份可以维持的膳食、适当的医疗看护、接受最基本的教育等。在此基础上，根据一个人的贡献或价值按比例分配社会的财富，即相同的人应给予平等的对待，不同的人应给予不平等的对待。

由此，教育平等问题也分为两类：一类是完全平等，一类是比例平等。教育中的完全平等作为一种自然权利、一项基本人权而存在，是人性平等对教育的必然要求，体现为无论人与人之间有多大的差异，只要他（她）是作为人而存在，就应该享有一种最低标准的基本教育。[①] 教育中的比例平等，是个体发展差异的必然要求。人生而平等，这是毋庸置疑的。但由于个体在先天禀赋、能力等自然条件以及社会生活环境、家庭状况、机遇等社会条件方面存在不可避免的种种差异，因而使人与人之间出现较大的差异，如发展潜力、特长、兴趣等。此时，如果给予他们的教育仍然是整齐划一的教育，而不是以适宜个体差异的因材施教的个性化教育，将会造成“集体的平庸”，这种结果对个体发展而言，是一种新的实质不平等。因此，教育资源的分配在保证拥有最基本的受教育条件的前提下，需以个体才能的差异按比例给予不同的教育，使得教育的过程能够适合不同个体发展的不同需求。正如《学会生存》中指出的那样，“教育上的平等，要求一种个人化的教育，要求对个人的潜在才能进行详细的调查研究”。“机会平等并不等于把大家拉平”，“机会平等是要肯定每一个人能受到适当的教育。”[②] 这种适当的教育显然是一种适合不同个体发展需要的个性化教育。

从上述分析可知，教育平等与教育自由并不必然存在着矛盾和冲突。教育自由的基本信念，即所有人在法律面前享有同等的权利，这与教育平等的追求是相一致的。事实上，教育自由理念的兴起与发展是与争取个人平等的权利紧密相关。教育自由的真正精神必须是每一个人享有同等价值

---

① 最低标准的教育既可以体现为时间维度的义务教育，也可体现为水平维度的最低受教育条件、学业水平（如识字率）等的基本要求。

② 联合国教科文组织国际教育发展委员会：《学会生存：教育世界的今天和明天》，华东师范大学比较教育研究所译，教育科学出版社 1996 年版，第 105 页。

与同等的权利，实现个体个性化的自由发展。它否认出身、性别、种族等在决定个人价值方面的作用，而强调个人以人的身份享有其应得的尊严。在历史上，争取同等的权利也曾作为争取个人自由的主要方面。但是，显然还是会有人提出这样的担忧：民主国家的人民虽然天生爱好自由，但“他们希望在自由之中享受平等，在不能如此的时候，也愿意在奴役之中享用平等”①，因此当教育被更多地当作一种通向成功的阶梯而不在于其自身的内容时，就意味着教育有可能变得平庸。但是，教育的平庸化仅是一种可能的危险。教育自由所坚持的权利至上、个人主义等原则可以保持公民的创造性，因而也许可以抵消这种平庸化的消极影响。因此，在强调教育平等的价值时不应忽视教育自由的重要性。从这个意义上说，教育平等并不必然危害到教育自由，坚持教育平等，防止集体的平庸，反而需要通过教育自由来促进和改善。

① ［法］托克维尔：《论美国的民主》（下），董果良译，商务印书馆 1988 年版，第 624 页。

第二章 教育自由的哲学基础

无论自由以何种形式出现，都只是一种形式的表达，它指涉的是“社会所能合法施用于个人的权力的性质和限度”[①]。但是，什么样的状态才是合法的？合法的标准是什么？为什么采用这个标准？标准是谁制定的？这些实质性的问题都不是自由概念所能回答的。对这些问题的回答需要诉诸支配这种自由概念背后的价值观念和哲学理念。然而，自由的理念具有多面性，又较有争议性，且始终处于变化之中。[②] 这样我们就必须在更宽广的范围中，在历史的进程中对自由理念进行梳理和理解，即“在历史中找寻自由的定义”[③]。本章以自由主义的发展历程为线索，通过历史的回顾，尤其是阐明当代诸种政治哲学视野下的自由观与教育自由观，揭示我国当前社会需要什么样的教育自由理念。

---

① ［英］约翰·密尔：《论自由》，许宝骙译，商务印书馆1998年版，第1页。

② ［美］埃里克·方纳：《美国自由的故事》，王希译，商务印书馆2002年版，第19页。

③ 读史使人明智，历史能够使人思接千载，视通万里。法国历史学家布罗代尔（Fernand Braudel）曾经把历史的时间分为短时段、中时段和长时段，他力主要在长时段中考察历史。借用到这里意味着，历史能给我们一双锐利的眼睛，不会为表面上的流行所迷惑而盲从；历史能让我们在宽阔的视野中，发现那些习以为常的概念和观念如何不断发展与变化，及如何不断被重新定义，不断地增添或者减少了什么内容；历史能让我们不再盲目相信所谓的“真理”而是进行着自己的思考，寻找着一种关于自由的多元化理解与存在；同时，历史也能让我们发现最终是哪些因素、哪些力量、哪种权力机制使得其中的一种定义成为了主导。（李宏图：《从“权力”到“权利”：西欧近代自由主义思潮研究》，上海人民出版社2007年版，第26页。）唯有这样，我们才不会盲目轻信于某种占据主流地位的观念，帮助我们去理解久远的价值观念如何凸显在我们今天的生活方式之中和我们今天思考这些价值观念的方式，反思在不同可能的状态中、不同的时间里我们所作出的一系列选择。实际上，这种理解能够有助于我们从对这些价值观念的主导性解释的控制下解放出来，并对它们进行重新理解。（Quentin Skinner，*Liberty Before Liberalism*，Cambridge：Cambridge University Press，2001.）

一 自由的历史探源

（一）现代自由的古代渊源

尽管系统的自由主义理论产生于近代西欧，但西方自由观念的历史却可以追溯到古希腊。[①] 最先明确地表达了个人自由理想的是古希腊雅典人。当雅典的将军在远征西西里处境极端危难的时刻，他让士兵牢记，他们是在为一个使他们“不受限制地决定自己所喜欢的生活”[②] 的国家而战，也就是为自由而战。历史学家修昔底德（Thucydides）曾用伯里克利（Pericles）“葬礼上的演说词”中的一段文字来描述雅典城邦制度中的自由生活。

> 我们的政治制度之所以被称为民主政治，因为政权是在全体公民手中，而不是在少数人手中。解决私人争执的时候，每个人在法律上都是平等的；让一个人担任公职优先于他人的时候，所考虑的不是某一个特殊阶级的成员，而是他具有真正的才能。任何人，只要他能够对国家有所贡献，就绝对不会因为贫穷而在政治上湮没无闻。正因为我们的政治生活是自由而公开的，我们彼此间的日常生活也是这样。当我们隔壁邻人为所欲为的时候我们不至于因此而生气；我们也不会因此而给他以难看的颜色以伤他的情感，尽管这种颜色对他没有实际的损害。在我们私人生活中，我们是自由而宽容的；但是在公家的事务中，我们遵守法律。这是因为这种法律使我们心悦诚服。[③]

---

① 西方自由观念同其他政治观念一样可以追溯到古希腊。［古希腊］威廉姆·奥腾（William A. Orton）在探索自由主义的历史渊源时，曾对古希腊哲学与自由的关系做过如下描述：很少有任何地方像古希腊共和国那样鲜明地展示了自由与组织、自由与稳定、进步与秩序之间的困境。希腊共和国未能成功地解决这些问题，其失败有某种必然性。它们常常使自由蜕变为无政府，使秩序变成暴政。然则，在失败的过程中，在希腊人为此反思的过程中，西方世界几乎所有政治问题都第一次得到系统的探索；一个理想确立了，一个标准设定了，这些理想与标准在二十四个世纪之后仍然激励着人们。（William A. Orton，*The Liberal Traditon*：*a Study of the Social and Spiritual Conditions of Freedom*，New Haven：Yale University Press，1945，p. 21.）

② 顾肃：《自由主义基本理念》，中央编译出版社 2005 年版，第 127 页。

③ ［古希腊］修昔底德：《伯罗奔尼撒战争史》，谢德风译，商务印书馆 1960 年版，第 130 页。

在这段文字中，雅典人对自己参与城邦政治生活的热爱及对自己自由民主生活发自内心的赞赏可谓溢于言表。在伯里克利看来，希腊城邦制度的典型特征就是自由、平等、民主、法治，其成功的秘诀就是尊重法律。“自由和法治是良好政体的两个相辅相成的方面”。[①] 因此，希腊人秉持的自由概念的含义就是尊重法律。但有自由不等于无约束，雅典人也并不把自己想象为完全不受约束，但这种约束不是屈从于少数个人的专断，而是自觉接受多数人通过的法律。[②]

对于希腊人引以为豪的“法律下的自由”概念，在贡斯当看来，仅仅是一种“政治自由”，而不是现代意义上的“个人自由”。因为，

> 在古代人那里，个人在公共事务中几乎永远是主权者，但在所有私人关系中却是奴隶。作为公民，他可以决定战争与和平；作为个人，他的所有行动都受到限制、监视与压制；作为集体组织的成员，他可以对执政官或上司进行审问、解职、谴责、剥夺财产、流放或处以死刑。[③]

由于古代人几乎把全部精力和实践投入到军事和公共服务中，他们的自由主要是参与公共生活的自由。此时，人被看作“天生的政治动物”，政治活动才是人们活动的中心，政治问题成为人们关注的核心，这既意味着人在本质上是被城邦所决定的，也意味着人只有在城邦的政治活动中才能得到自我实现，寻求自己的真正价值。由于不存在一个明确界定的私人领域，没有任何个人权利，也就没有个人自由的概念。

（二）近代自由理念的形成

从历史上看，自由作为一种理念并被确立为一种制度安排最早出现在英国，英国是一个有着自由主义传统的国家。至少从 13 世纪开始，英格

---

① ［美］乔治·萨拜因：《政治学说史》（上），刘山等译，商务印书馆 1990 年版，第 39 页。

② 同上。

③ ［法］邦亚曼·贡斯当：《古代人的自由与现代人的自由》，阎克文等译，上海人民出版社 2005 年版，第 35 页。

兰的社会结构、法律传统、财产关系、家庭生活、道德文化就展示出了某些独有的特征。这些特征不仅不同于亚洲社会与东欧社会，而且在很大程度上区别于欧洲大陆。这些特征的核心个人主义，也是自由主义的基本原则。因此，麦克法兰（A. Macfarlane）认为，在英国革命之前相当长的时间内，作为自由主义基础的个人主义已经在英国深入人心。①

但是，在英国资产阶级革命爆发前，它还是一种专制体制。在这种专制体制下，国王拥有至高无上的权力，人民拥有的财产和自由依赖于国王的恩赐和“善良的意志”。约翰·考埃尔（J. Cowell）在 1607 年出版的法律词典中也坚持认为，“自由”是指由于施与而拥有的一种特权，据此人民享有一般臣民所不具有的一些利益或恩惠。② 这种依赖于国王的恩赐与善良意志的自由导致的实际后果是人民毫无权利可言。以国王为代表的统治阶层与以中产阶级为代表的人民阶层之间不断爆发矛盾与冲突，并最终引发了为推翻封建专制争取自由的资产阶级革命。现实革命对自由的呼唤必然要求思想家们不断地在理论层面进行思考，产生了包括霍布斯、洛克等在内的自由主义思想家，并由此开启了近代自由主义的序幕。

1. 霍布斯对自由的理解

就思想而言，开启近代自由主义序幕的当属霍布斯。③ 正如莱恩（Alan Ryan）所指出的那样，“霍布斯被广泛称为近代个人主义的创始人、

---

① Alan Macfarlane, *The Origins of English Individualism: the Family, Property and Social Transition*, Oxford: Basil Blackwell, 1978.

② 李宏图：《从“权力”到“权利”：西欧近代自由主义思潮研究》，上海人民出版社 2007 年版，第 2 页。

③ 列奥·施特劳斯（Leo Strauss）曾说：“霍布斯是第一个感觉到，必须探寻一个关于人和国家的新的科学，他也第一个找到了这个新的科学。此后，所有的道德思想和政治思想，都明确地或缄默不宣地建立在这个新学说的基础上。”“尽管霍布斯远不如自然法的多数鼓吹者那样重视‘人的权利’的实际意义，他的学说却比任何人的学说都更清晰地体现了近代自然法的精髓及其所有的本质含义。这是因为，霍布斯显然不像传统学说那样，从自然‘法则’出发，即从某种客观秩序出发，而是从自然‘权利’出发，即从某种绝对无可非议的主观诉求出发；这种主观诉求完全不依赖于任何现在的法律、秩序和义务，相反，它本身就是全部的法律、秩序或义务的起源。霍布斯的政治哲学（包括他的道德哲学），就是通过这个作为道德原则和政治原则的‘权利’观念，而最明确无误地显示它的首创性的。”（［美］列奥·施特劳斯：《霍布斯的政治哲学》前言 2，译林出版社 2001 年版。）“由于这些原因，霍布斯确实是近代政治哲学的创始人。”（同上。）此外，洛克、昆廷·斯金纳也认为霍布斯是近代自由主义的开创者。

个人主义之父。"[①]

在霍布斯看来，"自由一词就其本意来说，指的是没有阻碍的状况"[②]。相反，如果受到了任何外在的阻碍，则可称为奴役，或曰支配。对于阻碍，霍布斯又把它分为两种，一种是"外在的阻碍"，这种阻碍指的是外界人为设置的束缚、障碍。如，人被困在房间，使他运动的空间只能限于房间之内。另一种是"内在的障碍"。这是指致使事物不能运动的阻碍不是来自外界，而是存在于事物自身的构成之中，例如静止的石头和生病的病人。对这一阻碍，霍布斯认为，"我们就不能说它缺乏运动的自由，而只能说它缺乏运动力量"[③]。正所谓非不为也，是不能也。即使我们对静止的石头不设置任何的障碍，它也不会运动。因此，人的自由指的是"在其力量和智慧所到的事物中，可以不受阻碍地做他所愿意做的事情"[④]。也就是说，自由并不是一个人想做而没有能力去做，而是指在其能力范围内，他是否受到了外界的阻碍，即"这种自由就是他从事自己具有意志、欲望或意向想要做的事情上不受阻碍"[⑤]。但是，"从事自己具有意志、欲望或意向想要做的事情上不受阻碍"并不是指一个人的意志、欲望或意向的自由，仅仅指按照意愿能够行动的自由。

这样，霍布斯对自由与不自由的理解可以概括为，自由是指在个人能力的范围内缺乏外在的阻碍或者干扰；不自由是指不是由于某个人缺乏行动的能力，而是由于受到了某种阻碍使得他的这种行动成为不可能。[⑥] 那么，个人自由指的便是个人"用他自己的判断和理性认为最适合的手段去做任何事情的自由"[⑦]。在自然状态下，人人都拥有这种自由，它是天赋的自然权利，任何人都同等享有这种权利，因此，它也是一种哲学抽象意义上的自由。在这里，霍布斯把自由与权利二者等同，自由即权利（right），"'权利'这个词，确切的含义是每个人都有按照正确的理性去

---

① Alan Ryan, *Hobbes and Individualism*, Oxford: Clarendon Press, 1988, p. 81.

② ［英］霍布斯：《利维坦》，黎思复等译，商务印书馆1985年版，第162页。

③ 同上书，第163页。

④ 同上。

⑤ 同上书，第162页。

⑥ Queen Skinner, *Liberty before Liberlism*, Cambridge: Cambridge University Press, 2001, p. 2.

⑦ Ibid., p. 167.

运用他的自然能力的自由”①。

但问题在于，作为理性的人，我们不能长久地生活在自然状态下，因为正是由于在这一状态下，人人都享有着这种自由的权利，“任何人都有权做一切事情”，大家互不相让，互不服从，因而将导致人与人像狼一样的相互争斗而进入一种战争状态。② 为了摆脱这种状态，人在理性的引导下，开始为了自保而寻求和平，同时，利用一切可能的方法来保卫自己。于是，出于自保人们相互转让其权利。这样，“权利的相互转让就是人们所谓的契约”③，于是，人们通过订立契约从自然状态进入到社会状态。

当人们从自然状态进入到社会状态后，自由又当如何理解？或者说，当具有哲学抽象意义上的自由进入到社会状态下的“臣民的自由”时，它指的是什么？霍布斯依然认为，就自由和奴役而言，在任何国家都不存在绝对的自由和奴役，只能从不受阻碍来理解人的自由，体现为不受法律的束缚。“在法律未加规定的一切行为中，人们有自由去做自己的理性认为最有利于自己的事情”。④ 霍布斯称为“法律沉默”下的消极自由。然而，“臣民的自由只有在主权者未对其行为加以规定的事物中才存在，如买卖或其他契约行为的自由，选择自己的住所、饮食、生业以及按自己认为适宜的方式教育子女的自由等都是。”⑤ 换言之，公民享有私有财产权、经济自由、流动自由和教育自由等自由权利。这些领域都是主权者未加法律规定的地方，臣民都可以自由地拥有这些权利。但当主权者随后颁布了有关法律后，个体就必须服从现有法律的规定。如此一来，臣民自由的程度多少就直接与法律“沉默”或规定的多少密切相关，而法律的多少又依赖于主权者。“在主权者以条文规定的地方，臣民都有自由根据自己的判断采取或不采取行动。因此，这种自由便因时因地而有大有小，要看主权者认为怎样最有利而定。”⑥

2. 洛克对自由的理解

在英国光荣革命之后的1689年，洛克出版了《政府论》，从自然法、

① ［英］霍布斯：《论公民》，应星等译，贵州人民出版社2003年版，第7—8页。

② ［英］霍布斯：《利维坦》，黎思复等译，商务印书馆1985年版，第94—95页。

③ 同上书，第100页。

④ 同上书，第164页。

⑤ 同上书，第165页。

⑥ 同上书，第171页。

自然状态和社会契约理论出发，阐发了他对自由的理解。在书中，洛克第一次把“生命、自由和财产”并列称之为一种权利[①]，并将其作为现代社会和政府的目的。那么，洛克理解的自由是什么？

一般来讲，“一个人如果有一种能力，可以按照自己心理的选择和指导，来思想或不思想，来运动或不运动，则他可以说是自由的。如果一种动作实现和不实现不能相等地跟着人心的选择和指导，则那种动作纵是自愿的，亦不是自由的。因此，所谓自由观念，就是一个主因有一种能力来按照自己心理的决定或思想，实现或停顿一种特殊那样一个动作。在这里，动作的实现或停顿必须在主因的能力范围以内，倘若不在其能力范围以内，倘若不是按其意欲所产生，则他便不自由，而是受了必然性的束缚”[②]。按照洛克的说法，自由与人的意志和能力相关，它是指在人的意志指导下的自由行动，并且这种行动又是其能力所能够实现的。而且，每一个人的自由及其程度与其能力相联系和匹配。能力愈强则自由的程度就愈大，反之亦然。正如洛克所言，“人在凭着心中思想的选择，而有所决定时，他的动作能力，或制止能力有多大，则他的自由亦有多大”[③]。从这一意义上说，自由指意志的选择自由及与能力相匹配的行动自由。那么，不自由指的便是一个人的意志受到了别人的控制，一个人的能力受到了别人的限制，或者说，受到了强迫和束缚。何谓强迫和束缚？洛克说：“任何运动的发端和继续，如果与有意欲的主体的心理选择相反，那就叫作强迫（compulsion）。同样，任何动作所受的阻碍或停顿如果同这种意欲相反，那就叫作束缚（restraint）。”[④]

哲学抽象意义上的自由概念为政治理论研究奠定了基础。在洛克看

---

① 在洛克之前的一批思想家已经对此做了详细的阐述，但洛克首次将其排列成为一种标准句式。（Queen Skinner, *Liberty before Liberlism*, Cambridge: Cambridge University Press, 2001, p. 21.）之后，在美国的《独立宣言》和法国的《人权宣言》中可以看到这一排列句式的影响，并且这种影响一直持续至今。美国的《独立宣言》写道：我们认为这些真理是不言而喻的：人人生而平等，他们都从他们的“造物主”那里被赋予了某些不可转让的权利，其中包括生命权、自由权和追求幸福的权利。法国的《人权宣言》写道：任何政治结合的目的都在于保存人的自然的和不可动摇的权利。这些权利就是自由、财产安全和反抗压迫。

② ［英］洛克：《人类理解论》（上），关文运译，商务印书馆2009年版，第208页。

③ 同上书，第215页。

④ 同上书，第216页。

来，自然状态体现为“一种完备的自由状态”。在这种状态下，个人的自由是指“他们在自然法的范围内，按照他们认为合适的办法，决定他们的行动和处理他们的财产和人身，而无须得到任何人的许可或听命于任何人的意志”①。也就是说，在自然状态下，每一个人都不能受到任何别人的控制、支配或奴役。如果出现这种状况，就违反了自然法。“人的自由和依照他自己的意志来行动的自由”② 是自然法给予每一个人的，这保证了他享有应该享有的平等权利，“不受制于其他任何人的意志或权威”③。因此，每个人都是自由的，而且，为了保全自身的生命，每个人也必须是自由的。这种自由可以分为两种，从消极的方面说，“任何人都不得侵害他人的生命、健康、自由和财产”④；从积极的方面看是自保。因为生命的个体是自由存在的基础和目的，因而自保或不侵害别人的生命则是自由的意旨，是一切权利中最为基础的权力，最为根本性的权利。对这种自由，洛克称之为“自然的自由”。所谓“人的自然自由，就是不受人间任何上级权力的约束，不处在人们的意旨或立法权之下，只以自然法作为他的准绳。”⑤

然而，在自然状态下，由于人人都平等地享有自然的自由，就必然造成人与人之间的矛盾与冲突。为更好地保有个人的自由，人们不得不放弃自然状态进入到社会状态、政治社会或公民社会。伴随着这一转变，人们原先享有的自然自由也转变为政治社会中所享有的政治自由或公民自由。何谓公民自由？在洛克看来，与自然的自由不同，公民自由指人们不受任何其他外在意志的约束，仅仅受法律的支配。也就是说，处在社会中的人的自由，就是除经人们统一在国家内所建立的立法权之外，不受其他任何立法权的支配；除了立法机关根据对它的委托所制定的法律以外，不受任何意志的统辖或任何法律的约束。事实上，也只有在法律的规则之下，才可能保证我们免于受到别人意志的强制和支配或者奴役。对此，洛克讲得

① ［英］洛克：《政府论》（下），瞿菊农译，商务印书馆 1982 年版，第 5 页。
② 同上。
③ 同上。
④ 同上书，第 6 页。
⑤ 同上书，第 16 页。

非常清楚："法律的目的不是废除或限制自由，而是保护或扩大自由"[1]。

但是，随之而来的问题是：法律是什么？它的本质在哪里？洛克认为，法律不是别的，它是我们在告别自然社会进入到政治社会的产物，是经过人们的共同同意之后而制定的，即是我们理性的产物，是我们意志自主的体现。因此，"未经公众赞同制定的法律就不是法律……不论哪一种人类的法律都是基于同意才有效的。"[2] 这样，法律不是别的，正是建立在人们同意基础上的一种共同的约定，共同的规则。它把自然状态下每个人对自然法的自我服从转化成为了在公民社会中的一种共同服从和公共服从。由此，在社会状态下，再也不存在所谓的"不受限制的自然自由"，只存在着"法治下的自由"。正是在这个意义上说，现代人的自由只存在于法律、法制之中。服从法律即是实现自由，践踏法律、违背法律、凌驾于法律之上、任意地行使自己的意志来控制或者干涉别人则可以明确地被界定为一种暴政，一种剥夺或侵犯人民自由、奴役人民的形式。因此，洛克说："法律一停止，暴政就开始了。"[3]

但是，拥有法律规定的自由是不是就意味着公民自由的真正实现？因为在洛克看来，自由不仅与意志相关，而且与人的能力密切相关。在社会状态下，能力的形式多种多样，而洛克认为保证公民独立与自主的这种能力体现为财产。因为，只有当人享有财产时，他才有可能是一个社会成员。保护财产不仅是政府的目的，也是人进入社会的目的和前提，没有财产，人们将无法进入到社会状态，成为一个公民。[4] 人类一出生即享有生存权利，为了维持独立的生存，必须享有食品等物品。在这一过程中，就必然形成了财产权。同样，当你没有了生命权，没有了独立时，你也就丧失了财产权，例如奴隶和战俘。正如洛克所言："这些人既已放弃了他们的生命权，因而也放弃了他们的自由，丧失了他们的财产——处在奴隶状态不能有任何财产——他们就不能在那种状态中被认为是政治社会的任何

---

① ［英］洛克：《政府论》（下），瞿菊农译，商务印书馆1982年版，第36页。

② 同上书，第82页。

③ 同上。

④ James Tully, *A Discourse on Property*: *John Locke and His Adversaries*, Cambridge: Cambridge University Press 1980, p. 171.

部分，因为政治社会的首要目的是保护财产。”[①] 同时，财产权也是政治平等的基础，只有当人们拥有了财产权，他才有可能成为独立自主的人，他才有可能不受或者抵抗那些反复无常的专断意志或者暴政的奴役。正如拉吉罗（G. Ruggiero）所言：“财产权是个人的天赋人权，独立于国家之外，因为它代表着个人最直接的活动领域，没有这个活动领域，个人的正式独立与自由将完全空洞无物。只有当人成为财产的所有者，他才能自给自足，才有能力抵制其他个人或国家对他的侵犯。”[②] 由此，财产权就这样进入到了“自由”的定义之中，成为能力的实际构成和体现，成为“自由”不可或缺的重要内容。只要确保了财产权，确保了财产权不受侵犯，自由即可得到保障和实现。

（三）启蒙运动时期自由理念的发展

1789 年爆发的法国大革命在人类历史上占有重要地位。英国历史学家霍布斯鲍姆（E. Hobsbawm）将其与同时期发生的（英国）工业革命并称为“双元革命”[③]。法国历史学家米什莱（J. Michele）也称这场革命为“法律的来临，权利的复活，正义的反抗”[④]。大革命前后，一批学者对旧制度提出了激烈的批评，提出了自由主义的思想，产生了广泛的影响。因此，有人说：“如果说 17 世纪欧洲自由主义的大本营在英国的话，在 18 世纪，自由主义的阵地已经转移到了法国”[⑤]。

1. 孟德斯鸠对自由的理解

孟德斯鸠酷爱自由，但是，“他的学说对自由的基本原则的分析却是草草拼凑和肤浅的”[⑥]。在他看来，自由有两种类型：一种为“哲学上的

---

① ［英］洛克：《政府论》（下），瞿菊农译，商务印书馆 1982 年版，第 52 页。

② ［意］圭多·德·拉吉罗：《欧洲自由主义史》，杨军译，吉林人民出版社 2001 年版，第 25 页。

③ ［英］霍布斯鲍姆：《革命的年代：1789—1848》序言，王章辉等译，江苏人民出版社 1999 年版，第 1 页。

④ ［法］索布尔：《阿·索布尔法国大革命史论选》，华东师范大学出版社 1984 年版，第 13 页。

⑤ 李强：《自由主义》，吉林出版集团有限责任公司 2007 年版，第 60 页。

⑥ ［美］乔治·萨拜因：《政治学说史》（下），刘山等译，商务印书馆 1990 年版，第 619 页。

自由”，一种为“政治上的自由”。[①] 政治自由不同于哲学上的自由，不是在自己的意志中完成和实现，而是在社会中实现，因此，他不是愿意做什么就做什么，“在一个国家，在一个有法律的社会里，自由仅仅是一个人能够做他应该做的事情，而不能强迫去做他不应该做的事情”[②]。自由与法律密切相关，“自由是做法律所许可的一切事情的权利。”[③] 诚如伏尔泰（Voltaire）所言，“成为自由，那就是只受法律支配”[④]。孟德斯鸠也认为，在社会生活中，个人的自由只能由法律来保障。除了法律之外，不依赖任何东西，就意味着自由。法律既约束统治者，也约束被统治者。没有任何人有超越法律的权力。“如果一个公民能够做法律所禁止的事情，他就不再是自由的，因为其他的人也同样会有这个权利。”[⑤]

在孟德斯鸠看来，自由是与政体密切相关的，而对自由侵害最多的制度是专制制度（despotism）。专制制度的特征是没有法律，统治者的命令就是法，“一个单独的个人依据他的意志和反复无常的爱好在那里治国”[⑥]，即人治。在专制制度下，统治者的行为不受任何的制约。“只有一个人是自由的，那就是专制统治者本人。”[⑦] 因此，专制君主的统治“很少符合正义的规范，他也就通常成为一个暴君，其权力不断地与人民的公道、理性、权利、自由和幸福发生冲突”，“专制制度在本质上是违反人的本性和整个社会的目的的”[⑧]。专制主义的精神是恐惧，统治者为防止臣属的反抗，“就要用恐怖去压制人们的一切勇气，去窒息一切野心”[⑨]。“在专制的国家里，绝对无所谓调节、限制、和解、条件、等值、商谈、谏诤这些东西；完全没有相等的或更好的东西可以向人建议；人就是一个

---

① ［法］孟德斯鸠：《论法的精神》（上），张雁深译，商务印书馆 1978 年版，第 188 页。

② 同上书，第 154 页。

③ 同上。

④ ［法］伏尔泰：《哲学通信》，高达观等译，上海人民出版社 1986 年版，第 191 页。

⑤ 同上书，第 154 页。

⑥ 同上书，第 19 页。

⑦ ［法］孟德斯鸠：《论法的精神》（上），张雁深译，商务印书馆 1978 年版，第 20 页。

⑧ 北京大学哲学系外国哲学史教研室：《十八世纪法国哲学》，商务印书馆 1963 年版，第 663 页。

⑨ 同上书，第 26 页。

生物服从另一个发出意志的生物罢了。”[①] “专制国家的教育所寻求的是降低人们的心志。专制国家的教育就必然是奴隶性的了。”[②]

因此，孟德斯鸠希望建立一个法治的国家。“没有法治，国家将腐化堕落。”[③] 问题是建立一个法治的国家，不仅需要良好的政体和完善的法律，而且还要有运行机构良好的政治权力机构，这种权力机构必须“不强迫任何人去做法律所不强制他做的事，也不禁止任何人去做法律所许可的事”[④]。那么，如何实现这一目的，又如何防止统治者演变为专制君主？孟德斯鸠认为，就事物的本性来说，“一切有权力的人都容易滥用权力，这是万古不变的一条经验。有权力的人们使用权力一直到遇有界限的地方才休止”[⑤]。对自由最大的侵害莫过于统治者滥用权力。那么，“要防止滥用权力，就必须以权力约束权力”[⑥]。权力制约权力[⑦]的方式之一就是对国家权力的三个方面即立法权、行政权、司法权进行划分，使三者分属于不同的机构，并在法律上相互制约，达到均衡。

孟德斯鸠还认为，自由的实现不仅仅依赖于政治体制上的制度安排，还会受到一个社会的民风民情等要素的制约。之所以会出现“政治体制是自由的，但公民却毫无自由”的现象原因便在于此。也就是说，人的自由要在政治体制和社会两个层面来实现。用孟德斯鸠的话说，“在自由和政制的关系上，建立自由的仅仅是法律，甚至仅仅是基本的法律。但是在自由和公民的关系上，风俗、规矩、惯例，都能够产生自由，而且某些民事法规也可能有利于自由”[⑧]。不仅如此，人民的社会心态也包含其中。因为，自由不仅仅是一种法律安排，更是一种生存状态。人们自由地思想、讨论、行动就如同呼吸空气一样地自然和必不可少。没有自由，人们

---

① ［法］孟德斯鸠：《论法的精神》（上），张雁深译，商务印书馆 1978 年版，第 27 页。

② 同上书，第 39 页。

③ 同上书，第 26 页。

④ 同上书，第 154 页。

⑤ 同上。

⑥ 同上。

⑦ 对权力进行限制的方式多种多样，主要有：（1）对权力的外延实行限制，划分权力与个人权利之间的界限，如密尔、贡斯当等；（2）以法律制度限制权力行使的方式，使权力的行使有规则可循，如孟德斯鸠；（3）实行分权与制衡原则，以权力制约权力，如孟德斯鸠、贡斯当。

⑧ ［法］孟德斯鸠：《论法的精神》（上），张雁深译，商务印书馆 1978 年版，第 187 页。

便无法生存。所以孟德斯鸠说："人民为了保卫这个自由，宁愿牺牲自己的财富、安乐和利益，宁愿担负最重的赋税，这种重税就是最专制的君主也不敢让他的臣民去负担的。"① 的确，如果一个民族具有这种热爱自由、保卫自由而愿牺牲一切的心态，就一定会实现他们的自由。

2. 卢梭对自由的理解

从自然法出发，自由首先意味着人的天赋权利。在自然状态下，每个人都是平等的，都平等地享有天赋的自由与权利，"自由乃是他们以人的资格从自然方面所获得的禀赋"②，所以，在自然状态下不可能出现一个人对另外一个人的奴役。奴役的出现在人类脱离了自然状态之后。正如卢梭指出的那样："奴役的关系，只是由于人们的相互依赖和使人们结合起来的种种相互需要形成的。因此，如不先使一个人限于不能脱离另一个人而生活的状态，便不可能奴役这个人。这种情形在自然状态中是不存在的。在那种状态下，每个人都不受任何束缚，最强者的权力也不发生作用。"③

卢梭说："人是生而自由的，但却无往不在枷锁之中。"④ 每个人虽然享有天赋的自由，但在社会状态中却往往受到诸多限制甚至是奴役。那么，导致奴役产生的制度是如何产生的？卢梭认为，现存的奴役制度并不是先天存在的，而是政府腐化的结果，是政府的终结点。因为，既然自由是人的天赋权利，当人类从自然状态进入到社会状态时，人们不可能把自由转让给一个专制统治者，自然也就不可能推导出专制统治的建立出于人民的意愿，人民愿意忍受专制统治者的奴役。也就是说，任何专制的权力都不具有合法性，其存在本身不能成为政治社会的基础。"由于这种权力，按它的性质来说就是不合法的，所以不能把它作为社会上的各种权利的基础，因之也不能把它作为认为的不平等的基础。"⑤

卢梭又说，自由意味着"一个人一旦得到有理智的年龄，可以自行

① ［法］孟德斯鸠：《论法的精神》（上），张雁深译，商务印书馆1978年版，第322页。

② ［法］卢梭：《论人类不平等的起源和基础》，李常山译，商务印书馆1997年版，第135页。

③ 同上书，第108—109页。

④ ［法］卢梭：《社会契约论》，何兆武译，商务印书馆1980年版，第8页。

⑤ 同上书，第137页。

判断维护自己生存的适当方法时，他就从这时成为自己的主人”[①]。“自由不仅在于实现自己的意志，而尤其在于不屈服于别人的意志。自由还在于不使被人的意志屈服于我们的意志；如果屈服了，那就不是服从公约的法律了。做了主人的人，就不可能不自由。”[②] 也就是说，当我们说一个人是自由的，就必然意味着他是独立自主的，而不会受到任何外在的奴役，自由即自主。但是，在专制制度下，统治者是不允许有独立的个体存在的，诚如卢梭所说：“专制政治是不容许有任何其他的主人的，只要他一发令，便没有考虑道义和职责的余地。最盲目的服从乃是奴隶们所仅存的唯一美德。”[③]

但是，人们又不可能一直生活在自然状态下，他们必定要生活在社会状态中，必然要组建政治社会。那么，如何确保在新的政治社会中，每个人在失去自然自由之后得到的不是奴役，而是在本质上完全相同的政治自由？对于这一问题，卢梭认为，可以采纳一种独特的社会契约。这一契约的实质是“每个结合者及其自身的一切权利全部转让给整个集体”[④]。这样，“我们每个人都以其自身及其全部的力量置于公意的指导下，并且我们在共同体中接纳每一个成员作为全体之不可分割的一部分”[⑤]。按照卢梭的说法，这是一种特殊性质的契约，“我们要经常记住，社会契约是一种特殊性质的契约，这就是说，人民作为整体来说，就是主权者”[⑥]，即人民主权。在这种契约中，每个人全部转让了自己的天然自由，公意是全体成员的共同意志。这样，当个人服从公意时，他“不过是在服从自己本人，并且仍然像以往一样自由”[⑦]。与孟德斯鸠不同，卢梭似乎对权力无所恐惧，他关注的问题是政治权力的正当性问题，即权力由谁来行使，属于谁的问题。因此，只要权力是属于人民的，受公意指导，权力就不可能对人民构成伤害，正如个人不会对自身进行伤害一样。

---

① ［法］卢梭：《社会契约论》，何兆武译，商务印书馆 1980 年版，第 9 页。

② 同上书，第 23 页。

③ ［法］卢梭：《论人类不平等的起源和基础》，李常山译，商务印书馆 1997 年版，第 145 页。

④ 同上书，第 23 页。

⑤ 同上书，第 23—24 页。

⑥ 同上书，第 24—25 页。

⑦ 同上书，第 23 页。

3. 贡斯当对自由的理解

贡斯当对自由的探讨则是从批判卢梭的人民主权理论开始的。在贡斯当看来，卢梭似乎忘记了一个最基本的道理：任何主权都必须由具体个人行使，不论主权者的概念有多么抽象，一旦权威的实际组织开始操作时，抽象的主权者本身是无法行使权力的，它必须将权力交给自己的代理人。也就是说，任何政治权力不论在抽象意义上如何代表人民，如何体现公意，在实际上，它必然由少数人行使，必然更多地反映少数人的利益与意志。“在所有时代，所有国家，不论是人民的捍卫者还是压迫者，都是不与人民协商而以人民的名义行事。”① 因此，企图通过民主方式来保证主权的绝对权力不侵害个人利益，只能是一种幻想。也正因此，“任何现世的权力都不应该是无限的，不论这种权力属于人民，属于人民代表，属于任何名义的人，还是属于法律。人民的同意不能使不合法的事情变得合法：人民不能授予任何代表他们自身没有的权利。”② 否则，就会招致专制、集权或“多数人的暴政”。这点，从法国大革命中雅各宾派的专政可以得到证明。③ 在此基础上，贡斯当提出了自由的古代与现代之分。

古代人所谓的自由是一种政治自由，主要指公民的参与权，用现代术语来表达，即民主权。现代人的自由则是一种个人自由，主要指在法律保障下的生存空间，是个人不受社会与政治控制的权利。贡斯当指出，自由指的是个人有权利去做和社会没有权利禁止人们去做。“个人自由是真正的现代自由，政治自由是个人自由的保障”。④ 显然，贡斯当所理解的自由即个人自由是一种消极自由。为保证这种消极自由，必须在社会与个人之间划定一条不可逾越的界限。在这条界限内，“公民拥有独立于任何社会之外的权利，任何侵犯这些权利的权力都会成为非法权力。公民的权利就是个人自由、宗教自由和言论自由，包括公开发表自己的自由、享有财

① Jack Hayward, *After the French Revolution*: *Six Critics of Democracy and Nationalism*, New York: Harvester Wheatsheaf, 1991, p. 107.

② Ibid., pp. 123 – 124。

③ 当然，雅各宾派专政的出现与卢梭的思想并没有直接的关联，因为，大革命的思想起源是多元的，并且大革命中的很多措施与卢梭的思想并不相同。

④ ［法］邦亚曼·贡斯当：《古代人的自由与现代人的自由》，阎克文等译，上海人民出版社 2005 年版，第 45 页。

产及免受一切专横权力侵害的保障。没有任何权力能够对这些权利提出异议而又不会败坏自己的声誉”①。

4. 托克维尔对自由的理解

托克维尔继承了贡斯当的思想，对民主与自由的关系问题进行了深入系统的探讨，并提出“民主的自由”理念。

在托克维尔看来，民主制是不可抗拒的，但是，法国人革命的经验和教训也使人们不能无视民主可能存在的危险。其中，最大的危险就在于民主所拥有的绝对权威可能扼杀人的自由。民主就其本质而言在于多数人的统治，要求少数服从多数，这不仅体现为人民掌握政权的政治体制，而且也集中体现于在所谓的人民主权的名义下，国家取得了人格化的无上的权力，并以全体人民意志的名义让每一个人服从于这个最高主权。从理论上讲，民主社会中，人人彼此完全平等，拥有相同的政治权利，正是这种无差别的平等，使人民所结成的社会利益和国家权力日益突出，对单个人的权利和价值漠视，出现了社会的利益是全体的利益而个人的利益不足挂齿的情况。同时，民主的原则是少数服从多数，也就导致了多数派滥用权力压迫少数派。于是，以全体人民之名的国家权力拥有着至高无上也是绝对的权力，它不仅让人服从，而且还教育人们的思想和心理，培育服从的意志和习惯。如果个人的意志与国家的意志不相符合，必须舍弃自我服从全体意志，否则，国家将以全体人民之名强迫个人服从。托克维尔将这种由民主而导致的个人权利的丧失和自由的毁灭称之为“多数的暴政”。

托克维尔认为，“多数的暴政”是民主体制内在的危险，当这种危险变成实际时，人民就依然像在专制的旧制度下一样没有自由。更为严重的是，与君主制的暴政只拥有政治权力不同，“多数的暴政”既拥有政治权力，又拥有社会的乃至道德的权力，它甚至“让身体任其自由，而直接压制灵魂”②。“国王只是拥有一项物质力量，这项力量仅能影响人民的行动，而触及不了人民的灵魂。但是，多数既拥有物质力量又拥有精神力量，这两项力量合在一起，既能影响人民的行动，又能触及人民的灵魂，

① ［法］邦亚曼·贡斯当：《古代人的自由与现代人的自由》，阎克文等译，上海人民出版社 2005 年版，第 63 页。

② ［法］托克维尔：《论美国的民主》（上），董果良译，商务印书馆 1988 年版，第 294 页。

既能消弭动乱于已现，又能防止动乱于预谋。”① “多数的暴政” 的实质就在于它是对人格的直接的、根本的否定，是对人的尊严的蔑视。

当然，可能存在的这种危险并不意味着会变成现实。为了防止民主演变为“多数的暴政”，侵害个人的自由，托克维尔认为应当沿袭孟德斯鸠对法制与分权的强调，构建一个受到监督约束的行政权力，确保少数人的自由和权利不会由于多数的意见而遭致毁灭。与此同时，还应在一个社会的内部当中去发掘支撑民主社会的各种要素，重视市民社会对政治权力的制约。在托克维尔看来，一个由各种独立的、自主的社团组成的多元的社会，可以对权力构成一种“社会的制衡”，即“以社会制约权力”。这一点是保证美国民主制度是一种自由主义民主的重要因素，也是保证任何民主不致堕落为多数暴政的重要因素。②

综上所述，通过对近代以来自由思想的回顾会发现，从贡斯当到托克维尔对人民主权的批判开始，人们已经不再将社会契约、人民主权作为自由的标志，而是开始思考如何通过限制政治权力来实现人的自由。正如密尔所言，上一代考虑的中心问题是要让正在统治的权力来自于被统治者的选择，而新一代自由主义者思考的中心问题则是限制一个政府可能做的一切。除了以权力制约权力的方式，以权利制约权力也成为重要的方式。也就是说，在一个民主的社会，如何避免社会暴政以实现个体的自由成为亟待解决的新问题。围绕着这一问题，在自由主义内部形成了功利主义、自由平等主义、自由至上主义三大派别。正是这三大理论流派之间的论战，为我们较为全面地思考教育自由的理念提供了诸多启示。

二　功利主义与教育自由

功利主义正式成为系统哲学是在 18 世纪末与 19 世纪初期，由英国哲学家兼经济学家边沁（J. Bentham）提出。他认为，“当我们对任何一种行为予以赞成或不赞成的时候，我们是看该行为是增多还是减少当事者的

① ［法］托克维尔：《论美国的民主》（上），董果良译，商务印书馆 1988 年版，第 289—290 页。

② ［美］罗伯特·达尔：《民主理论的前言》，顾昕译，东方出版社 2009 年版，第 168 页。

幸福”。[①] 当每个人都真正得到了自己的最大利益时，社会也就达到了“最大多数人的最大幸福”，因为“最大幸福原理”依赖于每个人的最大幸福之加总。密尔的父亲詹姆斯·密尔（J. Mill）是边沁功利学说的宣传者和推动者。19 世纪 40 年代，边沁和詹姆斯·密尔相继去世，约翰·密尔继承了边沁“最大多数人的最大幸福”的功利原则，并对边沁的功利主义学说进行了修正和发展，成为功利主义的集大成者。

（一）功利主义的自由观

受托克维尔的影响，密尔认为，在一个民主的时代，由于“社会地位的差异消失和生活状况趋向于拉平”[②]，个人的自由权利所面临的危险已经不再是来自专制统治的“政治暴虐”，而是来自多数的“社会暴虐”；“不是政治性的法律，而是传统、风俗、常规与公共舆论”[③]。这种多数的“社会暴虐”将会带来社会“习俗的专制”（the despotism of custom），从而导致人类的“集体平庸”（collective mediocrity）[④]，即个人的独特个性和首创性被抹杀。在一个民主的时代，如果既没有个人的独立、自主与自由，又没有人的个性、首创，那么不单是人的发展会受到阻碍，而且社会的进步也无从谈起。正如密尔所言，“多数人的暴政”将导致的“不仅是没有自由，而且是更多的依从；不仅是无政府主义，而且是奴役；不仅是没有快速的变化，而是像中国一样的停滞”[⑤]。也就是说，维护人的自由既是个人的充分发展的条件，又是个人充分发展的重要内容，还是推动或者阻碍社会进步的动力。因此，在民主的时代，如何维护人的自由，保障人的独立、自主与自由成为人类和社会发展的关键。正是由于维护人的自由实现人的多样性是为了人的更好的发展从而实现社会的利益和带来社会

---

① 周辅成：《西方伦理学名著选辑》（下），商务印书馆 1987 年版，第 211 页。

② ［法］雷蒙·阿隆：《阶级斗争：工业社会新讲》，周以光译，译林出版社 2003 年版，第 3 页。

③ ［意］圭多·德·拉吉罗：《欧洲自由主义史》，杨军译，吉林人民出版社 2001 年版，第 136 页。

④ Maurice Cowling, *Mill and Liberalism*, Cambridge: Cambridge University Press, 1990, p. 11.

⑤ 李宏图：《从政治的自由到社会的自由：论密尔的自由主义思想》，《华东师范大学学报》（哲学社会科学版）2006 年第 1 期。

的进步，有研究者认为，密尔对个人自由的断言是功利主义的[1]，或者称之为功利主义的自由主义[2]。密尔也曾明确表示，“的确，在一切道德问题上，我最后总是诉诸功利的；但是这里所谓功利必须是最广义的，必须是把人当作前进的存在而以其永久利益为根据的。我要力争说，这样一些利益是享有权威来令个人自动性屈从于外来控制的，当然只是在每个人涉及他人利益的那部分行动上。”[3]

何谓自由？密尔明确指出，他所要研究的“乃是公民自由或称社会自由，也就是要探讨社会所能合法施用于个人的权力的性质和限度”[4]。随之而来的问题是，什么样的限度才是合法的？密尔给出了一条极其简单的判断原则，即“伤害原则”或“不干涉原则”。密尔写道：

> 这条原则就是：人类之所以有理有权可以个别地或集体地对其中任何分子的行动自由进行干涉，唯一的目的只是自我防卫。这就是说，对于文明群体中的任一成员，所以能够施用一种权力以反其意志不失为正当，唯一的目的只是防止对他人的危害。[5]

这就是说，当一个人的行为并不影响自己以外的任何人的利益时，社会便不能进行干涉，否则就是非法，就是社会的暴政。或许有人会说，社会对个人的干涉只是为了个人的利益，因为在一个庞大的社会中，有时候个人无从得知或者能够清楚地判断怎样做才会对自己有利，也许他会做出看起来对自己有益但实际上却对自己无益的事情。在这种情况下，社会也许可以对他的行动进行干涉。但密尔认为，“若说为了那人自己的好处，不论是物质上的或者是精神上的好处，那不成为充足的理由。……任何人的行为，只有涉及他人的那部分才须对社会负责。在仅只涉及本人的那部

① ［英］威廉·托马斯：《穆勒》，李河译，中国社会科学出版社1992年版，第130—134页。

② John Gray, *John Stuart Mill on Liberty and Other Essays*, Oxford: Oxford University Press, 1991, p. xix.

③ ［英］约翰·密尔：《论自由》，许宝骙译，商务印书馆1998年版，第12页。

④ 同上书，第1页。

⑤ 同上书，第10页。

分，他的独立性在权利上则是绝对的。对于他自己，对于他自己的身和心，个人乃是最高主权者。”[①] 即使当关系到个人利益和社会利益时，个人也应是最直接和最后的判断者，因为，“对于一个人的福祉，本人是关切最深的人；除在一些私人联系很强的情事上外，任何他人对于他的福祉所怀有的关切，和他自己所怀有的关切比较起来，都是微薄而肤浅的。社会对于作为个人的他所怀有的关切（除开对于他对他人的行为而外）总是部分的，并且完全是间接的；而本人关于自己的情感和情况，则虽最普通的男人或妇女也自有其认识方法，比任何他人所能有的不知胜过多少倍。”[②] 如此一来，自由是什么便一目了然。

唯一实称其名的自由，乃是按照我们自己的道路去追求我们自己的好处的自由，只要我们不试图剥夺他人的这种自由，不试图阻碍他们取得这种自由的努力。每个人是其自身健康的适当监护者，不论是身体的健康，或者是智力的健康，或者是精神的健康。人类若彼此容忍各照自己所认为好的样子去生活，比强迫每人都照其余的人们所认为好的样子去生活，所获是要较多的。[③]

具体而言，“个人的自由范围”也即“人类自由的适当领域”包括：

第一，意识的内向境地，要求着最广义的良心的自由；要求着思想和感情的自由；要求着在不论是实践的或思考的、科学的、道德的或神学的等一切题目上的意见和情操的绝对自由。……第二，这个原则还要求趣味和志趣的自由；要求有自由订定自己的生活计划以顺应自己的性格，要求有自由照自己所喜欢的去做，当然也不规避会随来的后果。……第三，随着各个人的这种自由而来的，在同样的限度之内，还有个人之间相互联合的自由；这就是说，人们有自由为着任何无害于他人的目的而彼此联合，只要参加联合的人们已成年，又不是

① ［英］约翰·密尔：《论自由》，许宝骙译，商务印书馆2008年版，第10—11页。

② 同上书，第91页。

③ 同上书，第14页。

出于被迫或受骗。①

就思想和表达自由而言，密尔认为在进行科学研究、理论探索或社会政治问题讨论时，政府不应该以法律的方式禁止人们发表意见，社会的大众也不应该压制不同意见的发表。任何个人或组织都无权禁止一个人自由地表达自己的思想。在一个社会中，即使除了一个人之外的所有人都持有相同的观点，这个社会也没有权利迫使那一个人沉默。② 因为“迫使一个人意见不能发表的特殊罪恶乃在它是对整个人类的掠夺，对后代和对现存的一代都是一样，对不同意于那个意见的人比对抱持那个意见的人甚至更甚。假如那个意见是对的，那么他们是被剥夺了以错误换真理的机会；假如那意见是错的，那么他们是失掉了一个差不多同样大的利益，那就是从真理与错误的冲突中产生出来的对于真理的更加清楚的认识和更加生动的印象。”③ 政府没有权力来压制个人的思想和言论自由，还在于：（1）我们永远也不能确信试图压制的意见一定是谬误；（2）即使确信它是谬误，压制它也仍然是个罪恶。因为，即使是错误的意见也可能而且通常总是含有部分真理；而且，任何得势的意见最后往往会被证明难得是或者从来都不是真理。④ 但是，密尔并不认为言论自由也是绝对的、无条件的。密尔指出：“一切意见是应允许其自由发表的，但条件是方式上须有节制，不要越出公平讨论的界限。”⑤ “譬如有个意见说粮商是使穷人遭受饥饿的人，或者说私有财产是一种掠夺，它们如果仅仅是通过报纸在流传，那是不应遭到妨害的，但如果是对着一大群聚在粮商门前的愤激的群众以口头

① ［英］约翰·密尔：《论自由》，许宝骙译，商务印书馆 2008 年版，第 14 页。

② 在西方自由主义发展的历史中，对密尔关于思想自由的基本理论争议不大。但是，对这一理论的某些内涵曾有过激烈的论争。最大的争议集中在两个方面：一是对那些煽动性的、可能激发伤害他人后果的言论如何处理。密尔试图区分纯粹的言论与可能激发伤害行为的言论，并认为应该对那些可能激发伤害行为的言论进行限制。二是对那些有伤风化的、色情的言论与出版物是否也应该允许其自由。密尔从“最简单的原则”出发对此持肯定的态度。同上书，第 65—66 页。

③ 同上书，第 19—20 页。

④ 同上书，第 61 页。

⑤ 同上书，第 162 页。

方式宣讲或者以标语方式宣传，那就可加以惩罚而不失为正当。"[①]

就个性自由而言，在密尔看来，"个性与发展乃是一回事，只有培养个性才产生出或者才能产生出发展得很好的人类"[②]。"个性的自由发展是人类福祉的首要因素之一，"[③]"凡在不以本人自己的性格却以他人的传统或习俗为行为的准则的地方那里就缺少着人类幸福的主要因素之一，而所缺少的这个因素同时也是个人进步和社会进步中一个颇为主要的因素。"[④]社会秩序与和谐的实现在于启迪个人的良知，而不在于扼杀个人的个性。个性的发展不仅使个人自身的所有潜能有发展的机会，而且社会、群体也将受益。"相应于每人个性的发展，每人也变得对于自己更有价值，因而对于他人也能够更有价值。他在自己的存在上有了更大程度的生命的充实；而当单位中有了更多的生命时，由单位组成的群体中自然也有了更多的生命。"[⑤] 因此，"在并非主要涉及他人的事情上，个性应当维持自己的权利"[⑥]。

简言之，在上述自由范围内，政府无权进行干涉。但是，这并不是说只要不涉及侵犯个人的自由，政府就可以进行干涉。在以下情况下，政府也不应当进行干涉。第一，所要办的事，若由个人来办会比由政府来办更好一些。第二，有许多事，虽然由一些个人来办一般看来未必能像政府官吏办得那样好，但是仍宜让个人来办而不要由政府来办；因为作为对于他们个人的精神教育的手段和方式来说，这样可以加强他们主动的才能，可以锻炼他们的判断能力，还可以使他们在留给他们去对付的课题上获得熟悉的知识。第三，不必要地增加政府的权力，会有很大的祸患。因为这种增加会使得活跃而富于进取性的一部分公众越来越成为政府的依存者。如公路、铁路、银行、保险机关、巨大的合股公司、大学以及各种公共慈善机构等都变成政府的分支机构，各种从业人员从政府领取薪金。但必须申明的是，当"一个人的行为的任何部分一到有害地影响他人的利益的时

① ［英］约翰·密尔：《论自由》，许宝骙译，商务印书馆2008年版，第65页。
② 同上书，第75页。
③ 同上书，第65页。
④ 同上书，第66页。
⑤ 同上书，第74页。
⑥ 同上书，第66页。

候，社会对它就有了裁判权。”①

（二）功利主义的教育自由观

从功利主义的原则出发，为实现个人与社会的最大幸福，前提条件是个人自由的最大限度的发挥。教育是实现人的幸福的重要手段，是以促进人的幸福能力为目的的。因此，教育自由不仅意味着每个人平等受教育权的实现，也意味着教育中应免除一切干涉、控制或奴役，实现每一个人在思想、个性、选择等方面的自由。

1. 国家应当保障每一个人平等受教育权的实现

密尔认为，在某一时期或某一国家的特殊情况下，那些真正关系到全体利益的事情，只要私人不愿意做，就应该而且也必须由政府来做。中小学教育就是这样的事情。因为“教育的目的是使个人尽可能地成为幸福的工具，不仅为了他自己，而且也为了其他人。”② 而且，政府提供给民众的教育以帮助（比如免费）将有助于日后不需要帮助，因为“真正的教育决不会削弱，反而会增强和扩展人的各种机能，无论以何种方式得到教育，都有利于培养人的自立精神”③。而且，在由于民众太穷了，拿不出所需要的钱，或由于知识水平太低，看不出这样的好处，或联合行动的经验不足，无法共同办这样的事情的情况下，国家就应当进行干预。正如密尔所言：“在教育问题上，政府的干预是合理的；因为在这个问题上，消费者的兴趣和判断对商品的优质不是足够的担保”，而且“政府如果真心要最大限度地增进国民的幸福，就应承担国民教育的责任”④。换言之，国家不但应当为每一个人提供平等的受教育机会，而且应当为平等受教育权利的实现提供保障，从而提高每一个人获得幸福的能力。

但是，尽管密尔主张政府应当干预国民教育，担起国民教育的相关责任，但他也反复强调政府不应该垄断国民教育，反对完全由政府来操办教

---

① ［英］约翰·密尔：《论自由》，许宝骙译，商务印书馆 2008 年版，第 89—90 页。

② W. H. Burson, *James Mill on Education*, Cambridge: Cambridge University Press, 1969, p. 41.

③ ［英］约翰·穆勒：《政治经济学原理》（下），赵荣潜等译，商务印书馆 1997 年版，第 545 页。

④ 同上书，第 570—571 页。

育和政府过多干预教育，尤其是大学教育。在他看来，与其将时间浪费在争论国家应当教什么、应当怎样教等问题上，不如把精力放在如何为国民提供一个人人都可以得到教育的良好环境和条件上。因此“政府只要决心要求每个孩子都受到良好教育，并不必自己操心去备办这个教育。”①对此，密尔解释说：

> 做父母的喜欢让子女在哪里得到怎样的教育，这可以随他们的便，国家只须帮助家境比较困难的儿童付学费，对完全无人负担的儿童代付全部入学费用，这样就足够了。要知道，由国家强制教育是一回事，由国家亲自指导那个教育是完全不同的另一回事；人们所举的反对国家教育的一切理由，对于前者并不适用，但对于后者则是适用的。若说把人民的教育全部或大部交在国家手里，我反对绝不后于任何人。前文已经说到性格的个人性是怎样重要，又说到意见以及行为方式的歧异是怎样重要，所有这些都连带说明了教育的歧异也具有同样的不可言喻的重要性。要由国家举办一种一般的教育，这无非是要用一个模子把人们都铸成一样；而这个模子又必定是政府中有势者——无论是君主、是牧师、是贵族、或是现代的多数人民——所乐取的一种，于是就不免随其有效和成功的程度而相应地形成对于人心并自然而然跟着也形成对于人身的某种专制。这种由国家设置和控制的教育，如果还有存在之余地，也只应作为多种竞赛性的实验之一而存在，也只应以示范和鼓舞其他教育机关达到某种优良标准为目的来进行。实在说来，只有当整个社会状态落后到不能或不想举办任何适当的教育机关而非由政府担负起这项事业不可的时候，在“两害相权取其轻”的考虑之下，才可以让政府自己来主持学校和大学的业务。但是一般说来，如果国内不乏有资格能在政府维护之下举办教育事业的人士，只要法律既规定实行强迫教育，国家又支付贫寒子弟助学金，以保证办学不致得不到报酬，那么，他们就会能够也会情愿根据自愿原则办出一种同样良好的教育的。②

---

① ［英］约翰·密尔：《论自由》，许宝骙译，商务印书馆 2008 年版，第 126 页。

② 同上书，第 126—127 页。

2. 每个人都享有思想表达的自由

密尔坚信，任何真理都只能在思想和言论自由中获得，一个民族的知识和文化的发展也离不开这样的条件和氛围。而且，“为着使一般人都能获致他们所能达到的精神体量，思想自由是同样甚至更加不可少。”[①] 相反，在没有思想和言论自由的精神奴役下，一个民族或者一个社会的知识与文化的发展与社会的进步根本无从谈起。思想表达自由既是公民的基本政治自由，也是教育自由的基本内容。但是，密尔说他的这种自由只适用于对于文明群体或者成熟的成年人，那些未成年的少年或者幼儿，他们还处于需要别人照管的阶段，在这个时候是不能给予他们这种自由。因此，对于教师而言，只要不妨害社会的公共利益，他们就可以拥有完全的思想表达的自由。但是，对于教育中的儿童来说，由于其未成熟性，其思想表达的自由就会被剥夺。而且，儿童思想表达的内容多于教育内容相关，由于教学内容的固定性以及答案的唯一性，使儿童的一些思想表达往往被教师视为“废话”或“不正确”而受到教师的压制。密尔就批评说，现代教育采取生硬填塞的方式迫使学生听从教师或书本上的知识或观点，这对于真理的获取是非常有害的。[②] 不可否认，儿童的思想认识有其阶段性和局限性，尤其是在成人和教师的眼里比较“幼稚”，但这绝不是剥夺儿童思想表达自由的充分理由。因此，就作为社会自由的思想表达自由而言，可能不适用于儿童，但是就教育中的思想和表达自由而言，儿童应当完全享有这样一种自由。

3. 每个人都享有个性的自由及教育选择的自由

基于个性自由发展的需要，每个人都应当享有教育选择的自由。密尔指出，“人性不是一架机器，不能按照一个模型铸造出来，又开动它毫厘不爽地去做替它规定好了的工作；它毋宁像一棵树，需要生长并且从各方面发展起来，需要按照那使它成为活东西的内在力量的趋向生长和发展起来。”[③] 因此，人的个性自由包括人的独立性、让人有独立的判断、选择

---

① ［英］约翰·密尔：《论自由》，许宝骙译，商务印书馆 2008 年版，第 51 页。

② 同上书，第 52 页。

③ 同上书，第 70 页。

与决定的机会和空间。密尔认为，每个成熟的有理性的人都会有这种能力，这是不容置疑的。他说，“作为一个人，到了能力已臻成熟的时候，要按照他自己的办法去运用和解释经验，这是人的特权，也是人的正当的条件。”[①] 因此，教育必须给予每个人以机会，使每个人能够在一个多样性的环境中选择自己的生活方式，从而各自培植自己的个性。教育就其本质而言，是对人的个性、能力等产生的各种影响。任何形式的强制灌输都不可能培养建立在追求不同的目标和兴趣之上的丰富个性，也就没有了快乐和幸福可言。因此，自由也意味着选择的自由，每个人都应当具有教育选择的自由，他可以按照自己的个性作出独立的思考、判断和选择自己的生活方式、学习方式、教育方式等。在这个意义上说，教育自由意味着教育应反对一切公开或暗中的控制和操纵，允许每一个人过他自己的生活，无论是教师还是学生只有在自由的气氛下才会真正感到幸福。但是，这并非主张放任的自由，而是主张每一个人都必须尊重他人的自由，实现个人自由和他人自由的统一。

三　自由平等主义与教育自由

由于功利主义是一种目的论的理论，其宗旨在于追求“最大多数人的最大幸福”，自然就会要求某些人受苦，只是为了其他人可以享受更多的利益；或要求某些个人牺牲自由以便其他人得到更多好处。这样，功利主义就可以以更大的社会利益为借口奴役或压制个人的自由，而这是与正义的要求不相符合的。正是认识到了这一点，当代许多著名的自由主义者如罗尔斯、诺齐克、德沃金（R. Dworkin）等尽管所持的社会政治立场不同，却都认为功利主义与自由主义一贯主张的权利优先严重背离，可能导致非自由的结论。其中，以罗尔斯、德沃金等为代表的自由平等主义者从社会契约论入手，对个人自由权利进行了平等主义倾向的辩护。

（一）自由平等主义的自由观

虽然在自由平等主义的阵营中，有很多代表性的人物，如罗尔斯、德

① ［英］约翰·密尔：《论自由》，许宝骙译，商务印书馆2008年版，第61—62页。

沃金、罗默（J. Roemer）、萨格登（R. Sugden）、努斯鲍姆（M. Nussbaum）等，他们都对自由进行了较为积极的平等性辩护。德沃金甚至坚持认为，“自由与平等之间任何真正的竞争，都是自由必败的竞争”[①]，平等应当优先于自由。但是，德沃金对此所展开的各种论证在有效性方面是存在问题的，也就是说，他所做的论证并不成功。[②] 相反，罗尔斯对自由的平等辩护是较为温和的，其观点也最具代表性，而且，之后的自由平等主义者对自由所做的平等辩护也都建基于罗尔斯。在这里，我们也主要就罗尔斯的自由观进行简要的回顾。

在借鉴以往关于自由定义的基础上，[③] 罗尔斯提出，所谓自由是指“这个或那个人（或一些人）自由地（或不自由地）免除这种或那种限制（或一组限制）而这样做（或不这样做）。”[④] 因此，“当个人摆脱某些限制而做（或不做）某事，并同时受到保护而免受其他人的侵犯时，我们就可以说他们是自由地做或不做某事的。”[⑤] 由于每个人都会自由或不自由地去做无数的事情，因此，存在着许多不同的自由。在人的各种自由中，基本自由是应该优先满足的自由。问题是，哪些自由属于基本自由？或者说，如何确定基本自由？罗尔斯认为可以通过两种方式。一种方式是通过历史考察的方法。考察各民主国家宪法所保护的自由及其良好宪法对自由的作用，那些受到宪法保护的自由即为基本的自由。另一种方式是进行理论分析，阐明对于“道德人格能力在整个生活中的充分发展和充分实践来说，哪些自由才是根本性的社会条件”[⑥]。衡量一种自由是否为基本自由，可以根据它对人的道德能力发展和运用所具有的重要性而定。那些具有决定性作用或作为基本条件的自由即为基本的自由。通过历史的考

① Ronald Dworkin, *Sovereign Virtue: The Theory and Practice of Equality*, Boston: Harvard University Press, 2000, p. 128.

② 姚大志：《评德沃金的平等主义》，《吉林大学社会科学学报》2010 年第 5 期。

③ 罗尔斯曾指出，他对自由的定义曾参考了麦卡勒姆在《正反两方面的自由》中的观点及费利克斯·奥本海姆在《自由的范围》中对自由的定义。［美］约翰·罗尔斯：《正义论》，何怀宏等译，中国社会科学出版社 1988 年版，第 200 页。

④ ［美］约翰·罗尔斯：《正义论》，何怀宏等译，中国社会科学出版社 1988 年版，第 200 页。

⑤ 同上。

⑥ 同上书，第 311 页。

察和理论的分析两种方式，罗尔斯将公民的基本自由确定为："政治上的自由（选举和被选举担任公职的权利）[①] 及言论和集会自由；良心的自由和思想的自由；个人的自由和保障个人财产的权利；依法不受任意逮捕和剥夺财产的自由"[②]，或"思想自由和良心自由；政治自由（例如政治活动中选举和被选举的权利）、结社自由以及由人的自由和健全（物理的和心理的）所规定的权利和自由；最后，由法治所涵盖的权利和自由"。[③] 从对自由的定义及基本自由的确定可以看出，罗尔斯对自由的理解与西方自由主义传统中的消极自由概念相一致，这也是西方自由主义传统中已经完成了的定论。所以，他并没有做过多的论证和阐述，而是将重点放在社会如何保障个人平等自由的实现。

在肯定了个人自由的价值的基础上，罗尔斯对自由与自由的价值进行了区分。虽然基本自由是每个公民都平等享有的权利和机会。但是，贫穷、无知和缺乏一般意义上的手段必然会导致人们不能利用他们自己的权利和机会。在罗尔斯看来，与其说它们是对自由的限制，不如说它们影响了自由的价值。由此，罗尔斯对"自由"与"自由的价值"做出了区分："自由表现为平等公民权的整个自由体系；而个人和团体的自由价值是与他们在自由体系所规定的框架内促进他们目标的能力成比例的。"[④] 基本自由对所有公民都是相同的，是一视同仁的，而这些自由的价值，即以基

---

① 现代人生活的中心并非政治自由，但是政治自由依然属于人的基本自由，原因在于：其一，正如贡斯当指出的那样，政治自由是其他基本自由的重要制度性保障。"它对于建立公正的立法来说至关重要，而且对于我们确定宪法所具体规定的公平政治过程是否在一个大致平等的基础上对每一个人都是开放的这一点来说也极为根本。"（［美］约翰·罗尔斯：《政治自由主义》，万俊人译，译林出版社 2000 年版，第 350 页。）罗尔斯也曾指出，要"把某些政治自由列入基本自由之列，并以自由的优先性名义来保护这些政治自由。因为要赋予这些自由以优先性，只需明白它们对于在现代国家环境下确保其他基本自由极为重要这一点就行了"。（［美］约翰·罗尔斯：《政治自由主义》，万俊人译，译林出版社 2000 年版，第 317 页。）其二，政治自由能够提高人的能力，增强人的自我价值感和道德感。如果公民不能对政治生活保持较高的热情和较高的参与度，即使设计最好的社会制度也难以抵制政治生活中的滥用权力和腐败等现象。因此，罗尔斯明确指出："这些自由加强自我价值感，提高智力和道德敏感性，确立正义制度的稳定性所依赖的义务感和责任感的基础。"（同上书，第 224 页。）

② 同上书，第 61 页。

③ 姚大志：《何谓正义》，人民出版社 2007 年版，第 27 页。

④ 同上书，第 202 页。

本善的指标来衡量的人们对这些自由的利用，则是各不相同的。那些具有较大权威和较多财富的人，拥有较优越的实现自身目的的手段，其基本自由能够得到物质保障；而那些天赋能力较差的社会最不利者则缺乏享有自由的物质条件和手段。这也就意味着那些社会最不利者虽然享有基本自由的权利和机会，但在实质的意义上，他们并不具备实现自由的能力，从而造成实质上的不平等。但是，在罗尔斯看来，任何一个正义的社会都不满足于形式上的平等，而渴望实现实质上的平等。那么，如何保障在不损害公民的自由权利的基础上，实现一种实质上的平等？罗尔斯认为，需要将自由置于社会的基本结构下进行研究，借助于社会制度的安排来实现自由和平等的结合。

在罗尔斯看来，社会"基本结构对公民的目标、追求和性格的影响，以及对他们的机会和他们利用其优势的能力的影响，从人生的开始便是无处不在和无时不在的"。[①] 因此，人的自由问题是社会结构对人的生活前景和自由发展可能性的影响问题，是人的自由在社会结构中的实现方式问题。社会结构是规范性的社会行为方式，是权利和义务、利益和负担的分配框架和模式。只有在社会结构中，在人们的合作体系中，才能以制度化的方式确定人的自由权利和义务。罗尔斯说，他所涉及的权利和自由，"是那些由基本结构的公开规范确定的权利和自由。一个人是否自由，是由社会主要制度确立的权利和义务决定的"[②]。因此，罗尔斯强调，必须把自由置于社会结构的背景下加以研究。"在这些情形中，自由是制度的某种结构，是规定种种权利和义务的某种公开的规范体系。"[③] 现代社会是一个人们通过社会合作增进自身福利的体系，在这一社会合作体系中，每个人在争得自己的自由的同时，又要尊重别人的自由，要承担不干涉他人自由权利的义务。因此，自由是权利和义务的统一。罗尔斯指出："自由是制度确定的多种权利和义务的复杂集合。各种各样的自由指定了如果我们想做就可以决定去做的事情，在这些事情上，当自由的性质使做某事

① ［美］约翰·罗尔斯：《作为公平的正义》，姚大志译，上海三联书店 2002 年版，第 18 页。

② ［美］约翰·罗尔斯：《正义论》，何怀宏等译，中国社会科学出版社 1988 年版，第 64 页。

③ 同上书，第 200 页。

恰当时，其他人就有不去干涉的义务。”①

问题是，什么样的制度安排才可能确保自由及自由的价值得到平等的实现？罗尔斯指出：“正义是社会制度的首要价值，正像真理是思想体系的首要价值一样。一种理论，无论它多么精致和简洁，只要它不真实，就必须加以拒绝或修正；同样，某些法律和制度，不管它们如何有效率和有条理，只要它们不正义，就必须加以改造或废除”②，而且，“作为人类活动的首要价值，真理和正义是绝不妥协的。”③ 也就是说，在一个正义的社会，符合正义标准的制度才可能确保自由的平等实现。何谓正义？罗尔斯认为，当制度的安排符合“所有社会价值——自由和机会、收入和财富、自尊的基础——都要平等地分配，除非对其中的一种价值或所有价值的一种不平等分配合乎每一个人的利益”④ 这样一个标准时，它就是正义的。这一正义观包括了两个正义原则，即平等的自由原则和差别原则。

第一原则：每个人对与其他人所拥有的最广泛的基本自由体系相容的类似自由体系都应有一种更平等的权利（平等的基本自由原则）。

---

① ［美］约翰·罗尔斯：《正义论》，何怀宏等译，中国社会科学出版社1988年版，第237页。

② 同上书，第1页。

③ 同上书，第2页。

④ ［美］约翰·罗尔斯：《正义论》，何怀宏等译，中国社会科学出版社1988年版，第62页。也有研究者把罗尔斯关于一般正义的观念表述为：所有的社会益品——自由和机会、收入和财富、自尊的基础——都必须平等地分配，除非对某一种或所有社会益品的不平等分配将有利于最少受惠者。但是，如何确保这两个正义原则是公正的呢？罗尔斯认为这是由原初状态在逻辑上决定的，是原初状态决定了人们为何选择或接受正义的原则问题。罗尔斯明确指出，“原初状态的观念旨在建立一种公平的程序，以使任何被一致同意的原则都将是正义的。其目的在于用纯粹程序正义的概念作为理论的一个基础。”所谓原初状态并不存在，只是一个假想的概念。罗尔斯也承认这是一种纯粹假设的前提或情形，如同康德的社会契约理论一样，做这样的假设完全是为了得出某种正义概念。假设处于原初状态的人都是平等的，所有的人在选择原则的过程中处于同样的地位，有同等的权利。而且，处在这种原始平等地位上的个人不知道自己在社会中的阶级立场或社会地位，也不知道自己在天赋和才能、智慧和力量等的分配方面的命运如何，甚至不知道自己的善的概念和特定的心理倾向。这样就保证了在选择正义原则时，任何人都不会由于自然或社会的偶然机会而得利或吃亏。这就是说，所谓的正义原则，就是处于原初状态的人们在所谓的“无知之幕”的后面理性协商和选择的结果，而且也只有在原初状态下，所达成的基本契约才是公正的。因为一切都是同样地安排的，每个人都是平等的，任何人都无法设计出有利于自己的特殊条件的原则。

第二原则：社会和经济的不平等应该这样安排，使它们被合理地期望适合于每一个人的利益（差别原则）；并且依系于地位和职务向所有人开放（公平的机会平等原则）。[①]

从这两个原则来看，它将社会划分为两个层面：一个是社会的平等自由方面；一个是社会和经济的不平等方面。正如罗尔斯所言："这些原则主要适用于社会的基本结构。它们要支配权利和义务的分派，调节社会和经济利益的分配。"[②] 也就是说，通过这些原则可以为人们"提供一种在社会的基本制度中分配权利和义务的办法，确定社会合作的利益和负担的适当分配"[③]。由于社会生活中存在着自由和自由的价值的矛盾，因此，社会结构对人的自由的保障应该大致包括确定与保障公民的平等自由和指定与建立社会及经济不平等两个方面。自由作为一种制度安排应当符合一般社会制度的正义规则。罗尔斯正是通过诉诸于符合上述正义原则的社会制度安排对自由及自由的价值采用了不同的维护方式，从而实现了自由和平等的结合。

按照正义的第一个原则，在一个秩序良好的社会中，基本自由是平等地分配的，是每个人的平等权利。"作为平等自由的自由，对所有人来说都是一样的，在此，不会产生对较小的自由的补偿问题。"[④] 但是，在财富和收入的分配上，由于人们在出身、自然天赋和机遇上是各不相同的，因此，人们在初次分配中得到的份额会有很大的差别。其中，人们在自然禀赋和能力方面的差别起着最为明显的作用。人们在社会出身上的不同，往往是由先辈自然禀赋的不同积累而成的，即"现存的收入和财富分配方式就是自然的资质（自然禀赋，即自然的才干和能力）的先前分配累积的结果"[⑤]。此外，机遇跟人的自然禀赋也有一定的关联，机遇往往偏爱那些善于发现和利用机遇的人，偏爱那些有着较高自然禀赋的人。但是，由于人们是在社会合作体系中获利的，因此，人们在自然禀赋等方面

---

① [美] 约翰·罗尔斯：《正义论》，何怀宏等译，中国社会科学出版社 1988 年版，第 60—61 页。

② 同上书，第 61 页。

③ 同上书，第 4—5 页。

④ 同上书，第 202 页。

⑤ 同上书，第 73 页。

的差别，不能成为地位和机会向才能开放的借口，不能允许天赋较高的人不顾及才能较低人的利益而获利，而要按照差别原则对最不利者的利益进行一定的补偿，保证社会地位和机会向所有的人开放。[①] 换言之，人们在天赋和出身上的不平等只是一些自然的事实，无所谓正义或非正义，但对自然天赋等的社会分配则应该遵循正义的原则。出身和自然天赋上的优势不能成为侵占他人社会资源的资本或理由，相反，要“把自然才能的分配看作一种共同的资产，一种共享的分配的利益”[②]，使那些天赋较好者财富的增加以改善最不利者的生活状况和前景为前提。这不仅是为了改善最不利者的物质生活，而且是为了确保他们真正享有地位和机会上的平等，避免基本自由流于形式。

就两个正义原则的先后顺序而言，罗尔斯认为，作为第一原则的平等的自由的原则必须优先满足。“这一次序意味着：对第一个原则所要求的平等自由制度的违反不可能因较大的社会经济利益而得到辩护或补偿。财富和收入的分配及权力的等级制，必须同时符合平等公民的自由和机会的自由。”[③] “这实际上意味着，社会基本结构要以在先的原则所要求的平等的自由的方式，来安排财富和权力的不平等”[④]，使权力地位和财富的不平等受到社会制度的限制和调整。罗尔斯认为，差别原则是受制于平等的自由原则的，按照平等的自由的原则，每个人都是自由的，都是目的，而不是单纯的工具。既然如此，就要用差别原则对人们财富和收入上的不平等进行限制，使每个人都过上体面的物质生活，都拥有行使基本自由和权利的必要物质条件。通过差别原则可以“逐渐地、持续地纠正财富分配中的错误并避免有害于政治自由的公平价值和机会公正平等的权力集中”[⑤]，也就意味着差别原则可以从物质上保证每个人都能够享有自由平等的社会地位，享有发展自身能力的平等机会，避免政治自由流于形式。罗尔斯明确指出，如果没有差别原则对财富分配的不平等加以限制，“当

① 李淑梅：《罗尔斯的自由观：自由与平等结合》，《求是学刊》2005 年第 3 期。

② 同上书，第 102 页。

③ 同上书，第 61—62 页。

④ ［美］约翰·罗尔斯：《正义论》，何怀宏等译，中国社会科学出版社 1988 年版，第 43 页。

⑤ 同上书，第 269 页。

财富的不平等超过某一限度时，这些制度就处于危险之中；政治自由也倾向于失去它的价值；代议制政府就要流于形式"[①]。由于正义的第一原则赋予各种基本自由以一种独特的、优先的地位，正义的第二原则维护确保人的基本自由的物质基础，所以，罗尔斯认为，正义的两个原则"为自由提供了最有力的论据"[②]。

借助两个正义原则，罗尔斯得出了如下结论："每个人对与所有人所拥有的最广泛的平等的基本自由体系相容的类似自由体系都应有一种平等的权利。"[③] 而自由的优先性规则被表述为："两个正义原则应以词典式次序排列，因此自由只能为了自由的缘故而被限制。这有两种情况：一种不够广泛的自由必须加强由所有人分享的完整自由体系；一种不够平等的自由必须可以为那些拥有较少自由的公民所接受。"[④] 这集中体现了罗尔斯的平等的自由观。但是，作为平等的自由也是有一定限度的，并不意味着消除不平等，不平等的存在还是允许的，其目的是使处境不利者获得最大的自由。罗尔斯认为，社会和经济的不平等只要结果能给每一个人尤其是那些最少自由者带来最大的自由，使社会权利与财富的分配尽可能地达到公正与合理，它们就是正义的。虽然罗尔斯并不承认这种差别原则的补偿性，但是差别原则确实达到了补偿的目的，所以也有人称这种针对社会不利者的差别原则为补偿原则。罗尔斯站在平等的立场上，保护社会的最不利群体，力争使最少利益者的利益最大化，这与功利主义的"最大多数人的最大幸福（利益）"对最少受惠者利益的侵犯形成了鲜明的对比。

（二）自由平等主义的教育自由观

在罗尔斯看来，每一个公民都平等享有基本的自由。对那些由于出身和自然禀赋等因素导致的无法享有自由的社会不利者，国家还必须进行弱势补偿，发挥政府在再分配中的调节作用，增加公共福利，实现结果的平等或实质上的平等。也就是说，政府职能的范围不仅仅限于保证公民政治

① ［美］约翰·罗尔斯：《正义论》，何怀宏等译，中国社会科学出版社 1988 年版，第 269 页。

② 同上书，第 233 页。

③ 同上书，第 249 页。

④ 同上。

和经济权利的平等，还要通过各种宏观计划、制度安排、调配措施等来协调各种社会资源以使每一人都能真正平等地享有各种权利。就教育而言，保障每个人的自由，不仅需要在教育制度上确定人的自由的身份，同时必须实现权利的平等，才能确保任何人在任何条件下不受其他人的歧视和任意处置的自由。所以，教育必须要创造权利平等的条件，也就是创造自由得以实现的条件，比如丰富的教育机会、教育资源等。

1. 每个人都应该平等地享有受教育的权利和机会

与功利主义不同，自由平等主义者坚持个人权利的优先性。罗尔斯认为，个人的正当权利和自由是不可侵犯的，“每个人都拥有一种基于正义的不可侵犯性，这种不可侵犯性即使以社会整体利益之名也不能逾越。因此，正义否认为了一些人分享更大利益而剥夺另一些人的利益……在一个正义的社会里，平等的公民自由是确定不移的，由正义所保障的权利决不受制于政治的交易或社会利益的权衡”①。德沃金也说，“个人权利是个人手中的政治护身符。当由于某种原因，一个集体目标不足以证明可以否认个人希望什么，享有什么或做什么时，不足以证明可以强加给个人某些损失或损害时，个人便享有权利”②。因此，每个人都应有一种平等的自由权利，权利应该被平等地分配。

受教育的自由作为人的一项重要的政治权利，是任何人及任何理由都不能剥夺的。罗尔斯指出：“获得文化知识和技艺的机会不应当依赖于一个人的阶级地位，所以，学校体系（无论是公立还是私立学校）都应当设计得有助于填平阶级的沟壑。”③ 德沃金也指出，“自由主义平等概念支配下的每一位公民都要有一种受到平等关心和尊重的权利”④，包括受到平等对待的权利及作为平等的人受到对待的权利。第一种权利关系到利益和机会的公平分配；第二种权利是在利益和机会分配中受到平等地关心和

---

① ［美］约翰·罗尔斯：《正义论》，何怀宏等译，中国社会科学出版社 1988 年版，第 3—4 页。

② ［美］罗纳德·德沃金：《认真对待权利·导论》，信春鹰等译，上海三联书店 2008 年版，第 7 页。

③ ［美］约翰·罗尔斯：《正义论》，何怀宏等译，中国社会科学出版社 1988 年版，第 74 页。

④ ［美］罗纳德·德沃金：《认真对待权利》，信春鹰等译，上海三联书店 2008 年版，第 358 页。

尊重的权利。利益的公平分配必须建立在对每个人的平等关心和尊重的基础上，所以“被视为平等来对待的权利必须被看作是自由主义平等概念的根本要素”[①]，而且，“宣称对全体公民拥有统治权并要求他们忠诚的政府，如果它对于他们的命运没有表现出同等的关切，它也不可能是合法的政府。平等的关切是政治社会至上的美德”。[②] 因此，平等地享有教育权利是每一个公民享有平等的关怀和平等的尊重的权利的体现，也是以“平等”为核心的权利的必然要求，是维护平等状态所必不可少的保障。平等地享有教育权利包括受到平等对待的权利以及作为平等的人受到对待的权利，不因民族、种族、性别、家庭出身、宗教信仰、财产状况等因素遭受任何的差别对待，一律平等地享有教育权利。

享有平等的教育权利自然也意味受教育机会的平等。罗尔斯提出民主社会的机会平等原则，主张机会向所有人开放，不允许有任何的限制和特殊。为保证教育权利的平等实现，罗尔斯认为必须诉诸纯粹的程序或形式正义。在纯粹的程序正义中，不存在着对结果或实质的平等，只要有一个公平的程序，并恰当地遵守它，不论结果如何，都应该被视为是公平的。因此，平等地享有教育自由，就要免除教育中的一切特权，建立一种保障自由的制度。通过制度的建立确保一种程序的正义，由此为每一位公民提供平等的教育机会，从而为平等地实现教育自由提供了可能性。

2. *每个人都能够平等利用教育资源*

平等的自由必然要求对资源利用上的平等。德沃金指出，“平等的关切要求政府致力于某种形式的物质平等，我把它称为资源平等（equality of resources）”[③]。教育自由的平等享有必然要求每个人都能够平等地利用教育资源，这是平等的教育自由得以实现的物质保障。平等的利用教育资源必然包括对社会不利者的补偿。其一，“教育的价值不应当仅仅根据经济效率和社会福利来评价。教育的一个作用是使一个人欣赏他的社会的文化，介入社会的事务，从而以这种方式提供给每一个人以一种对自我价值

---

① ［美］罗纳德·德沃金：《认真对待权利》，信春鹰等译，上海三联书店 2008 年版，第 358 页。

② ［美］罗纳德·德沃金：《至上的美德：平等的理论和实践》，冯克利译，江苏人民出版社 2003 年版，第 1 页。

③ 同上书，第 4 页。

的确信。教育的这一作用即使不比其他作用更重要，至少也是同等重要的。”[①] 所以，每个人都应该享有平等的教育资源。其次，个人较高的天赋才能和与生俱有的优越社会条件，都是个人“偶然”获得的，都不是“道德上”的“应得”。[②] 最后，正如罗尔斯所言，虽然贫穷、无知和缺乏一般意义的手段不是自由本身，但是却会影响自由的价值。既然这样，“差别原则将分配教育方面的资源，以便改善最不利者的长远期望”[③]。也就是说，要把这两种资源（优越的出身、天赋才能与优越的社会条件）作为“共同的资产”来共享，来为那些不幸者谋利，对那些因出身、天赋及社会条件造成的不平等作出补偿，改善其不利环境，从而达到一种实质的平等。[④] 因此，自然禀赋相同或相近的人，应该具有获得同样的教育资源。对于那些出身和自然禀赋的不利者，都要给予补偿。

罗尔斯明确指出：“补偿原则就认为，为了平等地对待所有人，提供真正的同等的机会，社会必须更多地注意那些天赋较低和出生于较不利的社会地位的人们。遵照这一原则，较大的资源可能要花费在智力较差而非较高的人们身上，至少在某一阶段，比方说早期学校教育期间是这样。”[⑤] 通过补偿原则，使包括条件不利者在内的所有人都不会由于他在自然资质分配中的偶然因素或社会中的最初地位而得益或受损，保证他们在教育资源获取上的平等。因此可以说，罗尔斯的补偿原则旨在使最少受惠者的利益最大化，从而保障教育中的弱势或不利者的教育自由不因贫困、无知或缺乏手段而遭到剥夺。罗尔斯的补偿原则被后来的自由平等主义者继承，在德沃金那里体现为通过人们的资源保险，为自然禀赋的劣势者提供补偿，在罗默那里则体现为对弱势群体的孩子投入更多的补偿教育资金。总之，自由平等主义者希望政府能够在教育资源的分配中扮演一种积极的角色，通过各种补偿措施，对影响教育自由价值实现的教育资源进行补偿，使所有人在自由竞争中处于一种实质性的平等位置。

---

① ［美］约翰·罗尔斯：《正义论》，何怀宏等译，中国社会科学出版社 1988 年版，第 101—102 页。

② 同上书，第 97 页。

③ 同上书，第 101 页。

④ 同上书，第 101—102 页。

⑤ 同上书，第 101 页。

四　自由至上主义与教育自由

与自由平等主义者更多地考虑到社会平等不同，以诺齐克为首的自由至上主义者则从个人自由权利出发，坚决“捍卫市场自由，反对运用再分配的税收制度去贯穿自由主义的平等理论”。[①] 在他们看来，再分配所维持的平等将不可避免地侵犯个人权利，在本质上是错误的。

（一）自由至上主义的自由观

在自由主义的发展史中，从来不乏自由至上主义者，如洛克、洪堡、诺齐克、弗里德曼等，他们都坚决捍卫个人所拥有的各种权利。但是，由于自由至上主义的保守主义倾向以及缺乏统一的理论体系，其地位日渐式微；尤其是在罗尔斯的《正义论》发表之后，情况就更是如此。直到诺齐克的《无政府、国家和乌托邦》一书出版，这一状况才得以扭转，并作为一种严格的政治理论被确立起来。

一般而言，自由至上主义通常涉及这样一些观念：坚持个人的首要价值地位；个人拥有权利且不为他人的强制性行为所干预；坚决主张经济的自由；对于强制性权力的唯一合法使用仅是为了防范或纠正错误的行为。如此来看，自由至上主义并不是什么新的理念，它与古典自由主义的很多观念是一致的。那么，什么是自由至上主义的核心观念呢？作为一种政治理论，我们可以将自由至上主义概括为：权利至上。对权利至上的论证，诺齐克通过行为的无干涉和义务的无强加这两个方面进行论证的。这分别指向自由至上主义的个人自由与经济自由这两个维度。对经济自由及财产权的热烈拥护正是自由至上主义区别于其他自由主义思想的核心特征。[②]

行为无干涉指的是个人自由，大体上对应于伯林的消极自由，主要包括：免于非法逮捕和拘禁的自由、免于人身伤害的自由、享有公正司

---

① ［加］威尔·金里卡：《当代政治哲学》（上），刘莘译，上海三联书店2004年版，第187页。

② 朱万润：《诺齐克自由理论的双重维度》，《马克思主义与现实》2010年第1期。

法裁决的权利、个人财产免于被任意剥夺的自由等。在个人自由的问题上，无论罗尔斯还是诺齐克都会同意个人自由不但是基本的而且也是必需的。但是，与罗尔斯对自由与自由的价值所做的区分及为改善社会不利者实现自由的能力而积极作出的努力不同，诺齐克始终坚持认为个人权利优先于善，反对将自由与平等结合，反对针对社会不利者的差别原则或补偿原则，反对任何的积极自由，并始终坚持无干涉的消极自由概念。

无干涉的自由根本在于权利，因而探讨无干涉问题也就是探讨权利问题。按照罗尔斯的说法，权利是整个社会制度设计最底层的原则，无干涉的自由是由权利尤其是一系列消极权利来保障的。那么，权利或者个人免受人身干涉的道德依据是什么？从传统来看，自由至上主义都是以自我所有（self - ownership）作为其理论根据。洛克曾对这一理论依据做过经典的表述："每人对他自己的人身享有一种所有权。"[①] 基于此，曾有人将自由至上主义定义为自我所有："自由至上主义认为，个人作为主体，从一开始便完全拥有其自身；并且，拥有在外在资源中获得财产权的道德力量。"[②] 因此，所谓完全拥有自身，即个人对自己的人身拥有完全控制的权利，从而免于他人的强制性干涉。诺齐克接受了这一结论，并将个人权利的依据建立在康德的"人是目的"这一原则之上。[③]

在诺齐克看来，"个人拥有权利，有些事情是任何人和团体如果不侵犯他们的权利的话就不可以对他们做的。这些权利十分坚牢和广泛，以至于产生了这样的问题：如果国家及其官员要有所为的话，他们到底可以做

① ［英］洛克：《政府论》（下），瞿菊农译，商务印书馆1982年版，第18页。

② 朱万润：《诺齐克自由理论的双重维度》，《马克思主义与现实》2010年第1期。

③ 虽然诺齐克接受了以"自我所有"为依据推论而来的个人权利，但在论证个人权利时却诉诸于康德的"人是目的"这一原则。这种论证方式导致他在对个人权利论证的连续性上形成了巨大的断裂。因而，内格尔（Thomas Nagel）曾批评诺齐克是"没有根基的自由至上主义者"："为了能对其他的观点构成严肃的挑战，一个有关自由至上主义的讨论应当且必须发掘个人权利的基础以及支持或反对这些权利与其他价值间相关联的理由……但是，诺齐克的这本书在理论上却是不充分的：它没有负担起最主要的问题……他将（权利）借以成立的道德基础的论证留在了其他地方。"（Thomas Nagel，"Libertarianism without Foundations"，*The Yale Law Journal*，Vol. 1，No. 137 - 138，1975.）

什么”[①]。个人权利如此重要，以至于诺齐克把它作为任何一种行为的道德边际约束，“边际约束观点禁止你在追求你的目标时违反这些道德约束”[②]。也就是说，不论一个人的行为动机、目的等如何，也不论是为了谁的利益，只要侵犯了个人拥有的权利都是不正当的，正义意味着不侵犯个人权利。“对行为的边际约束反映了作为基础的康德原则：个人是目的而不仅仅是手段；没有他们的同意，不能牺牲或使用他们来达到其他目的。个人是不可侵犯的。”[③] 也就是说，个人本身便是目的，若非自愿，不能够被牺牲或被使用来达到其他的目的，也不可以牺牲某个人或少数人的利益来达成较大的社会利益。无论是个人还是国家都没有权利强制任何个人为社会利益作出任何类型的牺牲，国家必须在公民中间保持中立。因为“并不存在为它自己的利益而愿承担某种牺牲的有自身利益的社会实体。只有个别的人存在，只有各个不同的有他们自己的个体生命的个人存在”[④]。换言之，由于利益只与个体相关，不存在某种超验的、形而上的或社会的背景或实体有关，因而也不存在这样的道德基础，即某人未经他人的统一便可侵犯其道德空间。个人拥有权利，这些权利是根本性的，必须得到尊重。任何侵犯个人权利和牺牲个人权利的行为都是非正义的。

在此基础上，诺齐克将这种个人权利的至上性应用到经济领域，通过持有正义理论取消了强加给个人的义务。正如有人言：“这本书最精要之处就在于，它迫使我们在考虑经济制度的时候，不仅仅将之视为分配基本善的机制；同时，如同政治制度一样，经济制度也是关于如何对我们自己施加限制与要求，从而也是有关义务的问题。”[⑤] 也就是说，自由除了要免除干涉，还包括无义务的强加。这是诺齐克针对罗尔斯和德沃金的再分配理论而作出的直接反驳。

事实上，从自由至上主义的传统来看，有关财产与经济自由的内容本

---

① ［美］诺齐克：《无政府、国家与乌托邦》，姚大志译，中国社会科学出版社 2008 年版，第 1 页。

② 同上书，第 35 页。

③ 同上书，第 30—31 页。

④ 同上书，第 41 页。

⑤ Thomas Scanlon，“Nozick on Rights，Liberty，and Property”，*Philosophy and Public Affairs*，Vol. 6，No. 15，1976.

身就是其理论最关注的内容。“自由就是财产……自由至上的信条实际上就是，我们对自己人身的权利作为一种财产权是唯一的最基本的权利”[①]。对财产权的论证，传统的自由主义也是依据“自我所有”理论来完成的。首先，个人完全地拥有自身，对自身拥有完全的财产权；其次，这种权利意味着控制与拥有自身的智力与体力，如劳动；最后，对自己劳动的所有权进一步意味着对自己劳动果实的所有权，从而使占有自然资源作为个人财产成为可能。这便是洛克以及大多数自由至上主义者所坚持的劳动占有理论。诺齐克接受了上述结论，但是他对个人财产权的论证同他对个人权利的论证一样，并不诉诸于“自我所有”理论，而是通过一种持有正义理论来加以论证。

在罗尔斯和德沃金将正义当作一种目的来看待不同，诺齐克认为，实际的情况是，一个社会中的种种财产、资源已经被人们控制或拥有(hold)，关键问题是这些财产和资源是不是真正属于有权利（beentitled）拥有他们的人，因此，正义原则不是关于分配的正义，而是关于持有的正义。“如果所有人对分配在其份下的持有都是有权利的，那么这个分配就是公正的。”[②]

如此一来，判断持有是否正义便不得不对持有权从何而来作出分析。首先是对无主物的最初占有，即无主物如何或通过那些过程、在那些范围内被人所持有；其次是一个人通过什么过程把自己的持有权转让给了他人。持有的正义依赖于这两个过程的正当性。与罗尔斯不同，诺齐克突出个人权利，从程序正义出发，提出了持有正义的概念，并对持有正义的三个原则进行了描述[③]：

（1）一个符合获取的正义原则获得一个持有资格的人，对那个持有是有权利的。

（2）一个符合转让的正义原则，从别的对持有拥有权利的人那里获得一个持有的人，对这个持有是有权利的。

（3）除非是通过上述（1）与（2）的（重复）应用，无人对一个持

---

① Narveson, *The Libertarian Idea*, Philadelphia: Temple University Press, 1988, p. 66.

② ［美］诺齐克：《无政府、国家与乌托邦》，姚大志译，中国社会科学出版社 2008 年版，第 157 页。

③ 同上。

有拥有权利。

上述三条原则共同构成了诺齐克持有正义的原则，即最初获取的正义原则、转让的正义原则和对不正义的矫正原则。其中，最初获取的正义和转让权利的正义构成了诺齐克分配正义的核心原则。矫正原则则是针对不公正的结果所采取的必要补充。一个人对持有物拥有权利也就意味着他符合了获取的正义原则和转让权利的正义原则，反之就需要按照这两条原则进行矫正。根据这三条原则，如果一个人按获取正义的原则，获得最初的持有，他的持有就是正义的，国家或社会没有任何的理由以任何的方式强制性的再分配他的持有，因为这会侵犯他的个人的权利。站在个人权利的立场，诺齐克反对国家对个人权利的任意干涉。因此，合理的国家是最弱意义上的国家，这种国家的职能只是保障个人权利免受侵犯，包括防止暴力、偷窃、欺诈以及对契约的强制执行等。如果国家超出了这一职能，它所导致的社会状况已经不再是自由交换的结果，国家也就侵犯了个人权利。因此，国家应以最大限度地保护和扩大个人权利，或者最大限度地减少对个人权利的侵犯为其根本宗旨。

（二）自由至上主义的教育自由

基于个人权利的优先性和不可侵犯性，自由至上主义者主张弱化政府功能，扩大公民的自由选择权，力主自由竞争的市场机制，反对政府干预。自由至上主义者同样把自由至上原则、市场原则和个人选择原则贯彻到教育领域，反对建立公共教育和人为缩小教育差距，倡导一种基于程序正义的自由市场竞争。

1. 反对差异补偿，主张依据个人能力获取应得的教育资源

在罗尔斯看来，“没有人应得他在自然天赋的分配中所占的优势，正如没有一个人应得他在社会中的最初有利的出发点一样……认为一个人的应得能够培养他的优越个性的断言是成问题的。因为人的个性在很大程度上依赖于幸运的家庭和环境。而对这些条件，个人是没有任何选择权利的”。[①] 所以，“一个人的天赋才能”不能成为教育资源分配的“应得”

① ［美］约翰·罗尔斯：《正义论》，何怀宏等译，中国社会科学出版社1988年版，第104页。

标准，通过弱势补偿，不使任何人因他在自然资质分配中的偶然因素或社会中的最初地位而得益或受损，保证他们在教育资源获取上的平等。

但在诺齐克看来，我拥有自己，我就拥有自己的天赋，因而也就拥有依靠我的天赋通过我的劳动所产出的东西，即个人的财富。任何人、政府都不应以任何理由任何方式来侵犯这种源于个人天赋的自我所有权。罗尔斯的补偿原则通过再分配把天赋高者的产出转向天赋低者，不但侵犯了个人的财富所有权，也侵犯了个人自由发展天赋的教育权。任何人都没有权利，即使是最不利者也没有权利对他人拥有的教育资源提出分割的要求。因为，“人是目的不仅仅是手段，没有他们的同意，不能牺牲或使用他们来达到其他目的。个人是不可侵犯的”①。也就是说，“由于我对自己持有自我所有权，处于自然劣势中的人就不能对我或我的天赋提出正当的要求。一切旨在对自由市场的交换实行强制性干预的措施都有违于此”。②

在此基础上，自由至上主义者主张以个人的天赋、能力、智识等作为分配教育资源的应得基础，反对政府的无理干预。诺齐克认为，资源的分配必须与天赋联系，尽管天赋的差别会造成资源分配的差别，甚至是较大的差别，对天赋较低者是一种不幸，但并不是不正义的。相反，无视或认为缩小这种差别，就是侵犯个人的权利，这在道德上既不正当也不允许。因为，教育面对的是自然资质各异的人，基于自然的不平等，由年龄、健康、体力以及智慧或心灵的性质等的不同而产生，这是个人接受教育的前提，作为一种无法改变的自然事实，无所谓正义与不正义。相反，如果不能使那些才智较高、条件较好者获取其所需的教育资源，那就是抑制杰出人才的发展，导致“集体的平庸”，反倒是不正义的。

2. 反对政府干预，主张教育市场化和学校选择制度

自由平等主义认为，政府应该在再分配中发挥作用，通过弱势补偿，实现实质的平等。但是，自由至上主义则认为，“可以得到证明的是一种

① ［美］诺齐克：《无政府、国家与乌托邦》，姚大志译，中国社会科学出版社2008年版，第30—31页。

② ［加］威尔·金里卡：《当代政治哲学》（上），刘莘译，上海三联书店2004年版，第203页。

最弱意义上的国家，即一种仅限于防止暴力、偷窃、欺骗和强制履行契约等有限功能的国家”[①]，“一个自由社会政府的基本作用：提供我们能够改变规则的手段，调解我们之间对于规则意义上的分歧，和迫使否则就不会参加游戏的少数几个人遵守这些规则”[②]。因此，政府应该在积极干预的道路上转变方向，只需扮演规章制度的制定者和仲裁人的角色，只在保障个人权利方面发挥作用。否则，政府在再分配中发挥的作用越大，权力越集中，市场就会被控制和奴役，个人就丧失了选择的自由。基于此，“政府对教育具有两个进行干预的理由。第一个是相当多的‘邻近影响’的存在，即：一个人的行动迫使他人为之支付相当大的代价，而又无法使前者赔偿后者的情况，或者，个人的行动对其他人产生相当大的好处，而又无法使后者赔偿前者的情况，即：使自愿交易成为不可能。第二个是对孩子们和其他对自己行动不负责任的个人的家长主义的关怀。对公民的一般教育和专业的职业教育，邻近影响和家长主义关怀具有非常不同的含义。在这两个领域内政府干预的理由也具有很大程度上的不同之处，而且所应采取的行动的类别也是非常不同的”[③]。

在自由至上主义者看来，教育在政府的控制下成为一种公共产品，虽然其目的是促进社会公平，减少种族和社会成分差异；而事实上却破坏了市场机制在教育产业中的调节作用，造成教育质量参差不齐等问题，形成了表面公平、实际扩大分化的畸形状态。而且，政府对教育的控制加强，会造成学校权力日益集中和官僚化，形成过分集权的社会弊病，从而导致了受教育者作为消费者无法选择接受教育的方式，也不能间接地通过开展地方政治活动来改变教育制度。因此，为维护个人的自由权利，达到“各尽所择，按择给予”，就必须实行学校选择制度和教育市场化。这样，在学校教育中，家长和儿童是消费者，教师和学校管理人员是生产者。学校所提供的教育服务就是所需产品。作为消费者，有自由选择产品以满足效用最大化的权利。

① ［美］诺齐克：《无政府、国家与乌托邦》，姚大志译，中国社会科学出版社 2008 年版，第 1 页。

② ［美］米尔顿·弗里德曼：《资本主义与自由》，张瑞玉译，商务印书馆 1986 年版，第 30 页。

③ 同上书，第 93 页。

第三章　教育自由的价值取向及其基本原则

从自由概念的历史演进可知，不同历史时期，人们对自由的不同认识产生了不同的自由理念，正是这些不同的自由理念构成了不同教育自由观的哲学基础，诸种哲学基础为教育自由提供了不同的价值取向。依据这些价值取向及教育的一般特点，我们可以确立教育自由的一般原则。

一　教育自由的价值取向：在权力与权利之间

就欧洲自由主义思想的演进来看，尽管思想家们所面对的社会现实有所不同，但他们都集中在对“权利”与“权力”这两者之间的关系来展开论述。近代早期的自由主义者着力要在政治上建立起现代政治体制，防止政治权力对人的权利的侵犯，以此来保障人的权利。同时，在这样的政治体制建立之后，他们又在思考如何在政治权威之外，防止社会性权威对人的自由的侵犯。自 19 世纪末 20 世纪初至今，人们又开始考虑如何借助国家或社会的权力或权威来更好地达成社会的正义及个人自由的平等实现。这样的一种思考形成了西方自由主义思想发展的基本特征。可以说，自由主义的发展史就是从“权力”到“权利”再到“权力”的历史，就是从摧毁专制权力、限制政府权力再到发挥国家、社会的权力或权威以保障人民权利的历史。换言之，个人自由的实现既要抑制国家权力及社会权威的过度膨胀，同时又不得不依赖于国家权力或社会权威所提供的种种保障。

就教育自由而言，它是消极自由和积极自由的统一，是建基于消极自由基础上的积极自由，并以积极自由的实现为目的。基于这样一种教育自由的理念，教育自由意味着既要保障每个人平等的教育自由权利，同时也必须对社会不利者进行适当的补偿，以保障每一个人都能真正平等地享有教育自由。为实现这样一种教育自由理念，既要抑制日益膨胀的国家或社会的教育权力以防止其对个人权利可能造成的妨害，同时，又不得不依赖于国家或社会的教育权力以满足平等的教育自由实现所需的各种条件，并体现为教育权利与教育权力之间的博弈。具体而言：

（一）教育的国家化与市场化之争

教育自由伴随个人权利概念的产生而产生，并作为人的一项基本权利而存在。为保证人的教育自由权利和机会，人们诉诸于两条不同的路径。极端的自由主义者认为应当实行教育的市场化，运用市场的原则对教育资源进行分配，实现教育权利和机会的平等；而平等主义者则认为，国家通过各种方式对教育资源实现再分配以保障弱势群体也享有同等的教育权利；由此形成了教育的市场化取向与教育的国家化取向之争，其实质是对国家在教育中的职能范围这一根本问题的回答。

1. 教育的国家化与平等的教育自由

现代意义上的教育国家化，是指教育被纳入国家活动之中，用立法手段保证国家对教育的影响与控制，用行政手段发展公立学校，确立国民教育制度，以实现国家对教育的干预与管理。国家干预教育是基于对国家功能及教育对于社会价值的判断。平等主义者认为，国家应当在保障个人权利的基础上，在促进社会正义、社会公平、社会平等方面发挥作用。就教育而言，“教育的价值不应当仅仅根据经济效率和社会福利来评价。教育的作用是使一个人欣赏它的社会文化，介入社会的事务，从而以这种方式提供给每一个人以一种对自我价值的确信。教育的这一作用即使不比其他作用更重要，至少也是同等重要的。”① 还有人认为，教育不仅可以提高公众的智力修养，推动社会进步及经济的发展，而且是预防犯罪的有效措施。如马蒂诺（H. Martineau）在有关曼彻斯特管区制度的一封信中说：“我不能理解政治经济学反对为教育的目的征收地方税。仅仅作为一种警察税，这种地方税将是一桩很便宜的事情。它要比我们现在为少年堕落行

① ［美］约翰·罗尔斯：《正义论》，何怀宏等译，中国社会科学出版社 1988 年版，第 101—102 页。

为所花的钱少得多。”[①] 甚至有人认为：“我们认为谁有权绞死人，谁就有权教育。”[②] 基于此，国家应当干涉教育，应当为每一个人提供平等的受教育权利和机会，保证每一个人在教育资源的分配中具有公平的份额，在确保公共教育的基础上，尊重每个人的个性自由，从而实现一种平等的教育自由。

就教育的国家化来看，它并不是自由平等主义者的首创，而有着较为悠久的历史。教育国家化最早源于古希腊的斯巴达。在斯巴达，教育完全由国家控制，国家直接掌管教育，并设立了严密系统的教育机构，目的在于把男孩训练成体格强壮的、忠于统治者的强悍军人，以服务于以武力统治国家的需要。但是，受教育权仅限在统治阶级内部——即斯巴达人，而希洛人、庇里阿西人（即被统治阶级的子女）没有受教育的权利。在教育内容上，斯巴达的教练所和士官团以军事训练和体育锻炼为主，主要学习武士七技方面的内容。在教学方法，强调服从师训，刻苦训练。柏拉图总结了斯巴达由国家开办教育的经验，主张国家应该控制教育。亚里士多德也同样主张，雅典城邦的法律应该规定儿童接受统一的社会教育。从历史上看，在梭伦（Solon）制定的法律中，已经规定父亲负有送儿上学学习的义务，还规定了学习日的长短以及指定官员监督学校的工作。

真正现代意义上的教育国家化则是在文艺复兴之后。在文艺复兴后的宗教改革运动中，德国宗教改革家马丁·路德（M. Luther）首先倡导由国家开办和管理教育。在他的影响下，德国各公国先后颁布过 14 项学校法令推行初等教育，为近代欧洲国家国民教育制度的产生和发展奠定了基础。在新教普及的瑞士、荷兰、苏格兰等地，也纷纷制定法令，设置学校，实行强制入学。但由于缺乏稳定的政治局势，上述法令并没有得到贯彻实施。

19 世纪末 20 世纪初，法国、英国、日本等国家纷纷颁布法令将一切教育纳入国家的管理之下。法国是最早出现教育国家化趋势的国家之一，1808 年《帝国大学令》的颁布标志着中央集权的教育行政管理体制的确

① ［英］斯宾塞：《斯宾塞教育论著选》，胡毅等译，人民教育出版社 2004 年版，第 183 页。

② 同上。

立，教育牢牢地被国家控制。德国也在1819年颁布了义务教育法令，逐步建立起一套国立的普鲁士国民学校体系。到1830年，借助国家的力量形成了严格的双轨制学校体系。英国则直到1856年才设立了教育部，使得国家对教育的干预成为一项政策。1870年，又颁布了《初等教育法》，开始构建国民教育制度。到19世纪末，在尊重非官方的办学权的同时，建立起了国立的和强制性的初等教育体系。日本明治政府在1871年设立了统辖全国教育行政的中央教育行政机构——文部省，从而将教育置于国家控制之下。1872年又颁布了日本近现代史上的第一部教育法规——《学制》，从而首次将一切学校教育统一纳入国家的管理之下。

近几十年来，教育国家化的趋势更加明显。在美国，联邦政府突破地方分权制的教育行政体制限制，直接介入教育改革，教育改革的主导权逐渐由地方转为由联邦和各州政府共同掌控，体现了浓厚的国家化取向。在英国，"自1870年，尤其是'二战'以来，中央政府逐渐加强其对教育的宏观控制权的历史轨迹是很明显的，这种趋势到英国政府颁布《1988年教育改革法》达到了顶峰"①。该法案曾针对中小学课程设置和教学计划的制定与实施不严格的情况，提出了全国统一课程计划。在日本，中曾根首相在任时期，把教育改革作为他的三项基本改革项目之一，并于1984年成立了"临时教育审议会"，作为首相直接领导教育改革的咨询、审议机构。日本还于1990年颁布了《终生学习振兴法》，对终身教育进行了规划。此外，法国在1989年颁布了《教育方向指导法》，俄罗斯在1992年通过了《教育法》，韩国在1993年再次修订了《韩国教育法》，印度于1986年制定了新的《国家教育政策》，菲律宾也于1982年通过了《关于建立并维持统一的教育体系的法令》，1984年又出台了《1984年教育法》等。

显然，国家全面干预教育的趋势已势不可当。从初等教育、中等教育到高等教育，甚至包括终身教育在内的所有教育都被纳入到国家管理的视域之下，全面的公共教育体系逐步建立起来。公共教育体系的建立为每一个公民都能平等地享有受教育的权利和机会提供了保障，并通过补偿措施为弱势群体真正平等享有教育资源等提供了保证。个体平等地享有教育资

① 袁振国：《对峙与融合：20世纪的教育改革》，山东教育出版社1995年版，第300页。

源是个体获得教育自由的基础，没有资源的平等享有不可能真正实现教育自由，就更无个性的自由发展之可能。因此可以说，教育的国家化在最大程度上保障了平等的教育自由的实现。

然而，弗里德曼等新自由主义者认为，随着强迫入学法令的颁布，政府对教育的控制加强，特别是20世纪30年代政府的扩大和权力的集中，对教育行业的发展确曾产生过作用，但却带来了更严重的问题。如，职业教育家掌握了学校的控制权，家长的控制权被严重削弱，使得学校权力日益集中和官僚主义增加，形成了过分集权的社会弊病，从而导致了受教育者作为消费者无法选择接受教育的方式，也不能间接地通过开展地方政治活动来改变教育制度。[①] 此外，教育在政府的控制下成为一种公共产品，其目的是促进社会流动，减少种族和社会成分差异，但实际上却破坏了市场机制在教育产业中的调节作用，造成教育质量参差不齐等问题，形成了表面公平、实际上加深分化，造成极其不平等的教育机会的畸形状态。[②] 而且，"政府在资助和管理学校方面的作用不断加大，不仅导致了纳税人金钱的巨大浪费，而且导致了比资源合作继续起较大作用所能产生的教育制度远为落后的制度。在我们的社会中，几乎再没有比学校更令人不满意的机构了，几乎没有比它更能引起不满情绪，更能破坏我们的自由了"[③]。弗里德曼认为，上述问题便是如沃尔特·李普曼（W. Lippmann）所说的"社会集权过度症"，其病因在于"信念的改变，以前人们认为，由那些思想狭隘的和自以为是的人自由行使权力会很快带来专制、反动和腐朽"，要取得进步就必须限制统治者的作用和权力，而现在人们则认为，"统治者的能力是无限的，因此，不应对政府的权力施加任何限制"[④]。也就是说，不加限制的教育权力不但无助于消极的教育自由和积极的教育自由，而且，教育权力的无限扩张最终导致了教育的不自由。

2. 教育的市场化与教育选择的自由

基于对教育国家化种种弊端的不满，洪堡、斯宾塞、诺齐克、弗里德

① ［美］米尔顿·弗里德曼等：《自由选择：个人声明》，胡骑等译，商务印书馆1982年版，第68—69页。

② 同上书，第69页。

③ 同上。

④ 同上书，第66页。

曼等极端自由主义者指出，教育的国家化显然是与自由相抵触的，政府的作用应该局限在消极地保护个人权利上，即扮演所谓“守夜人”的角色，不应该提供任何社会性服务，也不应该试图实现社会正义。弗里德曼曾明确指出：“政府的职责范围必须具有限度。它的主要作用必须是保护我们的自由以免受到来自大门外的敌人以及来自我们同胞们的侵犯：保护法律和秩序，保证私人契约的履行，扶植竞争市场通过在经济和其他活动中主要地依靠自愿合作和私人企业，我们能够保证私有部门对政府部门的限制以及有效地保证言论、宗教和思想的自由。”[①] 其次，“政府的权力必须分散。当政府行使权力时，在县的范围内行使比在州的范围内要好，在州的范围内要比在全国的范围内要好”[②]。基于对政府职能的基本判断，他们反对建立公共教育和人为缩小教育的差距，认为所有的教育都是一种私人的行为，政府不应当进行干涉，而应该从个体权利出发，运用市场的理念、原则和方式对教育进行运营，并以追求教育效率的最大化为目标。

在他们看来，政府可以是教育资源的供给者，但不应同时又是管理者。否则，必然形成教育垄断，从而扼杀教育的活力。相反，如果政府仅仅是教育资源的提供者，而令作为独立法人的办学者为争取这些资源而进行公开的公平竞争，就会最有效地发挥其投资效益，提高教育质量和水平。所以应当将市场法则，特别是自由竞争的法则运用到教育中，可以促进教育资源配置的最优化，从而使学校教育提供最好的服务。

按照教育市场化的原则，既然教育现在是一种产业，而教育的直接消费者是学生个人或其家长，因此教育必须根据他们的需要进行并予以满足。当今社会科技革命迅猛发展，人们的物质文化及精神生活需要和水平不断提高，教育必须满足人们多样化多层次的需求。但是僵化的公立学校教育体系无法满足消费者的需求，只有实施市场法则，学校及教育才能有效地满足他们的需求。也就是说，在市场经济条件下，消费者有权选择可以满足他们需求的各种形式的教育，政府应当予以支持。

弗里德曼指出：“我相信，若要对我国教育体制动大手术，唯一的办

① ［美］米尔顿·弗里德曼：《资本主义与自由》，张瑞玉译，商务印书馆1986年版，第5页。

② 同上书，第6页。

法就是通过私有化之路，实现将整个教育服务中的相当大的部分交由私人企业个人经营。否则，没有什么办法能摧毁或者至少极大地削弱现存教育建制的权力，而摧毁或削弱现存教育建制的权力，乃是根本改革我国教育体制所必要的先决条件。此外，也没有什么办法能给公立学校带来竞争，而只有竞争才能迫使公立学校按照顾客的意愿改革自身。”①

因此，自20世纪80年代以来，西方国家教育改革和教育体制重建中的市场化趋势非常明显，各国“提倡把市场竞争的某种形式作为学校改革的基础”②。

这样，在学校教育中，家长和儿童是消费者，教师和学校管理人员是生产者。学校所提供的教育服务就是所需产品。作为消费者，有自由选择产品以满足效用最大化的权利。与此同时，“为了对政府所规定的最低限度学校教育提供经费，政府可以发给家长们票证。如果孩子进入被批准的教育机关，这些票证就代表每个孩子在每年中所能花费的最大数量的金钱。这样，家长们就能自由地使用这种票证，再加上他们所自愿添增的金额向他们所选择的‘被批准的’教育机关购买教育劳务。教育劳务可以为以营利为目的的私营教育机关或非营利的教育机关所提供。政府的作用限于保证被批准的学校的计划必须维持某些最低标准，很像目前对饭馆的标准，要求保证最低的卫生标准那样”③。这就是弗里德曼所谓的“教育凭证”制度。目前，西方国家的教育市场化形式呈现出多样性，如磁力学校、特许学校、学券制学校、营利性学校，企业性私营学校、公助学额计划、教育行动区和私人机构接管差校计划等。

显然，市场作为“公共垄断教育”现象的替代品符合了过去十年西方世界教育政策的潮流。④ 因为，在教育市场的乌托邦里，“那里每一所学校都能办得更好（不管资源存在的差异），竞争的魔力能够让每一位顾

---

① ［美］罗伯特·G. 欧文斯：《教育组织行为学》，窦卫霖等译，华东师范大学出版社2001年版，第488页。

② 同上书，第174页。

③ ［美］米尔顿·弗里德曼：《资本主义与自由》，张瑞玉译，商务印书馆1986年版，第87页。

④ ［英］斯蒂芬·J. 鲍尔：《教育改革：批判和后结构主义的视角》，侯定凯译，华东师范大学出版社2002年版，第138页。

客高兴。"[①] 然而，现实层面的市场化却给基层的学校、教师、学生、家长等带来了诸多消极影响。譬如，就学校而言，由于教育资源的有限性必然导致学校间愈演愈烈的竞争，而"学校间的竞争往往导致跨学校的合作减少"[②]。同时，由于政府对学校办学的实际效果进行记录并发布，更加剧了竞争。这样，"市场以一种更为透明的方式生产着输家和赢家，任何一种只产生赢家的教育政策是难以想象的"[③]。这种教育竞争中更多表现出的是"卡尔多—希克斯"[④] 式的你输我赢，而不是人们想象中的"帕累托"[⑤] 式的均衡和共赢。这样一来，同作为生产者的学校被区分出了优质学校和薄弱学校之分，优质学校可以获得好的生源并以追逐好的生源为目标，学生的学习、发展等不再成为学校关注的焦点。薄弱学校由于各方面都无法与优质学校相匹敌，只能"勉强度日，低落的教师士气、紧张氛围、工作压力和互相矛盾的政策目标等方面的物质和道德现实却被置之不理"[⑥]。

因此，教育的市场化无论走多远也离不开一些公认的教育价值和固有的社会观念。教育既是人的一种个体活动，也是一种社会活动。就教育作为个体的活动而言，教育自由意味着每个人都可以根据自身的禀赋、需要和能力的不同获取相应的教育资源，追求教育选择的自由和个性化的自由。但是，教育并不完全是个人的生活，它还是社会的公共生活，受教育不完全是个人的事情，还关系到民族素质的提高、国家的繁荣等，所以，

---

① ［英］斯蒂芬·J. 鲍尔：《教育改革：批判和后结构主义的视角》，侯定凯译，华东师范大学出版社 2002 年版，第 141 页。

② ［英］杰夫·惠迪等：《教育中的放权与择校：学校、政府和市场》，马忠虎译，教育科学出版社 2003 年版，第 128 页。

③ 同上书，第 180 页。

④ 卡尔多—希克斯效率（Karldor－Hicks Efficiency）是指第三者的总成本不超过交易的总收益，或者说从结果中获得的收益完全可以对所受到的损失进行补偿，这种非自愿的财富转移的具体结果就是卡尔多—希克斯效率。

⑤ 帕累托最优（Pareto Optimality）是指资源分配的一种状态，在不使任何人境况变坏的情况下，不可能再使某些人的处境变好。帕累托改进（Pareto Improvement）是指，既定的资源配置状态能够在其他人福利水平不下降的情况下，通过重新配置资源，使得至少有一个人的福利水平有所提高，则称这种资源重新配置为帕累托改进。

⑥ ［英］杰夫·惠迪等：《教育中的放权与择校：学校、政府和市场》，马忠虎译，教育科学出版社 2003 年版，第 86 页。

国家必须干预教育。而且，就教育作为一种政治权利而言，国家也必须为每个人提供平等的教育资源，并对社会的弱势群体给予适当补偿，从而达成一种实质上的教育自由。因此，教育市场不可能是完全的市场，而是一种有限的市场，它需要政府的规制和引导。政府要确保教育市场的非营利性，建立弱势群体的补偿制度，克服市场对教育自由的不利影响，使教育市场化与国家干预构成一种融合关系，从而实现教育权利与教育权力的统一。

（二）教育自由：教育权利与教育权力的统一

从教育自由实现的两条路径来看，无论是教育的国家化还是市场化都不可能真正实现教育的自由。教育的国家化依靠国家权力的作用使平等的教育权利成为可能，也使教育的社会化成为可能，但教育的国家化必然形成一套代表国家意志的教育权力系统，导致个体的教育权利同时面临着“专制、腐朽、反动”的威胁，个体的教育权利被教育权力遮蔽。极端自由主义者则为了摧毁教育权力对教育的垄断而将教育推向市场。教育的市场化作为“公共垄断教育”的替代品按照个体能力的需要进行教育资源的配置，体现了对个体的差异性的充分尊重，也最大限度地实现了个体教育选择的自由。然而，放任的教育自由忽略了国家、社会对教育的要求，无视教育在培养人的社会化方面的价值和作用及教育自由对教育秩序的依赖。正如罗素所言：“自由过少带来停滞，过多则导致混乱。”[①] 因此，教育自由的实现既要反对教育权力对个体教育权利的过度干涉，但同时又必须依赖于教育权力对个体平等教育权利的保障。换言之，教育自由的实现要求教育权利与教育权力趋于统一。对这一问题的进一步分析，可从自由与权力的关系着手。

自由意味着权利，然而，就“免除干涉或强制”的消极自由而言，它本身就内含着自由与权力具有天然的不可分割的关系。因为，实现免除干涉这一权利本身就是一种权力的体现，一是个体所具有的摆脱专断干涉的权力，一是国家必须通过权力保障这一权利的实现。就“自我实现”的积极自由而言，同样如此。因为，正如前文所言，自我实现本身就意味

① ［英］罗素：《权威与个人》，储智勇译，商务印书馆2010年版，第38页。

着具有这样一种能力或权力。而且，积极的自由也往往被人们认为具有无限扩张的欲望，因此加以反对。在这个意义上说，权力与自由是相互界定、互为边界的。自由依赖于他人对权力及对免除干涉的权力的合法使用。当每个人都同时追求个体免除干涉或强制的自由，个体的自由之间就必然产生矛盾、冲突，尤其是当我们不得不面对个体在价值观念、社会选择等多方面的差别，更使得自由放任的个体自由成为不可能。因此，自由的实现依赖于特定权力支配下的秩序基础。但是，由于对自由的向往和对权力的恐惧使得人们习惯于站在一种实然的且极端的立场来看待二者的关系，即把权力仅仅看作强制、干涉、支配、奴役，而把自由看作是摆脱强制、干涉、支配、奴役，因而，权力与自由就成为两种根本对立的价值，权力意味着对自由的压制，而自由意味着摆脱权力。事实上，正如前文所言，无论是权力还是自由，缺少了任何一方，另一方的存在就是不完整的，甚至是不可能存在的。因为，完全的自由结果导致的必然是完全的不自由。

问题是二者是如何发生关联的？原因就在于二者间存在的一种张力，正是这种张力决定了自由与权力各自的边界及相互间的联结。正如雅斯贝尔斯所言："自由与权威之间的张力在于，双方都是以对方为存在的依据，失去任何一方，那么自由就将转换成混乱，而权威则意味着专制。作为强权的权威意志会摧毁自由和权威自身，而作为任意的自由意志同样也会毁灭自由。"[①] 因此，无论是自由还是权力，它都必须在自身的范围内发生作用才是正当的。但是，一直以来人们都习惯于将二者置于相互对立的关系上，并促使人们在追求其中一方的同时而竭力贬抑另一方，且这种状况由来已久。托克维尔早在19世纪就已经指出，"在我们今天这个世界上，一切关系都是不正常的，有德者无才，有才者无名，把爱好秩序与忠于暴君混为一谈，把笃爱自由与蔑视法律视为一事……"[②] 直到今天，权力与自由依然被视为相互对立、不可兼得的一对矛盾。

正是由于人们对权力与自由内涵的错误理解以及对权力与自由关系非

---

① ［德］雅斯贝尔斯：《什么是教育》，邹进译，生活·读书·新知三联书店1991年版，第79页。

② ［法］托克维尔：《论美国的民主》（上），董果良译，商务印书馆1988年版，第15页。

此即彼的选择，使得教育权力和教育自由都失去了合理的界定，以至于极易走向极端，导致“两败俱伤”。当教育权力失去了合理的制约，走向极权主义的同时，教育自由也滑向了无政府主义的深渊。在现代教育中，教育自由被不断夸大甚至有被滥用的危险，相应地，教育权力则被人们一致认为是有害于教育自由的实现，无益于人的解放，因此遭致人们的极力贬抑。无可否认，现代性在促成诸多领域的解放的同时，也促成了教育中人的解放，这无疑是令人欣慰的。但是由于对权力与自由关系的认识并不清晰，使得现代性对人的解放并不彻底，而这种解放的不彻底性却带来了教育上的难题：学生权利的不断增加直至拥有与成人同等程度和范围的权利的情形，引发了“没有权威和惩罚的教育”① 计划，教育者不再有明晰的规范标准可以确定受教育者的自由，因为他们有着同样的权利与自由。也就是说，教育失去了权威，失去了对学校、教师、学生提出要求和进行引导的力量。教育中出现了一种新的伦理要求，即仅仅将个体作为中心，极力追求自我的权利和自由。现代教育被当作仅仅是一种服务、一种消费，而学生成为购买这种消费或服务的顾客，学生的一切需要不论是否合理的都应当予以满足，因为“顾客就是上帝”。简言之，以学生为中心，一切为了学生的需要。相应地，国家、社会的要求不应成为教育的责任。由此，教育应有的对价值的承当以及由此而来的教育的权力和权威都被消解了。与此同时，权威被消解的背后不是学生自由和教师自由的真实实现，恰恰是对自由的滥用，是自由本身的消失。例如，一方面，否认了教师权威和教育权力的学生自以为赢得了自由、掌握了主宰自我的力量，从而走向放纵和任性；另一方面，威严扫地的教师为了重新找回昔日的尊严，不惜对学生实施强制性的教育，使教育充斥着暴力和专制，以扭曲的方式剥夺了学生应有的自由；由此导致的后果就是教育权力与教育自由都失去了其应有的内涵与意义。

“现代人经常受两种对立的激情驱使：他们一方面感到需要有人指导；另一方面又希望保持自由。”② 自由和权力之间似乎注定是相互矛盾

① ［法］阿贝尔·雅卡尔等：《没有权威和惩罚的教育?》，张伦译，中国人民大学出版社2005年版，第33页。

② ［法］托克维尔：《论美国的民主》（上），董果良译，商务印书馆1988年版，第870页。

和对立的关系，一种既要保证教育权力又要追求教育自由的教育似乎也是不可能的。事实上，教育权力和教育自由之间并不是必然冲突对峙的，关键在于对自由和权力的正确认识和理解。“学校中自由的支持者和反对者都有一种倾向，把自由等同于缺乏社会指导，或者把自由等同于单纯在身体运动方面不加限制。但是，对自由的要求的实质，就是需要有一些条件，使个人能对集体利益作出他特殊的贡献，并且使他在参与集体活动时，社会指导应该是他自己的精神态度，而不只是他的行动受到权威的支配。”① 因此，自由不是放纵和不受正当约束，权力不是压制和任意的支配，而且两者在程度上和范围上都有各自的边界。因此，我们需要承认的是，无论是教师的自由还是学生的自由都是教育的目标之一，是教育必须要保障的价值。同时，教育本身是具有权力的，依靠教育中的权力干涉与引导，教育活动才得以可能。教育自由是教育所要追求的一种价值，而教育权力就是为了保证这种价值实现的基本方式，没有教育权力就没有教师的自由，更没有学生的自由；而如果没有了教师自由及学生自由这一基本目标，教育权力的实施也就失去了意义。教育不能追求过度的、不正当的自由，就像教育不能滥用权力一样。教育的特性就在于使教师和学生在正当权力的干预中达到真正的自由，即引导人们追求自由。

简言之，自由与权力密不可分。正如大部分的人造物能够被用作武器来杀戮、侵略、奴役一样，权力在为人们铺平通往教育自由的道路的同时，它也同样可以被用作束缚的手段，通过有组织的胁迫造成多数人对少数人的依赖，或者是多数人对少数人的胁迫。正如亚当斯（Henry Adams）所言：“权力是毒药。”② 因此，权力保障教育自由的同时，也打开了压制其他人的差异性自由的道路。就权力无限扩张的本性③而言，教育权力的无限扩张必然导致极权主义的教育。同样，无限制的教育自由也必然导致无政府主义的教育。因此，教育自由应该在权利与权力之间取得某

① ［美］杜威：《民主主义与教育》，王承绪译，人民教育出版社 1990 年版，第 319 页。

② ［美］尼布尔：《道德的人与不道德的社会》（第 2 版），蒋庆等译，贵州人民出版社 2007 年版，第 4 页。

③ 权力本身不会扩张，而是掌握权力的人都有无限扩张权力的欲望。“从人的本性上说，我们可以断定，那些手上掌握着权力的人，……当他们能够时，将总是会设法增加权力。”“人热爱权力”等是对人的权力欲望的基本判断。

种平衡，其实质是自由与权威、个性与一致性、进步与秩序之间的平衡。正是在这种平衡中，教育才能找到其合适的位置，避免走向极权主义或无政府主义的极端，教育自由才能得到真正实现。但是，这只是理念层面的讨论，就实践而言，教育自由的实现需要依赖于教育制度等的保障，关键是要建立有效的权力约束机制。

二 教育自由的一般原则

无限制的教育自由必然会走向教育的无政府主义，无限制的滥用教育权力也会导致教育的极权主义。教育自由是教育权利与教育权力的统一，实现教育自由必须遵循一定的原则。

（一）个人主义原则

个人是自由的出发点，也是自由的核心，更应成为教育自由的核心原则。但是，在日常生活中，我们往往把个人主义等同于自私自利、损人利己。但实际上，个人主义（individualism）的基本含义并非如此。

《牛津英语词典》对个人主义的解释是："（1）以自我为中心的感觉或行为，自我主义；（2）倡导个人自由行为的社会理论。"① 显然，这两方面的含义并不完全等同。波普尔（K. Popper）认为："'个人主义'这一术语（据《牛津字典》）有两种不同的用法：（a）与集体主义相反，及（b）与利他主义相反。"② 因此，把个人主义等同于利己主义、唯我主义是一种概念的误用。个人主义完全有可能是利他主义的，而集体主义完全可以是利己主义的。"集体主义并不反对利己主义，而它也并不跟利他主义或无私相同一。"③ 当集体的目标是不正义的、利己主义的，对集体主义的强调只会使每一个人去为一个不正义的、利己主义的共同体贡献力量。正如希特勒（A. Hitler）

---

① 李强：《自由主义》，吉林出版集团有限责任公司2007年版，第142页。

② ［英］卡尔·波普尔：《开放社会及其敌人》（第1卷），郑一明等译，中国社会科学出版社1999年版，第199页。

③ 同上书，第200页。

时期的德国和东条英机（T. Hideki）时期的日本，都曾热情地鼓吹过爱国主义和对集体目标的奉献精神。即使集体的目标不是不正义的、利己主义的，集体主义的功能也往往仅限于动员人们去实现某一政治的目标而已，而与对高尚无私美德的追求没有关系。因此，个人主义的真正对立面只能是集体主义。哈耶克也认为，真正的个人主义与利己主义、自私自利等并不存在必然的联系。[①] 真正的个人主义，首先“主要是一种旨在理解那些决定人类社会生活的力量的社会理论”。[②] 也就是说，个人主义是一种解释性理论，它把个人作为解释整体的出发点，从个人的特征推导出整体的特征。它的对立面是一种可以被称作整体主义（holism）的学说，其主要特征是根据整体的特性来解释个人的特性。用柏拉图的话来说，“部分为整体而存在，但整体不是为部分而存在……你们为整体而被创造出来，而不是整体为你们而被创造出来”[③]。其次，个人主义还“是一套源于这种社会观的政治行为规范”[④]。也就是说，个人主义是一种规范性的学说，包括一整套价值观与行为规范，或用哈耶克的话来说，个人主义设定了一套“个人主义的秩序”。这种秩序规定了个人与国家、自由与强制的关系，规定了公共权威强制力的使用范围，也包含了规范个人与权威关系所必须的法律结构。[⑤] 卢克斯（S. Luckes）则认为“个人主义的基本观念”是人的尊严、自主权、隐私权、自我发展等。[⑥] 这与哈耶克对个人主义的认识基本一致，即个人主义是以个人为出发点解释社会政治现象或个人优先的原则。沙拉汉（D. Shanahan）则从个人的角度出发，认为“追求真理是一项彻底的个人事务”[⑦] 这一信念是个人主义的核心

① ［英］F. A. 哈耶克：《通往奴役之路》，王明毅等译，中国社会科学出版社 1997 年版，第 21 页。

② ［英］F. A. 哈耶克：《个人主义与经济秩序》，贾湛等译，北京经济学院出版社 1989 年版，第 6 页。

③ 同上。

④ 同上。

⑤ 同上书，第 19—20 页。

⑥ ［英］史蒂文·卢克斯：《个人主义》，阎克文译，江苏人民出版社 2001 年版。

⑦ ［捷］沙拉汉：《个人主义的谱系》，储智勇译，吉林出版集团有限责任公司 2009 年版，第 25 页。

所在，也是个人主义据以建立的基本假定。因此，他将个人主义看作是“一种信仰体系”，在这个体系里，“个人不仅被赋予了直接的地位和价值，而且也成为真理的最终裁判者”。[①]

基于上述分析，我们抛开个人主义在历史上不同时期以及不同国家的不同特征，[②] 可将其基本内涵归纳为以下几个方面：第一，个人先于社会而存在，个人是本源，社会是派生的，社会、国家是个人为了保障自己的某种权利或利益而组成的人为的机构。个人是目的，具有最高的价值，国家、社会只是个人目的的手段，除了个人的目的之外，社会或国家没有任何其他目的。第二，所有的价值都是以人为中心的，也就是说，应该是为人的自由服务。这意味着，一切正当的制度安排，都应尊重个体的生命和尊严，并在属于个人的范围内，坚持个人的目标高于一切，不得进行无理的干预和强制。第三，个人是道德价值与道德原则的源泉以及道德评价标准的创造者，个人是道德价值的至高无上的仲裁者。而且，所有人在道德上、人格尊严上都是平等的。

由此可见，个人主义并不等同于自私自利，损人利己。对个人的尊重

---

① ［捷］沙拉汉：《个人主义的谱系》，储智勇译，吉林出版集团有限责任公司2009年版，第25页。

② 就个人主义产生的历史来看，英国学者斯蒂文·卢克思（Steven Lukes）认为，“个人主义”产生于19世纪，当时在不同的国家表达不同的含义。个人主义一词最早出现于法文“individualisme”，缘于保守主义者对法国启蒙运动、大革命中对个人理性、利益与权利的过度诉求的批判。第一次系统使用“个人主义”这一术语的是19世纪20年代的圣西门主义者，同法国大革命的反对者们一样，圣西门主义也担心启蒙运动对个人的赞颂可能导致的社会单子化与无政府化。受此影响，托克维尔认为个人主义是民主的必然产物，它意味着个人从公共生活撤离到私人领域，互相孤立隔绝，其结果是削弱社会纽带。因此，个人主义在托克维尔那里意味着缺乏任何中介组织以保护个人免受国家的控制。涂尔干的个人主义概念则最形象地表达了19世纪法国主流思想关于个人主义的看法。他认为，个人主义“反常状态”（anomie）与自我主义（egoism），即个人在社会、政治、道德上孤立无助，与社会目标与社会规则疏离，社会凝聚力（solidarity）被削弱甚至崩溃。德国不同于法国，主要从褒义的方式使用了个人主义这一概念，将个人主义等同于个性，强调个人的独特性、创造性与自我实现。在美国，个人主义更是“成了一种具有巨大意识形态意义的象征性口号，表达从天赋权利的哲学、自由企业的信念到美国之梦等不同时代的理想”。它凝聚了“平等的个人权利、立宪政府、自由企业、自然正义、机会平等、个人自由、道德发展与尊严”这样一些美国社会所炫耀的原则。个人主义甚至成为美国民族认同的一种象征。在英国，个人主义的含义则较为复杂，但主要用于强调竞争以及政府对经济的较少干预。（Steven Lukes, *Individualism*, New York: Harper&Row, 1973, p. 28.）

才是个人主义的根本含义。单个的人具有至高无上的内在价值或尊严，“没有谁会是我自己，没有谁会以我的方式来看待事情”①，这是个人主义的根本信念。如康德所言：“人，一般来说，每个有理性的东西，都自在地作为目的而实存着，他不单纯是这个或那个意志所随意使用的工具。在他的一切行为中，不论对于自己还是对其他有理性的东西，任何时候都必须被当作目的。”② 也就是说，人是目的而非手段，任何人都不能被当作其他人的手段，每个人的权利和尊严不容侵犯。

人是教育的中心和出发点，以人为本的教育就是要视人为最高的价值，捍卫个人的自然权利，做到人人平等，阻止国家、社会及其他个体对个人的强制和无理干涉，实现个人自由和利益的最大化。坚持个人主义，强调个体权利的至上性，同时，也要坚决地反对置他人于不顾的“唯我主义”和“自私自利”，这既是教育发展的需要，也是个体自身发展的需要。

（二）权利至上原则

自由不是空泛的，自由意味着权利，意味着利益。个人自由，意味着个人有获得权益的权利，意味着个人的权益是平等的，是不容任何人侵犯的，即权利至上。“权利至上”是自由主义的共同信念，也是教育自由的基本信念。“公民拥有独立于任何社会政治权力之外的个人权利，任何侵犯这些权利的权力都会成为非法权力。”③ 罗尔斯说：“每个人都拥有一种基于正义的不可侵犯性，这种不可侵犯性即使以社会整体利益之名也不能逾越。因此，正义否认为了一些人分享更大利益而剥夺另一些人的利益……在一个正义的社会里，平等的公民自由是确定不移的，由正义所保障的权利决不受制于政治的交易或社会利益的权衡。”④ 诺齐克说得更加

① ［捷］沙拉汉：《个人主义的谱系》，储智勇译，吉林出版集团有限责任公司 2009 年版，第 29 页。

② ［德］伊曼努尔·康德：《实践理性批判》，关文运译，商务印书馆 1960 年版，第 368 页。

③ ［法］邦亚曼·贡斯当：《古代人的自由与现代人的自由》，阎克文等译，上海人民出版社 2005 年版，第 63 页。

④ ［美］约翰·罗尔斯：《正义论》，何怀宏等译，中国社会科学出版社 1988 年版，第 3—4 页。

明白："个人是目的而不仅仅是手段；他们若非自愿，不能够被牺牲或被使用来达到其他的目的。个人是神圣不可侵犯的"①，"个人拥有权利。有些事情是任何他人或团体都不能对他们做的，做了就侵犯到他们的权利"②。换言之，"一个人，有权利保护自己免受大多数人的侵犯，即使是以普遍利益为代价时也是如此"。③ 权利在自由主义中是最基本的，不可让渡的，它是个人政治的护身符，是维护个人自由和正当权益的"堡垒"。如果个人的基本权利被剥夺，实际上就没有了作为社会人、政治人的存在，个人的政治自由、经济自由、教育自由等都将无法得到体现。

当然，权利有自然权利和法律权利之说，但法律权利是以自然权利为基础的。自然权利是人最基本的权利。什么是自然权利？通俗地讲，就是天赋人权，并不由法律或信仰而获得。文艺复兴时期，自然权利成为政治哲学的重要议题。17、18 世纪，荷兰的格劳秀斯（H. Grotius）、斯宾诺莎（B. Spinoza），英国的霍布斯、洛克，法国的伏尔泰、狄德罗（D. Diderot）、卢梭等都对自然权利的合法性进行过论证。洛克将个人权利界定为："人们……生来就享有自然的一切同样的有利条件，能够运用相同的身心能力，就应该人人平等，不存在从属或受制的关系"，"人们既然都是平等和独立的，任何人就不得侵害他人的生命、健康、自由或财产"。④ 美国《独立宣言》对"自然权利"的解释是：人人生而平等，他们都有从"造物主"那里赋予了某些不可转让的权利，其中包括生命权、自由权和追求幸福的权利。自然权利在资产阶级语境中是指人的生存平等权、生命权、自由权、幸福权以及财产所有权，它是最基本权利。法国的《人权宣言》写道："任何政治结合的目的都在于保存人的自然的和不可动摇的权利。这些权利就是自由、财产安全和反抗压迫。"艾德勒（M. J. Adler）的解释是："所谓自然权利，就是说，我们可以要求社会给我们以保障

---

① ［美］诺齐克：《无政府、国家与乌托邦》，姚大志译，中国社会科学出版社 2008 年版，第 39 页。

② 同上书，第 1 页。

③ ［美］罗纳德·德沃金：《认真对待权利》，信春鹰等译，上海三联书店 2008 年版，第 197 页。

④ ［英］洛克：《政府论》（下），瞿菊农译，商务印书馆 1982 年版，第 5—6 页。

权，因为这种保障是我们天生就赋有的权利。”① 由此可见，自然权利不产生于任何特定的组织，与当事人的社会角色和所属社会的性质无关，是人作为人所具有的普适的权利，因此是优先的，是不可让渡的。自然权利的价值优先性，源于“人是目的”的终极价值。“人是目的”的“绝对命令”内在地包含着对所有个体生命的“普遍有效性”②。所以，自然权利至上，还意味着自然权利平等。人与人之间不论财富和地位有多大差别，但在人之为人这一点上是完全平等的，所以，基于人性的自然权利也是人人都平等享有的。

受教育是现代人的基本权利，这种权利不容侵犯。1948 年联合国大会通过的《世界人权宣言》第 26 条明确规定：人人都有受教育的权利，教育应当免费，至少在初级和基本阶段应如此。1966 年 12 月 16 日联合国大会通过的《经济、社会和文化权利国际公约》也重申了《世界人权宣言》关于受教育权的规定，该公约第 13 条规定：本公约缔约国承认，人人有受教育的权利。并且本公约缔约国认为，为了充分实现这一权利起见：（1）初等教育应属义务性质并一律免费。（2）各种形式的中等教育，包括中等技术和职业教育，应以一切适当方法，普遍设立，并对一切人开放，特别要逐渐做到免费。（3）高等教育应当根据成绩，以一切适当方法，对一切人平等开放，特别要逐渐做到免费。（4）对那些未受到或未完成初等教育的人的基础教育，应尽可能加以鼓励或推进。（5）各级学校的制度，应积极加以发展；适当的奖学金制度，应予设置；教员的物质条件，应不断加以改善，等。受教育权作为一项基本的人权在国外宪法文本、国际人权文件以及我国现行宪法中都已经获得了比较明确的宪法地位。也就是说，受教育权作为一种公民的宪法权利已经得到了宪法规范和宪法制度的肯定。所以，教育制度必须保证个人选择教育的自由，平等参与教育活动、享用教育资源的自由，为每一个受教育者提供平等的发展机遇和条件。

---

① ［美］艾德勒：《六大观念》，郗庆华等译，生活·读书·新知三联书店 1998 年版，第 182 页。

② ［德］伊曼努尔·康德：《道德形而上学原理》，苗力田译，上海人民出版社 1986 年版，第 86 页。

（三）平等原则

平等是教育自由的另一条基本原则。平等原则是个人主义原则的必然引申。个人主义学说中的人是抽象的人、普遍的人。所有人，不论其出身、性别、年龄、阶级、地位、工作类型等，人人享有同等的权利、同等的尊严。因此，对于个体来说，无论他们在自然禀赋和社会地位等方面的差异有多大，作为人，都应该享有基本的自由。自由作为一种基本的人权而存在，法律面前人人平等。正如斯宾塞所言："每个人都有从事所有他想做的事情的自由，假如他并不侵犯任何别人的平等的自由。"①

霍布斯指出："每个人应该享有与别人同样多的自由，恰如他允许别人相应于他自己所享有的那么多的自由一样。"② 罗尔斯继承了霍布斯的上述认识，并把自由平等作为正义的第一个原则："每个人对与所有人所拥有的最广泛的基本自由体系相容的类似自由体系都应有一种平等的权利。"③ 在此基础上，他进一步指出："社会和经济的不平等应该满足两个条件：（1）他们所从属的分职和职位应该在公平的机会平等的条件下对所有人开放（公平的机会平等原则）；（2）它们应该有利于社会之最不利成员的最大利益（差别原则）。"④ 第一条原则即平等的自由原则，指每个人应该在社会中享有平等的自由权利。第二条原则包括差别原则与机会平等原则，这一原则要求在进行分配的时候，如果不得不产生某种不平等的话，这种不平等应该有利于境遇最差的人们的最大利益，就是说，利益的分配应该向处于不利地位的人们倾斜，以提高社会不利者的自由能力，从而达到一种实质上的平等自由。正如罗尔斯所言："当一般的正义观被遵循时，最终会形成这样一些社会条件，在这些条件下，一个比平等的自由较少的自由就不再被接受，那时不平等的自由就不再得到辩护。"⑤ 德沃

① ［英］斯宾塞：《斯宾塞教育论著选》，胡毅等译，人民教育出版社 2004 年版，第 166 页。

② ［英］霍布斯：《利维坦》，黎思复等译，商务印书馆 1987 年版，第 170 页。

③ ［美］约翰·罗尔斯：《正义论》，何怀宏等译，中国社会科学出版社 1988 年版，第 136 页。

④ 同上。

⑤ 同上书，第 246 页。

金认为，“作为平等的人受到对待的权利必须被当作自由主义平等概念的根本要素”①，如果维护自由意味着以某种没有对平等关切的方式行动，那就很难证明这种自由的正当性。因此，“政府要平等对待它统治下的每一个人”②。平等是一个政治共同体的基本政治道德，是衡量一个政府合法性的标准。如果政府不能平等地对待公民和个人，那么这个政府就不是合法的政府。在此基础上，德沃金指出，财物、资源和机遇应当被尽可能地平等分配，以“益于满足每一个人的抱负”③。

但是，在诺齐克等自由主义者看来，国家的职能只是保障个人权利免受侵犯，包括防止暴力、偷窃、欺诈以及对契约的强制执行等。因此，以强制的形式实行的再分配就会侵犯个人的权利。哈耶克也强调说，法律面前人人平等是唯一可以接受的平等。④ 他们认为，平等仅限于权利的意义上、应然的意义上，也就是说，人既然生为人，就应该享有某些权利，这些权利应该是平等的。然而，人在事实上不可能是平等的。因为，“人生来就极为不同，或者说，人人生而不同”⑤。如果给予不同人以同样的自由，人们的实际成就就会互不相同。这样，在权利平等与实际平等之间就会出现悖论：如果平等对待每一个人，给每个人平等的机会与权利，便会产生实际状况的不平等；而如果追求实际状况的平等，唯一可能采取的办法就是赋予人们不同的权利，以不同的方式对待人们。正是在这个意义上，哈耶克认为：“法律面前的平等与物质的不平等不仅不同，而且还彼此冲突；我们只能实现其中的一种平等，而绝不能同时兼得二者。”⑥ 尽管双方分歧很大，但是自格林（T. H. Green）的新自由主义理论开始关注平等问题以来，大部分的人已经接受了这样的一个观点，即一定程度的社会正义是必要的。但是，平等的政策应该限制在最低限度。

---

① ［美］罗纳德·德沃金：《认真对待权利》，信春鹰等译，上海三联书店 2008 年版，第 363 页。

② 同上书，第 358 页。

③ ［美］罗纳德·德沃金：《原则问题》，张国清译，江苏人民出版社 2005 年版，第 251 页。

④ ［英］F. A. 哈耶克：《自由秩序原理》（上），邓正来译，生活·读书·新知三联书店 1997 年版，第 102 页。

⑤ 同上书，第 104 页。

⑥ 同上书，第 209 页。

自由应该被平等地分配，教育自由是促进人的潜能充分发展的根本条件。缺少教育自由，就无法获得适切的教育资源，无法进行教育选择，无法按照自己的学习方式、自己的意愿进行个性化的学习和发展。因此，每一个受教育者都应该平等地享有各项教育自由。我们不能为了某一些人的教育自由而限定另一些人的教育自由，这是教育公平的基本条件，也是基本的人权。教育作为人的基本权利，每个人应该享有与别人同样多的教育自由。平等地享有自由，意味着首先要免除教育中的一切特权，限制“裙带关系与任人唯亲”，限制权钱交易，建立保障自由的制度，做到制度面前人人平等。诚如哈耶克所言：“争取自由斗争的伟大目标，始终是法律面前人人平等。”① 如果不能平等地分配教育自由，就不能使受教育者形成自尊以及相互尊重的积极心态，也影响其对社会的安全感和信任感，从而破坏公共生活的秩序与和谐。其次，平等的教育自由还意味着一种实质意义上的平等。按照罗尔斯的说法，尽管贫穷、无知和缺乏一般意义上的手段，不是自由本身，而是自由的价值。但实际上，缺少实现自由价值的手段，必然影响着自由的获得，使自由出现实质性的不平等。所以，平等地获得教育自由，必须要通过适当的补偿（主要是教育资源），使条件不利者获取自由的手段从而得到某种改善，从而使他们在自由竞争中处于一种实质性平等。按照森等人的说法，个人的自由是指个人的实质自由，不仅仅是缺乏外在干预的状态，而且同时意味着以某种方式行为的权力或能力。因此，教育自由本身就意味着进行教育自由活动的能力和权力，这就意味着每一个人都能够真正平等地享有教育资源，以达到一种实质的教育自由，实现实质意义上的平等。

（四）宽容原则

在一个自由、民主的社会，每个人的价值都应该得到合理的尊重。因此，当我们面对争论和冲突时，宽容是和平解决的唯一方式。一个民主、自由的社会，必然是以对他人的言论和行为自由的尊重为前提的。没有宽容，争论就会升级为谩骂、人身攻击，甚至可能导致暴力、流血冲突。没

---

① ［英］F. A. 哈耶克：《自由秩序原理》（上），邓正来译，生活·读书·新知三联书店1997年版，第20页。

有宽容，公共讨论将失去确保畅所欲言的伦理资源，从而失去实际可行的空间，这样的社会不能被称为公民社会。因而，宽容既是一种必要的美德，也是一种必要的责任。当代社会存在着文化多元主义的发展趋势，面对种族、性别、宗教、弱势群体等群体权利的诉求，宽容是处于价值多元情境中的公民应采取的明智的、通达的态度。没有了宽容，多元将难以维系。宽容是一种在多元差异中寻求共存的基本方式和态度。

宽容的主体既可能是个人，也可能是国家或社会。一般而言，宽容主要是指个体的人。积极意义上的宽容是对他人自主判断和选择的承认，消极意义上的宽容则是对异己言论、行为、生活方式等的不干涉。《大英百科全书》对“tolerance”的解释是：“容许别人有行动和判断的自由，对不同于自己或传统观点的见解的耐心公正的容忍。”[①]《布莱克维尔政治学百科全书》的解释是：“一个人虽然具有必要的权力和知识，但是对自己不赞成的行为也不进行阻止、妨碍或干涉的审慎选择。”[②] 从上述定义可知，宽容的前提是存在着差异。如果不存在言论、行为等方面的差异，宽容者与被宽容者之间既不会产生道德意义上的不赞成，也不会产生情感上的不喜欢，也就无须宽容。而且，宽容总是属于强者的，弱者的“宽容”只能是在力所不及情形下的无奈选择。反感且有能力去干涉却没有干涉是构成宽容的要件。作为一种美德或责任，“宽容要求我们接受人们，甚至当我们很不赞同他们的做法时也要允许他们实践。因而，宽容包含着一种中间态度，此种态度处于完全接受与坚决反对之间。”[③] 这种中间的态度恰好为维持公共空间的和谐与稳定提供了可能，但宽容的前提是宽容者能够做到将他人视为与自己一样的自由和平等的人。

当然，宽容不是一种无原则的退让和放弃，它是有底线的，在不触及底线时，宽容是必要的。自由的限度就是宽容的底线。所以，对不当行为或过错行为的容忍和退让应以该行为不伤害他人自由及公共的利益为前提。只有当自由受到更大的伤害时，宽容才是被限制的。也就是说，对伤

① ［美］亨德里克·房龙：《宽容》，迮卫等译，生活·读书·新知三联书店1985年版，第13页。

② ［英］戴维·米勒等：《布莱克维尔政治学百科全书》，邓正来等译，中国政法大学出版社2002年版，第766页。

③ ［美］斯坎伦：《宽容之难》，杨伟清等译，人民出版社2008年版，第210页。

害他人自由，造成更大的不自由的行为，是不能宽容的。宽容是对个人权利的认可，是对自由的尊重，是对多元价值的包容。界限内的宽容是一种美德，它不仅体现了个人的自由，还使自由平等的公民（具有互不相同的价值观念）和谐相处。如果宽容超出自由的界限而演变为对恶的纵容，那么这种宽容是变了质的，并将使宽容本身受到极大的威胁。

教育自由中的宽容，首先体现为教师对学生个性化的学习方式、思维方式和独特的思想等予以宽容。学生的学习方式、思维方式、思想观念等都可能不符合教育者的思路，不符合“标准答案”，甚至有些稀奇古怪，不合常理，但在一定意义上，这恰恰可能是学生创造性的体现，是创造的标志。因此，无论是大学还是中小学，教师都应予以学生最大可能的宽容，为学生的创造性思维提供发展的空间。就学生教育自由的实践而言，最大的问题之一便是学生被机械化的学习生活和标准答案所控制，丧失了学习的自由、思想表达的自由及个性的自由等。把自由还给学生，需要教育者的宽容，包括对错误和不合常规的宽容。其次，教育自由中的宽容还体现为对教育者的宽容，尤其要对大学教师的研究自由和教学自由予以最大限度和最大可能性的宽容。正如布鲁贝克所言：“大学应该是新的、有争议的、非正统的异端邪说的论坛。”[①] 这些异端邪说往往是学术创新的契机。虽然，教育自由中的宽容主要是教育者对受教育者的宽容，但是教育者本身也有自由的需求，学校应将思想表达之自由、教学自由、研究自由、专业发展的自由、个性自由等自由权利还给教师。最后，教育中的宽容还体现为国家或社会对学校的宽容，以满足学校个性化和特色发展的需要。目前，就学校的教育自由实践而言，最大的障碍就是国家、社会对其管理太死，导致了“千校一面”，这必然导致“千生一面”“千师一面”。对学校的个性化和特色发展予以宽容，既是教师教育自由的需要，也是学生教育自由的需要。

（五）限制原则

正如“你的拳头运动的自由受到邻人鼻子位置的限制”[②]，任何自由

① ［美］布鲁贝克：《高等教育哲学》，王承绪等译，浙江教育出版社 1998 年版，第 53 页。

② ［英］卡尔·波普尔：《开放社会及其敌人》（第 1 卷），郑一明等译，中国社会科学出版社 1999 年版，第 213 页。

都会受到一定的限制，自由并不允许人为所欲为，想干什么就干什么，因为一个人在追求自己的自由时往往会影响他人同样的追求。如果人人要求完全的自由只能导致人人都不得自由。“既然公正要求所有个体必须有资格拥有最低限度的自由，所有其他个体都必须被禁止——如果必要，可以用强制——剥夺任何人拥有这种自由，的确，所有法律的功能正是要防止这种冲突。”① 自由并不是免除一切限制，而是进行合理限制，以消除一些无理的要求。“因为我们不可能处于绝对自由状态，因此必须放弃我们的一些自由以保持另外一些。”② 如果一个人的思想与表达自由过了头，对他人进行侮辱以及毁谤；又如一个人的学习自由无限放大以致占用别人的学习资源，那么教育自由本身也将受到损害。所以自由是有限度的，若超过这个度则可能走向自由的反面。就个人自由与他人自由而言，“自由永远必须明确自己与他人自由的界限。没有这样的约束，自由权就成了放纵权；没有对自由的恰当约束，社会将堕入无政府状态。”③ 而且，就个人对自身自由的享受而言，若没有适当的约束，我们也难以享受到属于我们的自由。“实际上，哪里没有约束，哪里就会有放纵的疯狂，灵魂也就不再是自由的，它为此会受到损伤，从无限中分离出来，尝到犯罪的痛苦。每当灵魂屈从于诱惑而远离法则的束缚时，就像从母亲臂腕中夺走的孩子，他大声呼喊：‘别打我！’然后恳求说：‘噢，以法则束缚我吧。束缚我的身心。请紧紧地抱住我，让我在法则的拥抱中与欢乐结为一体，保护我，通过坚实的拥抱，以摆脱致命的罪恶的疏忽。’”④ 所以限制原则是教育自由的必要原则，必须限制一个人的教育自由以便保存另一个人的教育自由。

但是，过度的限制又会侵犯一个人的正当自由。而且，我们提倡教育自由也是为了反对教育中的无理干涉和压制。因此，“自由只有为了自由

① ［英］以赛亚·伯林：《自由论》，胡传胜译，译林出版社2003年版，第195页。

② 同上书，第194页。

③ ［德］柯武刚、史漫飞：《制度经济学：社会秩序与公共政策》，韩朝华译，商务印书馆2000年版，第144页。

④ ［印］罗宾德拉纳特·泰戈尔：《人生的亲证》，宫静译，商务印书馆2007年版，第76页。

本身才能被限制”[①]，或者说，“自由只能为了自由的缘故才能被限制”[②]。那么，什么样的限制才是正当、合法的？或者说，什么样限制既可以给个人提供最大限度的自由，同时又不损害个人自由？密尔认为：

> 人类之所以有理有权可以个别地或者集体地对其中任何分子的行动自由进行干涉，唯一的目的只是自我防卫（self - protection）。这就是说，对于文明群体中的任一成员，所以能够施用一种权力以反其意志而不失为正当，唯一的目的只是要防止对他人的危害。若说为了那人自己的好处，不论是物质上的或者是精神上的好处，那不成为充足的理由。……任何人的行为，只有涉及他人的那部分才须对社会负责。在仅只涉及本人的那部分，他的独立性在权利上则是绝对的。对于本人自己，对于他自己的身和心，个人乃是最高主权者。[③]

这段话成为自由主义关于自由界限的经典论述，可以简单概括为“伤害”原则或“不损害”原则。[④] 密尔认为，除非个人的行为在未经同意的情况下伤害了他人，国家与社会不得对其进行干预。基于此，他明确地将干预个人自由的行为限定在消极地防止危害他人的行动上。也就是说，一个集体或个人只有基于自我保护的目的才有权阻止另一人按照其意

---

① ［美］约翰·罗尔斯：《正义论》，何怀宏等译，中国社会科学出版社 1988 年版，第 242、249 页。

② ［美］约翰·罗尔斯：《正义论》，何怀宏等译，中国社会科学出版社 1988 年版，第 249 页。

③ ［英］约翰·密尔：《论自由》，许宝骙译，商务印书馆 1998 年版，第 10—11 页。

④ 对于密尔的伤害原则或不损害原则，戴维林（Lord Devlin）所代表的保守主义者提出了异议：(1) 尽管有些言论或生活方式并没有伤害到具体的个人，但却伤害了整个社会。如，尽管饮酒不伤害他人，但如果一个社会的多数人每天在醉生梦死的状态下生活，社会就会受到伤害。又如吸毒问题，从密尔的原则出发，吸毒对他人的危害甚至低于抽烟对他人的危害，特别是二手烟的危害，但是今天的大多数自由主义者都不会反对政府禁毒。(2) 密尔对“伤害”的理解过分狭窄。有些伤害可能是物质的、肉体的，有些伤害是精神的、情感的、道德的。如同性恋的行为尽管并未对他人构成物质性的伤害，但假如一座房屋里居住了这样的人，对其他有道德良知的人无疑是一种侮辱与亵渎。鉴于此，戴维林提出了一个至今为许多保守主义者接受的观点：社会有权将自己通行的价值观、道德准则强加给社会的成员。（李强：《自由主义》，吉林出版集团有限责任公司 2007 年版，第 188 页。）

志去行动。任何个人或集体都不能为了某人自己的利益、自身的好处而强迫某人去做违背他此时此刻意志的事情。当个人的行为没有对其他人造成损害时，他就完全是自由的。这一政治自由和权利的限度原则在我国的根本大法中得到了体现。《中华人民共和国宪法》规定：中华人民共和国公民在行使自由和权利的时候，不得损害国家的、社会的、集体的利益和其他公民的合法的自由和权利。这是处理公民之间矛盾冲突的基本原则，其蕴含的不损害思想也同样适合于教育自由。教育自由中的不损害至少包括以下几方面：

第一，不损害他人的教育自由，这是教育自由应遵循的最基本的原则之一。"个人的自由必须制约在这样一个界限上，就是必须不使自己成为他人的妨碍"。[①] 个人的行为只要不涉及他人的利害，个人就有完全的行动自由，不必向社会负责；只有当个人的行为危害到他人利益时，个人才应当接受社会或法律的惩罚。因此，不论是学校、教师，还是儿童，只要其行为没有妨碍到别人的自由，就应该给予其应有的自由。

第二，不损害公共利益。罗尔斯在谈到公共利益时指出："任何人都同意，良心自由要因公共秩序和安全的共同利益而受到限制。"[②] "在公共秩序中按国家利益的标准（不管多么不精确）来限制良心自由，是一种来自共同利益即平等的公民代表的利益原则的限制。政府维护公共秩序和安全的权利是一种授人予权的利益和实行他所理解的义务的必要条件，它就必须有这种权利。"[③] 也就是说"只有当一个主张不如此限制就将破坏政府应当维持的公共秩序的合理期望存在时，良心自由才应当受到限制"[④]。教育中的言论自由、思想自由等也要以国家法律为界限，不能损害国家形象和社会公共利益。对于教育自由而言，还要遵守教育公共秩序，如课堂教学秩序、学校管理秩序等。公共秩序是公共意志的反映，违反公共秩序不仅妨碍他人的教育自由，也妨害自己教育自由的实现。[⑤]

① ［英］约翰·密尔：《论自由》，许宝骙译，商务印书馆 1998 年版，第 66 页。

② ［美］约翰·罗尔斯：《正义论》，何怀宏等译，中国社会科学出版社 1988 年版，第 210 页。

③ 同上书，第 211 页。

④ 同上。

⑤ 冯建军：《教育自由及其原则：政治哲学的视角》，《教育学术月刊》2008 年第 6 期。

第四章　学生的教育自由

自文艺复兴以来，学生的教育自由问题逐渐得到重视。在现代社会，培养自由主体的意义不言而喻。然而，教育作为一种培养人的社会活动，既可以培养自由的主体，也可能按照统治阶层的需要，培养奴化、驯服的主体。教育对学生教育自由的漠视必然导致对学生的压制和奴役，确立学生教育自由的理念成为改善学生教育自由现状的首要前提。

一　学生教育自由的历史探源

（一）西方学生教育自由的历史

在西方，文艺复兴之前，“儿童”一直被“忽视”，其存在的价值和权利没有得到承认，儿童没有独立的人格，是成人的附庸。古罗马第一部成文法《十二铜表法》第4条“父权法”就规定：子女乃父母的私有财产，父亲对子女（包括除婚姻外的成年儿女）有生杀予夺之权。在中世纪的漫长历史中，基督教在意识形态领域占据绝对的统治地位。儿童是带着“原罪”来到世上的人，教育儿童就是帮助儿童赎罪。在中世纪的教会学校中，儿童被当作成人对待，学校规定了非常刻板的学习作息时间。儿童被抑制了嬉笑欢闹、游戏娱乐的愿望。如果违反了学校的规定，就要受到惩罚甚至体罚。因此，在文艺复兴之前，不存在儿童教育自由的问题。所谓古代人积极参与的自由也并不适用于儿童，而且，也只有很少一部分儿童能够有受教育的权利和机会。

文艺复兴时期，随着儿童权利观念的兴起，国家开始干预教育，越来越多的儿童开始接受教育，儿童的自由也在这一时期开始得到关注。如伊拉斯谟（D. Erasmus）和拉伯雷（F. Rabelais）等都主张以儿童的自然天性为基础，革新教育内容与教学方法，不能以成人的标准去判断儿童。伊拉斯谟说："用恐怖的手段来使他弃恶，乃是一种奴性的做法。'儿童'这个词在拉丁语中意味着'自由者'（liberi）。因此，自由的教育是符合儿童的。……自然，用教育手段把本来是自由的儿童奴隶化，是何等的荒谬！"① 洛克认为，儿童的天性就像一块白板，有巨大的可塑性。因此，儿童有适合他们年龄的自由和自主，不要用不必要的约束去限制他们，不能阻碍孩子的特点，不能反对他们游戏，他们享有一切自由。

启蒙运动时期，卢梭发现了"儿童"的纯真和自然，并对之进行了高度的赞扬和讴歌。在他看来，人的自然本性是自由的，只是由于不良的社会环境造成了后天的不自由。他既不认为儿童生来是有原罪的，也不认为儿童的心灵生来就是白板一块，而是认为儿童天生就有自我生长的能力，而且有自己生长的天然顺序，好的教育就是要顺应自然，顺应人的天性，"如果你想永远按照正确的道路前进，你就要始终遵循大自然的指导"②。卢梭说：

> 大自然希望儿童在成人以前就要像儿童的样子。如果我们打乱了这个秩序，我们就会造成一些早熟的果实，它们既不丰满也不甜美，而且很快就会腐烂；
>
> 我们将造成一些年纪轻轻的博士和老态龙钟的儿童。儿童是有他特有的看法、想法和感情的；如果想用我们的看法、想法和情感去代替他们的看法、想法和情感，那简直是最愚蠢的事情；我宁愿让一个孩子到十岁的时候长得身高五尺而不愿他有什么判断的能力。③

因此，卢梭反复强调"要按照你的学生的年龄去对待他"④。因为，儿童生理和心理的发展有其自身的规律。依据卢梭的分析，人的教育有三种来源：自然、人和事物。"我们的才能和器官的内在发展，是自然的教

① ［日］筑波大学教育学研究会：《现代教育学基础》，钟启泉译，上海教育出版社1986年版，第25页。

② ［法］卢梭：《爱弥儿》（下），李平沤译，商务印书馆1978年版，第536页。

③ ［法］卢梭：《爱弥儿》（上），李平沤译，商务印书馆1978年版，第91页。

④ 同上书，第5、91—92页。

育；别人教我们如何利用这种发展，是人的教育；我们对影响我们的事物获得良好的经验，是事物的教育。”[①] 卢梭认为：“我们每一个人都是由这三种教师培养起来的”[②]。一个学生，如果在他身上三种教育是互相冲突的，那么他受的教育就是不好的，天性就不能得到充分的发展；相反，三种教育协调一致，趋向同一目标，他就受到了良好的教育，天性就会完美发展，不仅能够达到自己的目的，而且生活得很有意义。如何协调三种教育？卢梭认为，必须使人的教育和事物的教育顺应自然的教育。因为，“在这三种教育中，自然的教育完全是不能由我们决定的，事物的教育只是在有些方面由我们决定，只有人的教育才是我们能够真正加以控制的”[③]。所以，人的教育和事物的教育必须服从自然的教育。因此，儿童发展的方向是由他们的天性而定，不是由作为教育者的成人来确定。正所谓“不是人培养出来的人，他是大自然培养出来的人”[④]。

卢梭的这一“自然教育”思想具有革命性的意义。依照传统的教育观点，教育是要按照社会的和成人的要求，用社会文化造就符合一定规格的人。卢梭对这种教育观进行了猛烈的抨击，并确立了以儿童为中心的教育观。这在西方的教育思想史上具有划时代的意义，被认为是新教育和传统教育的分水岭。杜威曾不无中肯地评价说：

> 卢梭所说的和所做的一样，有许多是傻的。但是，他的关于教育根据受教育者的能力和根据研究儿童的需要以便发现什么是天赋的能力的主张，听起来是现代一切为教育进步所做的努力的基调。他的意思是，教育不是外部强加给儿童和年轻人某些东西，而是人类天赋能力的生长。从卢梭那时以来教育改革家们所最强调的种种主张，都源于这个概念。[⑤]

---

① ［法］卢梭：《爱弥儿》（上），李平沤译，商务印书馆1978年版，第7、91—92页。

② 同上。

③ 同上。

④ 同上书，第7页。

⑤ ［美］杜威：《学校与社会·明日之学校》，赵祥麟译，人民教育出版社1994年版，第221页。

确实如此，后来的教育改革家无论是否意识到卢梭对他的影响，但事实上，他们都不可能绕过卢梭。“可以说，卢梭建立了现代儿童观的“宗”，后人无法在这种宗上有根本的超越，只能是对他的观点的修补而已。”[①] 19 世纪末 20 世纪初欧洲“新教育”运动的思想家的主要理论渊源就来自于卢梭。

“新教育”运动最早始于英国，后来又扩展到欧洲其他各国，主要代表人物有被称为“新教育之父”的雷迪（C. Reddie）、巴德利（J. H. Badley）、怀特海（A. N. Whitehead）、沛西·能、爱伦·凯（E. Key）等，他们分别在自己的国家开办“新学校”，进行教育革新实验。“新教育”思想反对学校在精神上对儿童的压抑，反对知识的灌输，禁止体罚，强调儿童个人的自由和发展以及学校教育同社会生活的联系，认为学校应该为儿童个人的自由和发展完善创造条件。

沛西·能是“新教育”思想的集大成者。他明确指出，以培养个性为目的的教育，是唯一“适应自然”的教育。“一切教育努力的根本目的应该是帮助男女儿童尽其所能达到最高的个人发展。[②]”在沛西·能看来，个性是生活的理想，它是共同生活的范围内按照它自己的道路充分发展的自由。个性的自由发展应该是评价一切教育计划的准则和制定一切教育政策的唯一依据。

受欧洲“新教育”运动的影响，在 20 世纪前半期形成了以蒙台梭利（M. Montessori）、罗素、尼尔（A. S. Neill）等为主要代表的“自由教育”思想。[③]

蒙台梭利认为，在儿童身上“存在着一种神秘的力量，它给新生儿孤弱的躯体一种活力，使他能够生长，教他说话，进而使他完善”[④]。正是这种强烈的、天赋的发展潜力规定着个体的发展标准。跟这种生命力相比，“环境无疑在生命现象中是第二位的因素。它能改变，包括助长和抑

① 仲建维：《学生权利论》，华东师范大学出版社 2008 年版，第 28 页。

② ［英］沛西·能：《教育原理》，王承绪等译，人民教育出版社 2004 年版，第 107 页。

③ 从广泛的角度来看，蒙台梭利、罗素、尼尔等也可以归属于“新教育”思想的范畴，但是，在反对传统学校教育这个共同的前提下，这些教育家的教育思想又具有鲜明的特点而自成一家。所以，本文对他们分而述之。

④ ［意］蒙台梭利：《童年的秘密》，马荣根译，人民教育出版社 1990 年版，第 30 页。

制，但从来不能创造”[①]。所以，应该给予幼儿自由活动的权利，因为“除非在自由的气氛中，儿童既不可能发展自己，也不可能受到有益的研究。”[②] 在自由活动中，幼儿能体验到自己的力量，从而极大地激励自己的发展。在其“儿童之家”里，所有的一切都有利于幼儿的自由活动，有利于幼儿的发展。幼儿可以根据自己的倾向和需要自由地选择教具和物体，根据自己的兴趣和爱好自由地选择各种学习活动。她强调说，“科学教育学的基本原理将是学生的自由：允许个人的发展和儿童天性的自由表现。”[③]

为了培养理想的人，罗素主张实施自由的教育，提倡给予儿童更多的自由，使他们自由自在地、无拘无束地成长，使他们能根据自己的天性充分地发展。因此，在他创办的皮肯希尔学校里，虽然规定每天上午9时到11时为上课时间，但儿童可以自由地选择自己最感兴趣的工作，如手工、绘画、自然研究等，下午则是儿童的自由活动时间，学校还安排了各种合作交往的活动和自由讨论，鼓励儿童参加。罗素坚决反对在教育中采用压制的方法，他强调说：“压制是一个坏方法，因为它从未真正成功过，而且因为它会造成心理失常。”[④] 对于传统学校中的体罚，罗素也予以了坚决的反对，他强调说：“体罚，我绝不相信是正当的。轻微形式的体罚虽不致为害，但也没好处；至于严厉形式的体罚，我确信是会产生残忍与暴虐的。[⑤]”

尼尔是其中最为激进的一位。他认为，现存的普通学校是“完全错误的”，因为它们是建立在“成人关于儿童应该成为什么样的人以及儿童应该怎样学习的观念上的”[⑥]，“以禁止为能事”的教育，学校和家庭都是如此。在尼尔看来，“自由”的教育意味着反对一切公开或暗中的控制和操纵，意味着“放弃权威，让儿童随意去做，不摆布他，不教他东西，

① 赵祥麟：《外国教育家评传》（第2卷），上海教育出版社1992年版，第561页。

② ［意］蒙台梭利：《蒙台梭利幼儿教育科学方法》前言，任代文译，人民教育出版社1993年版，第12页。

③ 同上书，第28页。

④ 王承绪等：《西方现代教育论著选》，人民教育出版社2001年版，第111页。

⑤ ［英］罗素：《罗素论教育》，柳其玮译，商务印书馆1931年版，第115页。

⑥ A. S. Neill, *Summerhill: A Radical Approch to Child Rearing*, New York: Hart Publishing Company, 1960, p. 4.

不对他说教，不提高他的水平，不强迫他去做任何事情”[①]。因为，自由是每个人生而具有的权利，而且也“没有人可以完善得能够有资格将自己的理想施与他人”[②]。同时，“自由”的教育还意味着摆脱道德说教。尼尔说：“我认为是道德教育使孩子们变坏了。我发现当我彻底抛弃孩子们所接受的道德说教时，坏孩子倒自动变成了好孩子”[③]，所以，“在我们的学校里，我们将没有训斥，没有惩罚，没有说教”[④]。在倡导自由的同时，尼尔也在自由与放纵之间作了区分。他认为，虽然“自由”意味着摆脱道德说教，但并不是为所欲为。在回答如何对付一个往大钢琴上砸钉子的孩子时，尼尔说道：“只要你把孩子从钢琴前拉走，不要让他因钉钉子的行为而有良心负担就可以了。”[⑤] 换言之，一个人可以阻止另一个人做某事，但不应把他变成一种道德惩罚。为实践这种自由思想，尼尔创办了萨默希尔学校，并取得了成功。

美国进步主义教育运动的代表人物杜威在对教育本质分析的基础上，提出了“儿童中心论”。杜威提出“教育即生活”、“教育即生长”的教育本质观。他强调说：“生活就是发展；不断发展，不断生长，就是生活”[⑥]。“没有教育即不能生活。所以我们可以说，教育即生活。”[⑦] 在他看来，教育过程就是一个经验不断改组、不断改造和不断转化的过程，在它自身以外毫无目的。教育就是儿童现在生活的过程，而不是将来生活的预备。因此，教育应该给儿童提供保证生长或充分生活的条件。杜威强调说，在学校生活中，“儿童是起点，是中心，而且是目的”[⑧]，学校生活组织应该以儿童为中心，一切必要的教育措施应该为了促进儿童的生长。然而，传统学校的“重心在儿童之外，在教师，在教科书以及在其他你所

---

① A. S. Neill, *Summerhill: A Radical Approch to Child Rearing*, New York: Hart Publishing Company, 1960, p. 297.

② A. S. Neill, *The Problem Child*, New york: Robet M. McBride, 1927, p. 211、231 – 232.

③ Ibid., p. 18、114.

④ Ibid., p. 114.

⑤ Ibid., p. 18、100.

⑥ ［美］杜威：《民主主义与教育》，王承绪译，人民教育出版社1990年版，第54页。

⑦ 同上。

⑧ 赵祥麟等：《杜威教育论著选》，华东师范大学出版社1981年版，第79页。

高兴的任何地方，唯独不在儿童自己即时的本能活动之中”①。由于传统教育把教育的“重心”放在教师和教科书上面，而不是放在儿童的本能和活动中，于是，儿童只能受到“训练”、“指导和控制”以及“残暴的专制压制”。去除这种弊病的出路是使教育实现重心的转移。对此，杜威曾这样说：“儿童变成了太阳，而教育的一切措施则围绕着他们转动；儿童是中心，教育措施便围绕着他们而组织起来。”②

伴随着儿童权利观念的兴起，自20世纪60年代起，在西方国家开始了一场学生争取自身权利的运动，如美国大学校园学生运动、被称为“五月风暴”的法国学生运动等。在这些运动中，学生为维护自身的权益而提出了诸多要求，所提的种种要求体现了学生权利的成人化倾向，即要求学校教育制度不再把学生当作未成年人来看待，而是应视学生为成年人，他们应该拥有成年人享有的生活方式和基本自由权利，包括性自由、言论自由和结社自由等政治自由，这些权利无不体现了这场学生运动的政治性格。从深层次来讲，这场席卷欧美的学生运动表现出了学生自身对依据现代工具理性设计的学校制度的非人性化特征的强烈不满和反抗，从而借助于激进的学生运动来表达对个性自由和个人权益的呼唤和以主人的姿态参与、控制社会的强烈愿望。20世纪60年代后的学生自由及其权利观念的发展多得益于这场学生运动。相比较而言，由于各方面原因，中小学生无法通过参与这场运动谋取自身的权益，尤其是政治性的基本权利。但是，就目前的现状来看，权利观念的发展已经突破了中小学生的年龄局限，如《儿童权利公约》等规定，按照儿童权益最大化的原则，所有儿童享有所有人权规定的全部权利，而且还享有一些成年人所不具有的特殊权益。

（二）我国学生教育自由的历史

就我国的儿童观念发展史来看，学生自由的理念则在晚清时期才开始萌芽。

西方的童年概念借助于人权思想的推动而得以发展，但在我国漫长的

---

① 赵祥麟等：《杜威教育论著选》，华东师范大学出版社1981年版，第31页。

② 同上书，第32页。

封建社会中，由于“父为子纲”的伦理规范，儿童被淹没在成人的巨大阴影之下，从根本上失去了对自己的支配权。他们需要在思想上顺从父母的想法，在行为上顺从父母的指引，这就从根本上瓦解了儿童的主体性，自然就谈不上有独立自主的人格养成，也谈不上行为和思想的自由，更谈不上独特精神生命的存在。“父为子纲”的伦理关系推导到我国封建社会的传统教育中体现为“师为生纲”，“师徒如父子”便是这种“师为生纲”伦理的最好佐证。“师为生纲”、“四书五经之经典为纲”与教师的基本教学工具（戒尺）相互配合构成了我国私塾教育之教师手拿戒尺摇头晃脑读经、学生端坐摇头晃脑背经的教育教学景观。①

上述状况一直持续到19世纪中叶。此时，一些文化先贤开始关注儿童的发展与国家民族发展之间的关系，并将国家未来之希望寄托在少年儿童身上。如，康有为在《大同书》中就指出，儿童是整个社会的儿童，不再是某个家庭或某个人的子女，对儿童的抚养和教育均由社会承担。在此基础上，他设计了一个前后衔接的完整的教育体系，并将幼儿的保育目标设定为：“养儿体，乐儿魂，开儿知识，”在小学、中学和大学院，则要求满足儿童的好动性等天性，让学生“各从其志”，自由选择专业等，这无不体现了对儿童及其权利的尊重。梁启超在戊戌政变后觉察到“民智”与“民权”之间并不能画等号，教育可以培养一个人的“权利”意识，也可以培养一个人的奴隶性。因此，他大声疾呼“少年强则国强，少年独立则国独立，少年自由则国自由”，并指出国民教育的宗旨之一就在于务使受教育者能“备有资格，享有人权”，具有自动、自主、自治、自立的品质，融现代性、民族性和开放性于一体。这些思想在清末的学制改革中得到了一定程度的体现。如，要求尊重儿童的个性，禁止对13岁以上儿童施行重于罚站之类的体罚等。

随着西学东渐，西方的人权和权利观念开始传入我国，一些知识分子也开始将权利的概念引用到儿童的身上，大力批判“父为子纲”这种传统的成人和儿童的伦理关系，并高举“儿童本位”的旗帜，对传统的成人与儿童之间的支配关系和主仆关系以及教育对儿童天性的摧残作了较为深刻的批判。这种转变中的儿童观不断地孕育发展，直到“五四”运动

① 仲建维：《学生权利论》，华东师范大学出版社2008年版，第31页。

时期得到了真正的全面的提升。在这一时期，一些先进的知识分子如鲁迅、周作人、胡适、陈鹤琴、蔡元培、郭沫若、叶圣陶、陶行知等开始对儿童的命运、生活、儿童的幸福与权利、儿童与国家、儿童与社会、儿童教育等一系列有关问题进行了相对公开全面与广泛深入的讨论。如，鲁迅曾指出，为改变错误的儿童观，即“父对于子，有绝对的权力和权威；若是老子说话，当然无所不可，儿子有话，却在未说之前早已错了”，必须转变观念，确立“一切设施，都应以孩子为本位”的“儿童本位”观。[①] 周作人也曾指出，“儿童在生理心理上，虽然和大人有点不同，但他仍是完全的个人，有他自己的内外两面的生活。儿童期的二十岁的生活，一面固然是成人生活的预备，但一面也自有独立的意义与价值。”[②] 在这里，周作人不仅把儿童当“人”看，更把他们当“儿童”看，对儿童生理与心理上的独立意义与价值的发现与肯定，在中国具有划时代的意义。[③] 陈鹤琴也强调“儿童不是（成人），儿童的心理与成人的心理不同，儿童时期不仅作为成人之预备，亦具他的本身的价值，我们应当尊敬儿童的人格，爱护他的浪漫天真。”[④] 此外，杜威的“儿童中心论”也在此时传入中国，并对我国的儿童自由观念的发展产生了积极的影响。更为重要的是，在这一时期，儿童问题已经成为社会舆论关注的热点话题、进步社团开展活动的主题，专门的儿童报纸杂志如《童报》《少年报》《儿童世界》及儿童书籍的翻译和创作等也开始崛起。[⑤]

经过“五四”前后新思想、新观念的洗礼以及新式教育的熏陶，学生自身的权利意识也开始觉醒。他们反对旧传统、旧礼教、旧道德、旧文化，积极地追求个性的解放，追求民主制度和争取言论自由等自由权。到了 20 世纪 30 年代之后，“儿童本位”的儿童观由于政治社会局势的动荡和阶级的对立开始发生转向，此时如何让儿童关注现实生活，关注政治和社会成为重点。与此同时，原先特别关注儿童的一些文学家、思想家、学者等也开始将关注点转移到国家、社会和群体的改造和进步等问题上来，

① 鲁迅：《我们现在怎样做父亲》，《新青年》1919 年第 6 卷第 5 号。

② 周作人：《儿童的文学》，《新青年》1920 年第 8 卷第 4 号。

③ 钱理群：《周作人传》，北京十月文艺出版社 2005 年版，第 195 页。

④ 陈鹤琴：《儿童心理及教育儿童之方法》，《新教育》1921 年第 3 卷第 2 号。

⑤ 王浩：《新文化运动中“儿童的发现”》，中国社会科学出版社 2012 年版，第 59—81 页。

“儿童”已逐渐淡出了他们的视野，但是陶行知、陈鹤琴等依然关切儿童的发展。但正如有研究者指出的那样，由于在新文化运动时期看待儿童语探讨中国儿童问题时，先进知识分子“几乎一律是西方理念的眼睛”① 来思考与讨论问题，“使用的诠释西方理念的参照系”②，思想理论的资源几乎全部来自西方，没有深入挖掘中国传统文化中的儿童教育思想，因此，在这一时期，并没有使得中国当时的儿童观念实现现代意义上的完全转变，也没有使儿童真正赢得成人世界的理解和尊重。③ 正如周作人所言，“至少儿童总尚未发现，而且也还未曾从西洋学了过来。”④

新中国成立后，我国的儿童观才真正发生了新的转变。1991 年，我国政府宣布加入《儿童权利公约》，至此，首度从立法上确立了儿童作为权利主体的地位，儿童的自由及其教育自由问题引起了人们更多的关注。

二　学生教育自由的正当性

（一）学生：教育自由的主体之一

学生教育自由的历史似乎已经向人们证明，学生应当享有教育自由。然而，这并没有消除人们对学生是否可以成为自由主体的疑问。一些人认为，自由不可推及儿童。一是因为自由只针对那些具有完全理性能力的公民。如，在密尔看来，理性是人的一种独立判断的能力，它会引导人们去进行自己的思考，去做自己所愿意做的事情，去作出自己的决定，这些都是人独立与自主的体现。只有当一个人能够运用自己理性的时候，他才能是成熟的，他才有享有自由的可能或者才能够获得自由。所以，当密尔在阐述了他的社会自由原则后，给出了一个附加条件：“或许无须多加说明，这条教义只适用于能力已达成熟的人类”⑤。这也就是说，由于儿童

① 刘再复：《共鉴五四》，福建教育出版社 2010 年版，第 61 页。

② 同上。

③ 王浩：《新文化运动中“儿童的发现”》，中国社会科学出版社 2012 年版，第 120 页；聂文晶：《五四时期“儿童的发现”与国民性改造思潮》，《西南民族大学学报》2011 年第 11 期。

④ 周作人：《长之文学论文集跋》，王泉根：《周作人与儿童文学》，浙江少年儿童出版社 1985 年版，第 36 页。

⑤ ［英］约翰·密尔：《论自由》，许宝骙译，商务印书馆 1998 年版，第 11 页。

不具备完全的理性能力，所以他们不能作为自由的主体而存在。二是因为自由的行动者必须是具有责任能力的人，因为健全的自由必须为自己的选择承担责任。如果一个人不具有承担责任的能力，这个人就不能成为自由的主体。简言之，由于儿童尚不具有完全的责任能力，因而并不能够在教育中成为自由的主体。总之，由于儿童不具有成熟的理性能力和完全的责任能力，所以儿童不能够成为教育自由的主体。应当说这样的质疑有一定的道理。但是，这并不能成为儿童不能成为教育自由主体的理由。

首先，我们并不是在讨论有关公民在政治生活或社会生活中的自由问题，而是在讨论有关儿童在教育生活中的自由问题。理性能力和责任能力的缺乏，能够表明儿童不具有公民所应当拥有的自由，却不能够用来证明儿童在教育生活中不应当拥有自由。就政治生活和社会生活的自由而论，不同时代思想家们的主张已经得到充分的辩护。对此我们并不存有任何疑问。但以此来反对儿童的教育自由便显得不够充分。

其次，如果自由是以理性能力和责任能力为条件，那么当思想家们提到“理性的未成熟状态”或“不具有完全责任能力”时，他们也并没有否认儿童不具有理性能力和责任能力。如，当亚里士多德说“奴隶根本不具有审辨能力，妇女具有，但无权威，儿童具有，但不成熟”① 时，这种观点实际上已经承认了儿童具有一定的理性能力。只是相对于成人公民而言，这些能力尚不完全而已。因此，在教育中，也应当给予儿童以适合于他的理性能力和责任能力的自由。

再次，儿童生活在一个类似于但却不同于成人所生活的教育生活之中，这样的教育生活为儿童的健康成长提供了远远超过了社会所能够提供的有利环境。儿童的理性能力和责任能力正是在一个为人们所控制和设计的教育环境中得到锻炼和提高。作为自由主体的存在者，儿童通过自由的实践而获得运用自由的能力，从而在他们走向成人生活和公民生活中，承担起作为人和作为公民而应尽的社会责任和义务。自由的能力只有在自由的实践中才能够得到培养。②

① ［古希腊］亚里士多德：《政治学》，颜一等译，中国人民大学出版社 2003 年版，第 23—24、26 页。

② 周兴国：《教育自由及其限度学》，博士学位论文，南京师范大学，2007 年，第 17 页。

最后，儿童的自由和权利也已经得到了国际社会的认可。儿童的自由权利最为集中地体现在《儿童权利公约》中。该公约第十二条第1款对儿童的自由权利作出了明确的规定："缔约国应确保有主见能力的儿童有权对影响到其本人的一切事项自由发表自己的意见，对儿童的意见应按照其年龄和成熟程度给以适当的看待。"该公约第十三条第1、2款规定："儿童应有自由发表言论的权利，此项权利应包括通过口头、书面或印刷、艺术形式或儿童所选择的任何其他媒介，寻求、接受和传递各种信息和思想的自由，而不论国界"，"此项权利的行使可受某些限制约束，但这些限制仅限于法律所规定并为以下目的所必需：（a）尊重他人的权利和名誉；或（b）保护国家安全或公共秩序或公共卫生或道德"。该公约第十四条第1、3款规定："应尊重儿童享有思想、信仰和宗教自由的权利"，"表明个人宗教或信仰的自由，仅受法律所规定并为保护公共安全、秩序、卫生或道德或他人之基本权利和自由所必需的这类限制约束"。该公约第十五条款第2款规定："确认儿童享有结社自由及和平集会自由的权利"，"对此项权利的行使不得加以限制，除非符合法律所规定并在民主社会中为国家安全或公共安全、公共秩序、保护公共卫生或道德或保护他人的权利和自由所必需"。将《儿童权利公约》中所予以保护的儿童自由作一概括，大体包括发展的自由、发表意见的自由、言论自由、思想自由、宗教和信仰自由、结社自由、和平集会自由等。应当看到，这些自由的确定，基本上是从成年人的自由中延伸出来的，是人的权利向儿童的延伸和扩张。《儿童权利公约》缔约国所约定的儿童的自由表明，儿童的自由与普通公民所享有的自由并没有什么不同。在教育中，教育者只有很好地了解了上述儿童的自由权利，才能自觉地消除对儿童的强制，做到尊重儿童的自由，也才能在教育教学的过程中有意识地指引儿童行使自己的各项自由权利。对于儿童而言，他们也需要了解自己的各项自由权利，以更为有效地维护和行使自己的这些权利。

总而言之，即使儿童处在"理性的未成熟状态"或"不具有完全责任能力"，也应当成为教育自由的主体，而不应当被排除在自由之外。正如斯宾塞所言：自由"不是一个人的权利，而是一切人的权利。所有的人都赋有各种能力。所有的人必须通过运用它们履行神的意志。所以，一切人必须自由去做运用能力的事情，那就是，一切人必须有行动自由的权利”。[①] 儿童首先是作为人存在的，自由是其基本权利，任何人都不可以随意剥夺。

（二）学生教育自由：教育伦理的基本要求

学生享有自由也是教育伦理的基本要求。“育人为本”是教育的基本伦理诉求，也是“以人为本”的理念在教育中的具体体现。“育人为本”，从根本上说，就是教育要为了人、依靠人和尊重人。教育的主体是人，教育的对象是人，教育的目的是塑造人。在教育活动中，人无疑处在中心的位置。在实践层面上，教育“育人为本”就是要确立以学生为中心的教育理念，并将其贯穿到教育教学工作的各个层面。一方面，教育肩负着向受教育者传播“人是根本”理念的使命，使他们懂得和学会尊重人、关心人、相信人；另一方面，教育管理、教学活动、教育内容都应当体现对人的尊重和关注，把维护学生的利益放在首位，教育环境、教育制度和教育体制都应当散发人道与人性的光芒，应当有利于调动和发挥人的积极性、主动性，有利于人的聪明才智的发挥，有利于人的健康成长。正如有研究者所说，人的全面发展的伦理追求，要求现代教育尊重个人发展的内在需要和客观规律，尊重人的个性和自主性，尊重人的整体性和真实性，从而生动、活泼、有效地满足个人身心发展的整体要求，促进个人全面提高素质，形成完整的个性。[②] 因此，教育既不是灌输、禁锢和强迫，也不是驯化、奴役和控制，而是学生自由地体验、积极地思考、自觉地行动过程，是生成人、解放人和提升人的活动。

但是，长期以来，强制、灌输、支配、形塑等充斥在教育之中。它们“限制个人的发展而使他们只具有非常狭隘的经验；对于那些几个世纪以来最使人们受益的人生的特殊性质，它却压根儿不做任何努力让自己的社会成员接触和认识它们。”[③] 弗莱雷（P. Freire）曾将“灌输式”地教育

---

① ［英］斯宾塞：《斯宾塞教育论著选》，胡毅等译，人民教育出版社 2004 年版，第 166 页。

② 王本陆：《教育崇善论》，广东教育出版社 2001 年版，第 163 页。

③ ［美］克莱斯·瑞恩：《异中求同：人的自我完善》，张沛译，北京大学出版社 2001 年版，第 92 页。

形象比作是一种银行储蓄行为。学生是保管人，教师是储户。他说："讲解（教师是讲解人）引导学生机械地记忆所讲解的内容。尤为糟糕的是，讲解把学生变成了'容器'，变成了可任由教师'灌输'的'存储器'。然而，教育作为解放人的活动，终究是与灌输和与之相伴随的强制不相容的，因为离开了探究，离开了实践，一个人不可能成为真正的人。"[①] 而与强制、灌输、支配等相伴而生的是惩罚。惩罚包括体罚、侮辱、讥讽等手段的使用。这些方法不仅包括所有引起痛苦和恐怖的手段在内的暴力强制，而且包括非暴力的强制，如爱的取消、怠慢、冷淡等。然而，事实表明，强迫并没有取得令某些人满意的效果。"等待命令的极度紧张和对惩罚的恐惧，不但摧毁了个人的自发性，而且破坏了一般的反应能力。"[②] 这种教育不仅会破坏学生的能动反应，而且会对学生的心理健康产生许多不良影响。首先，强迫抑制了学生情感的自由释放。其次，使用惩罚或强制方法禁止某种行为，并不能消除这种行为的欲望，欲望只能被驱逐到心灵深处埋藏起来，这种被驱逐的欲望会通过其他不受禁止的途径重新表现出来，但这些新途径，往往比原来被禁止的行为更有害。最后，缺乏自由导致儿童与成年人的冲突。[③]

因此，剥夺学生的自由，压制、强迫学生服从成人的意志不仅有悖教育的道德承诺，而且与当代教育生成自由健康人格的宗旨也是背道而驰。相反，一旦学生得到应有的自由，其基本的需要、兴趣就能够得到满足，其潜在的才能就能够得到发挥，从而对科学、政治、道德等方面的问题就能够发表意见。虽然，在许多问题上，成人可以且应该提出自己的意见和建议，但是，这不意味着成人可以把结论强加给学生。在宽容、自由的教育环境下成长，学生会变得勇敢而性情愉快，不会因为受挫而心怀不满，也不会因为关注学习之外的惩罚或奖励而对学习本身漠不关心；教育活动也会因为学生全部情感、智慧的投入而取得更好的成绩。

---

① ［巴西］保罗·弗莱雷：《被压迫者教育学》，顾建新等译，华东师范大学出版社 2001 年版，第 25 页。

② ［德］卡尔·曼海姆：《重建时代的人与社会：现代社会结构的研究》，张旅平译，生活·读书·新知三联书店 2002 年版，第 259 页。

③ 李虎林：《论学生自由的价值》，《教育评论》2005 年第 4 期下。

三 学生的基本教育自由及其价值

综上可知，学生拥有教育自由已经成为一个事实。随之而来的问题是，在当前的教育情境下，学生又应当拥有哪些基本的教育自由？这些自由又具有怎么样的价值？

（一）学生的基本教育自由之构成

作为普通公民，由于受到年龄、身体、智力发展状况等方面的限制，儿童尚且难以享有普通公民所享有的全部自由。只有到一定的法定年龄后才会拥有法律所赋予公民的全部自由。然而，作为生命体存在的“人”，却又使得我们不得不把儿童当作公民来对待。但是，教育的质的规定性表明，教育原本属于强制性的活动领域。因此，只有对教育自由的基本内容进行限定，也就是说，在教育活动领域，至少存在着某些方面，是教育者不可施与任意的或非正当的强制的，是必须予以保障的。此外，对学生基本教育自由内容的厘定不仅应当关注学生的发展，而且还要关注实现学生发展的条件。基于此，学生教育自由的基本构成应至少包括如下内容：

1. 教育参与的自由

所谓“教育参与的自由”包括两方面的内容。一是学生享有受教育的权利，并且能够平等地利用学校内的一切教育资源。这是学生获得其他方面教育自由的先决条件，也是学生发展的必要条件。没有学生参与教育的自由，便没有学生在教育中的其他方面的自由。平等地享有教育参与的自由要求拥有平等的教育权利、教育机会和发展起点，平等地使用教育设施、设备和图书，在教育过程中公平地受到教师的对待，平等地享有教师的关怀等。各种教育资源和教育机会必须向每一个学生平等开放，使他们在教育生活中不受歧视，不受排挤，平等地参与教育活动，获得平等发展的条件。资源享有的自由是要避免教育制度和学校以及教师对学生划分等级和区别对待，免除教育过程中的“特权”和“霸权”以及使用不合理的标准（如社会身份、地位、金钱、运气等非个人自致性因素）分配教育资源。教育资源享有的自由，为每个学生的发展提供一个平等的起点，同时，也根据学生的发展差异，让他们自主地选择符合自己发展需要的资源，促进他们的个性化发展。目前，剥夺学生受教育的权利、剥夺学生利用教育资源的权利是当前学校对学生参与教育自由的最为常见的侵害。二是学生参与与其教育有关的各项事务管理的自由，即确保有主见能力的学生对影响其本人的一切事项自由发表意见，对学生的意见应按照其年龄和成熟程度给予适当看待。在这里，教育者要把学生看作是“能够意识到自己是一个有思想、有意志而积极的人，是一个能够为我自己的选择负责的人，并且用我自己的思想和目的来解释我为什么做此选择的人。”[①] 对于集体事务的参与，将使得学生能够获得集体认同。在此条件下，学生便成为教育集体事务中的主人，服从集体的管理，因而也可以说是服从自我管理。

2. 思想表达的自由

思想自由指独立形成自己的世界观、价值观和人生观的自由。表达自由是指表达自己思想、观念、意见的自由。思想表达的自由是学生自由运用理性的表现，是思想和知识创新的重要条件。学生思想表达的自由可以促进他们公开地应用理性判断社会事务，摆脱蒙昧、偏见和无知，参与社会生活，可以自由地探索和认识世界、试验新思想，形成新方法。思想表达的自由是学生追求自己独特的人格理想、实现自己价值、个性发展的背景性条件，也是学生提出教育要求、避免思想灌输和表达自己的思想主见的重要保障。因此，不管思想多么高深或浅薄，也无论正确或错误，我们都不应该压制，应该允许他们充分表达出来。诚如伏尔泰所言：我不同意你的观点，但我誓死捍卫你说话的权利。思想表达自由，作为一项公民的基本政治自由而得到肯定。但是，由于学生的未成熟性，尤其是中小学生，其思想的表达有意无意地都会受到成人的剥夺，甚至被认为无价值而不予理睬。对于教育中的学生来说，他们的思想表达更多地与教育内容相关，教学内容的固定性以及答案的唯一性，使学生的一些思想表达往往被教师视为“废话”或“不正确”而受到教师的压制。不可否认，学生的思想认识有其阶段性和局限性，尤其是在成人和教师的眼里比较“幼稚”，但这绝不是剥夺学生思想表达自由的充分理由。况且，对某一问题

---

① I. Berlin, *Four Essays on Liberty*, New York: Oxford University Press, 1969, p. 131.

的认识，尤其是对价值问题的认识，答案本身是多元的，没有绝对的“正确”与“错误”之分，标准答案只能是思想表达自由的敌人，只会使学生的思想成为书本知识和教师的复制品。正如伯林所言：“没有观念的自由市场，真理也不会显露；也就将没有自发性、原创性与天才的余地，没有心灵活力、道德勇气的余地。社会将被‘集体平庸’的重量压垮。所有丰富与多样的东西都将被习惯的重量、人的恒常的齐一化倾向压垮，而这种齐一化倾向只培育‘萎缩的’能力，‘干枯与死板’、‘残疾与侏儒式的’人类”。①

3. 学习的自由

学生的学习活动是教育教学活动的核心，一切教育活动都是为了使学生能够在有效的学习活动中获得发展。任何人的学习都是主体自身的建构活动，是任何别人都不能替代的。学习自由是指学生在教师指导或帮助下自愿、自觉和自主的学习状态或权利，包括（1）学与不学或继续与中止自己学习生涯的自由；（2）选择适合于自己发展倾向的学校、班级和教师的自由；（3）选择课程内容的自由；（4）在具体学习过程中独自思考、理解、表达，免于被作为“灌输”、“训练”和“宣传”对象的自由；（5）因为自己见解的独特性或不完善性，免于任何精神或肉体处罚以及不公正评价或对待的自由；（6）质疑教师观点或教材观点的自由；（7）作为平等的一员参与课堂教学并受到同等对待的自由；（8）在任何情况下，哪怕生活陷入赤贫之中，基本学习权利不被剥夺的自由；（9）在终身教育的时代，根据自己所处的不同情况在不同教育机构或形式之间自由流动的权利；（10）参与讨论和决策一切有关自己的学习事务（如入学、转学、评价、奖惩、课程改革、教学改革等）的自由。② 学习自由对于学生来说是非常重要的，它是学习活动得以顺利进行的一个必要条件，也是学生在学习活动中得到最大化发展的条件。通过学习自由，学生可以确定自己的学习目的和深化学习兴趣的自主性，以自己的方式和爱好充分发展才能。

---

① ［英］以赛亚·伯林：《自由论》，胡传胜译，译林出版社 2003 年版，第 195 页。

② 石中英：《论学生的学习自由》，《教育研究与实验》2002 年第 4 期。

4. 个性自由

“以培养个性为目的的教育，是唯一‘适应自然’的教育”。[1] 在教育中，每一个人都有按照自己的方式决定自己发展的自由，并且能够充分地利用这种自由。因此，教育必须创造条件，使学生的个性可以在最好的条件下得以形成。个性自由便是成就有个性的人的生成条件，作为学生个性生成的基本条件，个性自由是教育必须予以保证的。个性自由指作为主体的学生按照自己所固有的内在本性的要求去支配自身的存在和发展，它是实现自我价值、获得个性发展、创造自己独特的精神气质的自由。个性自由意味着每个学生都能够根据自身发展的需要，自主地进行自我定向、自我选择、自我设计和自我创造，追求区别于他人的自身独特性。因此，无论是在教育制度的设计上，还是教育内容的选择上，抑或教育方式的使用上，都要免除一切的奴役和干涉，给予学生充分的个性自由发展的空间。保障学生的个性自由，不仅是学生发展批判性思维、创新性思维、追求优秀人格品质的条件，而且也是提高学生的自尊和自信的背景性条件，更是一个国家或社会得以发展进步的重要因素。正如胡适所言：“一个真正的开明进步的国家，不是一群奴才造成的，是要有独立个性，有自由思考的人造成的。”“一切教育努力的根本目的是应该帮助男女儿童尽其所能达到最高度的个人发展。”[2]教育归根结底就是要实现学生的自由发展，即达到个性的自由。如果没有个性的自由，把心智活动限制在某一种模式之中，带来的必然是精神的奴役和个性的泯灭。

5. 人身自由

人身自由权是人之为人的最基本权利，也是其他一切权利的基础。对于人身自由权的内涵，法学界争论较多。仅就学生的人身自由来看，它是指学生的人身自由避免受到外在强力有意侵害而损害健康的权利，以及人的身体行动自由和自然成长不受侵害的权利。在学校生活中，学生的人身不能因为任何原因而遭受他人（包括教师、家长）的消极性对待，比如体罚、殴打、强行拉扯、残害、侮辱、驱赶、跟踪、搜身、监视和被检举

① ［英］沛西·能：《教育原理》，王承绪等译，人民教育出版社2004年版，第26页。

② 同上书，第10页。

等。人身自由还包含学生个人不能因为身体原因而受到教育体制、学校、教师以及他人的歧视、羞辱、排挤等。人身自由遭受侵犯，不仅会导致身体的痛楚，更会侵犯一个人的人格权，从而损伤人的精神自由权，伤害人的人格尊严，给人造成内心的伤害。如体罚、搜身等给学生带来的就不仅仅是身体的侵犯，而是严重地侵犯了学生的人格权和心理健康成长权。还有一些侵犯学生人身自由的事项，或者不被教育者有意识地认识到，或者仅被视为必要合理的教育手段而遮蔽了它的侵权性质。如规定学生的坐姿，这种规则本身就是压抑儿童身体自由的形式，它迫使儿童变得安静、沉默、服从和驯化。因此，人身自由权是个人自我主宰、自我引导的重要条件，它是学生个人直接或间接达到更高的生活目的的必要条件。特别对儿童而言，在学校生活中的人身自由是他们获得自我尊严、不畏任何困难、敢于尝试和创新、不屈服任何环境障碍的精神品质的重要条件。但由于其隐蔽性，学校应予以特别的重视。

（二）学生的基本教育自由之价值

1. 有助于促进学生个性的发展

学生自由有助于促进学生个性的发展，没有自由就不会有人的个性发展。人的自由发展就其实质而言，是人的个性的自由发展。“人按照自身所固有的内在本性的要求去支配自身的发展，而不是被动地服从于某种外在的强制，使自身的发展偏离和压抑了自己的内在本性。由于人的现实的个体存在形式决定了人的内在本性要通过个性的形式具体地体现出来，所以人的自由发展便具体地体现为个性自由。”① 杜威曾将个人自由与人的个性发展相提并论，他说：“更多地给予个人以自由，把个人的潜能解放出来，这个观点和这个理想是自由精神永远存在的核心，它是和过去一样正确的。”② 密尔也认为：“人类要成为思考中高贵而美丽的对象不能靠着把自身中一切个人性的东西磨成一律，而要靠在他人权利和利益所许可的限度之内把它培养起来和发挥出来。”③ 但他也同时指出，“教育的每一扩

---

① 涂艳国：《走向自由：教育与人的发展问题研究》，华中师范大学出版社 1999 年版，第 19 页。

② ［美］杜威：《人的问题》，傅统先等译，江苏教育出版社 2006 年版，第 100 页。

③ ［英］约翰·密尔：《论自由》，许宝骙译，商务印书馆 1998 年版，第 67 页。

展都在促进同化，因为教育把人们置于共同的影响之下，并给予人们以通向一般事实和一般情操的总汇的手段。”① 教育所表现出来的促成同化和普遍化的倾向与现代社会人们对个性发展的追求背道而驰。因此，在这种背景下，就学生的个性而言，由于社会对学生的影响尚未达到根深蒂固的程度，因而需要教育本身能够为学生提供自由与选择的成长环境。因此，在义务教育普及之初，一些自由主义者便强烈主张国家对教育尽可能少地干预，认为：“政府只要决心要求每个儿童都受到好教育，并不必自己操心去备办这个教育。做父母的欢喜让子女在哪里得到怎样的教育，这可以随他们的便，国家只须帮助家境比较困难的儿童付学费，对完全无人负担的儿童代付全部入学费用，这样就足够了。”② 但是，这仅仅是解决了阻碍学生个性发展的一个方面。实际上，即使教育不是由国家来备办，人的个性发展也不一定能够实现。因为，教育的过程是一个启蒙的过程，而启蒙的过程又是一个社会施以控制的过程，这种社会控制本身是反自主性的，是不利于学生的个性发展的。正如洪堡所言：“政府的精神总是在公共教育中占据统治地位，任何公共教育都给予人以某一种特定的公民形式。”③ 因此，教育自由的价值就被凸显了出来。通过学生的教育自由与选择来消解教育中约束与学生自主、自由选择之间的紧张关系，以便在促成同化的同时，保持对学生差异的认可，从而促进其个性化的发展。因此，应该给予学生尽可能多的自由，学生才能更好地实现其自由发展。正如沛西·能所言：“一个学校的学习和训练，虽然必须代表当局认为具有重大价值的文化的和道德的传统，但是它们还应该留有充分的余地，以便个性得以自由发展，需要有各种各样的人来构成一个世界，每个人愈能发展自己的特长，这个世界就愈丰富。”④ 但是，给予学生自由并不意味着学生可以为所欲为或者胡作非为，而是指他拥有机会去实现自己可能的更符合自己个性的发展。

学生自由在带来个性的自由发展的同时，也为学生创造性才能的发展

---

① ［英］约翰·密尔：《论自由》，许宝骙译，商务印书馆 1998 年版，第 87 页。

② 同上书，第 86—87、126 页。

③ ［德］威廉·冯·洪堡：《论国家的作用》，冯兴元译，中国社会科学出版社 1998 年版，第 73 页。

④ ［英］沛西·能：《教育原理》，王承绪等译，人民教育出版社 2004 年版，第 12 页。

创造了条件。学生自由意味着免于他人意志的强加，就意味着权威的破除和标准答案的取消，这就为学生开展探究和创造性的活动开辟了道路；其次，取消了强迫、压抑、恐惧，学生的好奇心和求知的渴望就不会被扼杀，学生就会在宽松的外界环境下，全身心的投入探究和创造性的学习，发挥出最佳的求知状态和形成创造性的人格。

2. 有助于学生对真理的追求

人类理智的局限性对教育提出了自由的要求。人并不是不会犯错误的，人类在追求真理的过程中同样可能会出错，被假定有害的观点最终有可能是正确的。“若谓真理只因其为真理便具有固有的力量，能够抵抗错误，能够面临监狱和炮烙而占优胜，这乃是一种空洞无根的情操。”[①] 因此，自由的价值就在于为真理最终成为真理创造了机会。从人类理性的限度出发，从追求真理的曲折和艰辛来看，自由是获致真理的首要条件。对那些自由主义思想家来说，自由是对人类理解力局限的一种补救。人类的所有实践活动都具有试验的性质。“试验就包括试错（trialanderror）……犯错误的过程实际上是在寻求真理。”因为，人的错误是可以改正的。借着讨论和经验人能够纠正他的错误。不是单靠经验，必须有讨论，以指明怎样解释经验。[②] 密尔反复说：“真理却像是摆在一架天平上，要靠两组互相冲突的理由来较量”[③]，“而要真正知道那部分真理，只有兼顾双方、无所倚重，并力图从最强的光亮下来观察双方的理由的人们才能做到”[④]，正是在这个意义上，“真理在很大程度上乃是对立物的协调和结合问题”[⑤]。因此对于错误，在消极的意义上就需要那些看出或以为看出他者犯错误的人有一种自由，而在积极的意义上，“则反对任何由权威强加的正确性，尊重自我修正的过程。”错误只有在一种情况下不能自由，那就是“蓄意或不负责地犯错误”[⑥]。然而，在教育实践中如何对“蓄意或不

① ［英］约翰·密尔：《论自由》，许宝骙译，商务印书馆 1998 年版，第 33 页。

② 同上书，第 21 页。

③ 同上书，第 38 页。

④ 同上书，第 39 页。

⑤ 同上书，第 50 页。

⑥ ［美］新闻自由委员会：《一个自由而负责的新闻界》，展江等译，中国人民大学出版社 2004 年版，第 72 页。

负责地”作出合理的判断则是迫切需要解决的问题。

学生在教育中的自由之于社会的福祉就在于，它为未来真理的显现提供担保。鼓励学生去思考和探索，鼓励学生勇敢地面对这种因自由地思考带来的失败，培养学生的勇于探究和求知的品质。这种求索真理的品质对于学生步入成人时期对真理的探究具有基础性的意义。没有思想自由和表达自由就不可能达到对事物认识的真理性。而恰恰是表达自由为“真理的所有方面的公平竞赛”提供了适合的社会环境。意见的统一，除非是经过最充分和最自由的较量的结果，否则就是不可取的；而意见的分歧，在人类还未达到远比今天更能认识真理的一切方面之前，也并非是坏事反倒是好事。统一的意见固然省去了许多的麻烦，却也带来诸多消极的后果，至少不利于创造和创新。

四　学生教育自由的限度

任何自由都是有限度的，学生的教育自由也不例外。沛西·能在大谈学生自由时也并不否定秩序和纪律的作用。他说：“把自由理解为不加节制、顺随瞬间的幻想，这种自由是很少（有）价值或没有任何价值的；……只有当自由选择了有价值的目的，在追求这些目的时，又使自由服从高尚的形式或方法的控制时，自由的高级的价值才能产生”。[①] 换言之，“只有规律能给我们自由。”[②] 斯宾塞也认为：“自由必然要有限制，因为，如果人们对运用他们的能力所需要的自由有同样的要求，于是每个人的自由必须受一切人的同样的自由的限制。当两个人因追求各自的目的发生冲突时，一个人的行动只有在他并不干预另一人的同样行动时才能保持自由。因此，每个人可以要求运用其能力的最充分的自由，同时要和别人具有同样的自由相一致。”[③] 在给定的限度内，学生是自由的，一旦超越了这个限度，则学生就要受到来自教育者的管教与约束，否则，他就可能会失去他在未来所拥有的自由。

---

① ［英］沛西·能：《教育原理》，王承绪等译，人民教育出版社 2004 年版，第 102 页。

② 同上书，第 103 页。

③ ［英］斯宾塞：《斯宾塞教育论著选》，胡毅等译，人民教育出版社 2004 年版，第 166 页。

（一）划定学生教育自由限度的依据

有关自由的限度，在第三章论述限度原则时已经讨论过，最为经典的当属密尔的“不损害”原则，即只要不损害他人，个人就可以拥有自己的一切自由。而且，这条原则在我国的宪法中也得到了体现。《中华人民共和国宪法》也规定：中华人民共和国公民在行使自由和权利的时候，不得损害国家的、社会的、集体的利益和其他公民的合法的自由和权利。

但问题是，处于教育活动中的学生是否也同样适用于这条原则。如果我们把这条原则直接用来划定学生教育自由的限度，那就等于将学生的自由等同于成人的自由。显然，这两者是不能等同的。最明显的不同就在于，成人的自由只要不影响他人就可以拥有完全的自由，但是处于教育中的学生，不损害他人并不表明不损害自己。如给予儿童过度的教育自由，很可能不损害其他学生的自由，但是却会对学生自身的发展造成损害。根据《儿童权利公约》所确立的“儿童最大利益原则”，一方面，必须保证儿童的教育自由不损害其他人的教育与未来发展；另一方面，也必须保证儿童的教育自由不损害他自己的教育与未来发展。因此，划定儿童教育自由的限度除了要依据不损害原则，还必须保证不损害学生自身的发展。康德在论述儿童自由的时候就曾指出：“（1）应该从孩子一进入童年开始，只要他没有妨碍别人的自由，比如大喊大闹以致影响到别人，就在各方面都给他以自由（只有在他可能会损害自己的情况下例外，比如他要去抓锋利的刀刃时）；（2）必须向他表明，只有在他让别人也实现自己的目的时，他才能达到他自己的目的：比如，人们可以在他没有按规定学习时，就不许他做自己想做的事情；（3）必须向他证明，向他施加一定的强制，是为了指导他去运用自己的自由，人们对他进行培养，是为了他有朝一日能够自由，即不再依赖他人的照料。”① 从康德对儿童教育自由限度的论述中可以看出，就儿童的教育自由而言，必须坚持两个原则，其一，不损害他人；其二，“只有在他可能会损害自己的情况下例外”所蕴含的不损害自身或有利于儿童自己发展，这与《儿童权利公约》中对儿童自由的相关理念不谋而合。“不损害他人”是几乎所有倡导自由及教育自由的人

---

① ［德］伊曼努尔·康德：《论教育学》，赵鹏译，上海人民出版社 2005 年版，第 14 页。

都一贯坚持的基本原则，但是，“有利于儿童自己的发展”这一原则则往往被人们忽视。事实上，有利于儿童的发展是儿童教育自由最为重要的原则。因为，教育自由的目的就在于为儿童的自我发展创造条件，促进儿童的自我发展。如果儿童的教育自由损害了自身的发展，教育自由也就失去了其存在的价值。

（二）学生教育自由限度的原则

根据“不伤害他人”和“有利于自己发展”这两个基本思想，可以将学生教育自由的限度归结为不损害教育秩序、不损害他人的自由及发展、不损害公共利益、不损害学生自身的发展。

1. 不损害教育秩序①

秩序的基本含义是合规律性，是井井有条，是稳定和平衡，是和平与安全，是协调一致，是多样统一。教育秩序是在人类教育生活中形成的，人们之间应有和实有的关系状态与常规。在教育生活世界中，教育秩序是人类教育发展和人的全面而自由发展最基本的需要，是教育活动得以有效开展的前提，也是教育自由得以实现的重要保障。② 夸美纽斯曾指出：“真正维系我们这个世界的结构以至它的细微末节的原则不是别的，只是秩序而已；就是，按照地点、时间、数目、大小和重量把先来的和后来

① 沛西·能在论述学校秩序和纪律的必要性时，对二者作出了区分。他认为，虽然它们是互相重叠而且确实互相渗透，但是它们却来自不同的心理根源。学校秩序在于维持学校生活为完成它的目的的所必要的条件，同时，最有效的学校秩序建立在模仿和常规趋势的基础之上。另一方面，纪律并不像秩序是一种表面的东西，而是一种接触到行为的最为深刻的源泉的东西。纪律就是一个人的冲动和能力服从一种规则，这种规则，使他们的混乱情形有了一种情形，而且使原来表现缺乏效率和浪费的地方，变成有效率的和经济的。虽然我们天性的有些部分可能抗拒这种控制，但总的来说，接受这种控制，必须是自愿的接受，这是一种自发的行动，其中有向往更高的完善或“表现性”的天赋的冲动。所以，纪律的过程是和巩固作用相似的。（［英］沛西·能：《教育原理》，王承绪等译，人民教育出版社 2004 年版，第 255—256 页。）在这里，我们也承认教育秩序与纪律之间所存在的差别，但是，教育秩序和纪律在某种程度上所造成的客观结果是一样的，即教育中的人都要按照秩序和纪律的要求来行动，否则就会遭受惩罚，以此来获得一个良好的教育教学环境或条件。因此，我们在这里并不对二者作出具体的区分，而以教育秩序来统一说明自由不是无限度的自由，而是必须以不违反教育秩序和纪律为原则。

② 冯海英、李江源：《教育秩序：教育制度建设的价值追求》，《清华大学教育研究》2009 年第 5 期。

的，高级的和低级的，大的和小的，相同的和相异的种种事物加以合适的区分，使每件事物都能好好地实践它的功用。……所以教学艺术所需要的也不是别的，只不过是要时间、科目和方法巧妙地加以安排而已。”① 良好的秩序环境是学生发展的必要条件之一。没有良好的秩序环境，也就不可能有教育行为的顺利且有效的展开，更不要说教育目的的实现，学生个性的充分发展。因此，从理论上看，教育秩序与学生的教育自由之间并不存在必然的冲突和矛盾。

但是从教育自由的实践来看，教育者以“教育秩序”或“建立教育秩序”之名侵犯学生教育自由或学生以“教育自由”之名扰乱教育秩序的事却时有发生。当然，教育者不可以以“教育秩序”或“建立教育秩序”之名侵犯学生的教育自由领域继而进行不正当的干涉或强制；同样，学生也不能以“教育自由”之名扰乱正常的教育秩序。因为，每一个个体的行为一旦与他人或社会发生关系，就必然会受到诸多约束或限制。而如果个体试图突破这种约束或限制，那么他就必然会侵犯到其他人的自由空间，威胁到其他人的权益，也必将会受到来自法律的、行政的或道德的制裁。在教育活动中，学生的基本教育自由同样受到来自教育秩序对其各种言行的制约或规范。虽然制约或规范的多与少取决于自由度的大小，但制约或规范总是存在的。这就意味着，学生在教育活动中的各种言行，不能扰乱或破坏正常的教育秩序，无论是哪个学生或学生的哪种教育自由都要受到良好秩序环境的制约和规范。

但是，判断一种行为是否扰乱正常的教育秩序的衡量标准又是什么？似乎又没有一个标准答案，因为，同一种行为，在某人看来属于扰乱正常教育秩序的行为，但是，在别人眼里可能就是正常行为。这种判断标准的不同取决于判断者的教育观、学生观、自身的心理承受能力、社会价值观念等。如此，似乎并不存在一个统一的指标体系或衡量标准。如果必须确定一个衡量指标的话，也只能根据学生在教育情境中的行为对自己及对其他人的影响而定。但是，一种行为是否会对他人或自己造成消极影响是一个需要综合多方面信息加以判断的过程。在一个充满多样性、差异性及特殊性的教育实践情境中，这样的判断又往往会出现偏差，从而导致错误的

① ［捷］夸美纽斯：《大教学论》，傅任敢译，人民教育出版社 1984 年版，第 75—78 页。

行为并由此造成非常大的危害。所以此类问题，也许只能让教育者依据其教育经验或教育智慧作出判断，可能会是较好的选择。

2. 不损害他人的自由及发展

不伤害他人是教育自由应遵循的最基本的原则。在教育活动中，一个人的自由不能以妨碍其他人的平等自由为条件，每一个学生对其基本的教育自由的行使都必须以不妨碍他人的自由及发展为前提。具体而言：

（1）学生个体的教育自由不能妨碍其他学生的教育自由，包括受教育的自由及其他自由。首先，学生个体的教育自由不能妨碍其他学生平等享有教育的权利、机会及教育资源等。其次，学生个体的教育自由也不能妨碍其他学生在思想表达自由、个性自由、行动自由等方面的权利。要让学生理解这一点非常重要，能否遵循这一原则，表明了学生是否真正具有了自由的精神，也表明了学生是否具有运用自由的能力。如果学生妨碍了他人的自由该如何处置？洛克建议对于“顽梗”和“倔强”的儿童给予“鞭笞”[①]。卢梭则建议采取消极的惩罚方式，即让儿童承受因违反自由原则的行为而带来的自然的后果，即自然后果法。沛西·能则认为，一般而言，“最好的惩罚往往是仅仅不让犯规的人参加共同的作业”[②]。这样看来，不管采取何种方式，似乎惩罚都是必要的。而且，在许多情况下，惩罚都是针对学生已经作出的错误行为，是为了纠正学生的错误而实行的。正如沛西·能所言：“惩罚应该针对帮助落后学生自愿地去做他应该做的事，而不应该针对防止他去做不该做的事”[③]，“惩罚不妨用来防止像不守时刻和不服从等行动，这些行动明显违反公共利益所必须维持的学校秩序”，而且，“惩罚不应该只看到不满意的过去，而应该看到仍旧有希望的将来”[④]。所以，它不同于强制的教育，惩罚是为了更好地实现教育自由及促进学生的发展。

（2）学生的教育自由不能妨碍教师的教育自由。首先，教师作为教育活动的组织者和引导者，享有教育教学的自由。如果学生的教育自由妨碍到教师的教育教学自由，就会影响教育活动的正常进行。教师的

① ［英］约翰·洛克：《教育漫话》，傅任敢译，人民教育出版社 1985 年版，第 79 页。

② ［英］沛西·能：《教育原理》，王承绪等译，人民教育出版社 2004 年版，第 257 页。

③ 同上。

④ 同上。

教育自由与学生的教育自由是相互关联相互依存的。妨碍教师的教育自由，从间接效果来看，妨碍了其他学生的教育自由，也将损害其他学生的发展。其次，学生教育自由的放任甚至会直接侵害教师的专业发展权、生命健康权、人身自由权等权利。这些权利是教师应享有的最基本自由，不能保障这些自由，教师作为普通人的生存权及职业发展权将面临严重的威胁。因此，当学生的表现超越出了我们所限定的界限，那么他将会受到适当的强制，但这种适当的强制并非专制，而是合乎教育实践理性要求的。

3. 不损害自身的发展

教育自由是为了学生的个性化发展，不损害学生的发展成为教育自由的底线，也即教育自由的最根本的限度。无论是学校的教育自由还是教师的教育自由都应以实现学生的个性化发展为底线。一方面，无论是教育者给予的自由，还是来自学生自身的自由，都必须慎重地考虑这种自由给学生的发展会带来什么样的影响，是有利于其发展还是不利于其发展，对于不利于学生发展的自由我们必须予以限制。放任学生，可能打着“为了学生发展”的旗号，但实际上是以牺牲学生发展为代价的自由。由于过度放任可能会导致侵害学生自身的发展而必须予以合理限制的情况主要有以下几种：一是学生的行为可能会伤害自己的生理组织，从而造成或带来自身上的缺陷。这种情况主要是由于学生对事物属性的认识尚不够准确导致的，也和学生对于事物与其自身存在的关系之认识不足有关。如一些游戏、一些危险的实验药品、工具等的使用等。此时，教师进行的限制是非常必要的，不但不会侵害学生的教育自由，反倒有利于学生的身体健康和人身安全。二是学生当前的行为可能有害于其未来的自由。学生不能总依赖于其父母的养育，必须学会自己照料自己，学习谋生的技能。这些谋生的技能是需要通过努力学习才能够获得的。如果学生放弃努力学习，寻求当下的自由和快乐，也就意味着作为生存而必需的谋生技能可能无法获得。在这种情况下，就必须对儿童施加合理的强制，促其努力学习，以便获取未来行为自由的能力。这也是康德之所以强调教育带有强制性的理由。三是与学生人格有关的种种观念。嫉妒、猜疑、虚荣、贪婪、怯弱、不守信用、缺乏信任等观念与学生健康的个性发展严重背离。此时，教师必须通过教育乃至适当的强制使其改变。[①] 另一方面，无论是学校还是教师都不能以“为了学生好”为理由，对其进行任何形式的强制和奴役。任何形式的强制和奴役都会对学生的自由发展造成阻碍。这是前文已经反复论述过的，故在此不多做赘述。

4. 不损害社会的公共利益

保障学生的个性自由以提高学生的创造性思维、批判性思维的发展。但是，这并不意味着学生的自由可以超越公共利益的限制。学生的思想自由、言论自由等也要以国家法律为界限，不能损害国家形象和社会公共利益。这是由于人们只有在社会共同体中才能发展其能力，活在社会文化之中是个人发展理性、成为一个道德主体以及成为一个负责任的存在者的必要条件[②]，而且，也“只有在社会的气氛中，从共同爱好和共同活动获取养料，个性才能发展。”[③] 社会共同体为人的生活与生存提供了外在的条件和基本的结构。没有这样一个外在的条件和基本的结构，人将很难称其为人。社会共同体给予个人存在的意义，一旦社会共同体被瓦解，个人的自我认同便失去了所依存的载体[④]。正如米尔恩（A. J. M. Miline）所言：“社会共同体应该建立和维持一种内外部条件，使所有共同体成员能够基于那些确定他的成员身份的条件，尽可能好地生活，这是社会共同体的利益所在，也是伙伴关系的原则要求。”[⑤] 但是，社会共同体的建立，需要有一种基本的思想能够为社会的所有成员承认和肯定，否则社会就会趋向于分裂。那么，维系社会稳定的这种思想就是社会的公共利益之所在。作为社会成员，学生接受教育，就意味着接受这种社会的基本思想，并服从这种思想的内在要求而不僭越。因此，康德说：“在为了共同财富的利益而运转的许多事情上需要某种机制，共同体的一些成员必须通过这种机制来消极地管理自己，以便政府可以通过一种人为的一致把他们引向公共的

① 周兴国：《教育自由及其限度》，博士学位论文，南京师范大学，2007 年。

② Charles Taylor, *Hilosophy and the Human Sciences*, Cambridge: Cambridge University Press, 1985, pp. 190 - 191.

③ ［英］沛西·能：《教育原理》，王承绪等译，人民教育出版社 2004 年版，第 14 页。

④ Pamela J. Conover., *Citizen Identities and Conceptions of the Self*, *The Journal of Political Philosophy*, 1995 (3): 137.

⑤ ［英］米尔恩：《人的权利与人的多样性：人权哲学》，夏勇等译，中国大百科全书出版社 1995 年版，第 47 页。

目的，或者至少防止他们破坏这些目的。这样一个机制一定不允许争辩，而人们必须服从。"[①] 但是需要注意的是，这里的不允许争辩只是针对公民受委托处于某一工作岗位上时，不可以争辩。但作为公民并不承担某一岗位职责时，仍然是可以自由争辩、自由讨论的。罗尔斯在论述良心自由时就指出："任何人都同意，良心自由要因公共秩序和安全的共同利益而受到限制。"也就是说，"只有当一个主张不如此限制就将破坏政府应当维持的公共秩序的合理期望存在时，良心自由才应当受到限制"。[②] 简言之，不论是任何自由都不应当以侵害社会的公共利益和公共秩序为代价。

总而言之，学生教育自由的过度或不及都不利于学生的自我发展和自我完善。放任学生显然是错误的选择，它只会导致他们朝向一个不利于学生未来发展的方向前进。对学生实行教育专制也非明智的选择，而且自由观念向教育领域的渗透也已使其成为不可能。如何处理这二者之间的关系，在当前的教育制度环境下，可能完全取决于教师的教育智慧、教育观念等。这就要求教师必须发挥其应有的职责，而不是仅仅作为一个任由学生自我放纵的旁观者。正如沛西·能所言，当我们在讲教师是一个观察者时，并不是说教师"只是一个消极的旁观者，而是一个积极的观察者——他时刻'准备着'，像航海者所理解的那样，不做琐细的干预，而是准备在需要帮助的时候助儿童一臂之力"[③]。"同样地，年龄较长的教师，无论他怎样坚决不愿采取教训的态度，他总还是一个老师。教师的只能在性质上可能改变，但是毫不降低他的重要性，甚至对于教师的学习、智慧和专业技巧提出更高的要求。"[④] 但是，对于教师权威，人们往往存有太多的质疑，并将其看作对教育自由最直接的威胁。在这里，我们倾向于一种较为保守的态度，坚持认为教师权威的合理、有效的发挥不但无损于学生的自由，反而有助于学生教育自由的实现。

---

① ［美］詹姆斯·施密特：《启蒙运动与现代性》，徐向东等译，上海人民出版社 2005 年版，第 62— 63 页。但是需要注意的是，这里的不允许争辩只是针对公民受委托处于某一工作岗位上时，不可以争辩。但作为公民并不承担某一岗位职责时，仍然是可以自由争辩的。

② ［美］约翰·罗尔斯：《正义论》，何怀宏等译，中国社会科学出版社 1988 年版，第 210—211 页。

③ ［英］沛西·能：《教育原理》，王承绪等译，人民教育出版社 2004 年版，第 109 页。

④ 同上。

五　教师权威与学生教育自由

教师权威与学生教育自由的关系一直备受关注，也是讨论学生教育自由问题不可回避的一个基本问题。

（一）何谓教师权威

“权威”来源于拉丁文“auctoritas”，它被广泛地使用于社会生活的各个领域，其内涵十分丰富。但人们一般在两个层面上使用：一是将其视为权力，与人们所处的地位、职位相关；二是将其视为一种使人信从的力量，与威望、威信等含义较为接近，不仅与权威者自身的地位、职位相关而且强调对权威对象的认可接纳和信从。① 本文倾向于将权威理解为一种“使人信从的力量”，这种力量好像是“一种作用力，在有权威的地方，这种作用力就悬置权力，在权威不再起作用的地方，这种作用力就恢复权力”②。基于此，我们倾向于将教师权威理解为：“教师在教育教学中使学生信从的力量或影响力。这种影响力来源于四种因素：传统的、法定的、感召的与专业的，其中，传统的、法定的权威源于教育制度，是外在于教师个体的，其大小取决于一定社会的教师文化传统和有关教师权利的法律条款；而感召的、专业的权威源于教师个体素质高低”。③ 具体而言，影响教师权威的因素有：一为传统，即教师权威很大程度上跟自古以来形成的社会对教师形象的文化舆论、评价和教师的社会地位有关；二为制度，即教师因其代表着被学生所认可的一系列教育领域中的制度、规则而获得权威；这种权威同权力；三为人格感召，即教师因自身的人格魅力、个性品质而获得权威；四为专业因素，即教师因自身所具备的专业知识和能力而获得权威。

根据权威来源的不同，人们倾向于将教师权威分为两大类型：教师的制度性权威和教师的个人权威。制度性权威是指教师作为管理者对学生拥

---

① 《辞海》，上海辞书出版社 1989 年版，第 3276 页。

② ［法］科耶夫：《权威的概念·前言》，姜志辉译，译林出版社 2011 年版，第 11 页。

③ 吴康宁：《教育社会学》，人民教育出版社 1998 年版，第 209 页。

有的权威，主要表现为学生在行为规范方面对教师基于权力所发出的命令的自愿服从。这种权威类型主要来源于教师权力，可以看作是教师权力的有效运作形式。教师的个人权威是指教师作为学生学习的引导者、指导者拥有的权威，表现为学生在课程学习方面基于对教师的观点、判断、建议的正确性、合理性的信任而对其予以认同和接纳，主要与教师的个人素质（知识和能力）有关。相比较而言，第二种类型的教师权威较为缓和，但是它比第一种类型的教师权威要更加全面和深入，也更能为学生接受，产生的效果也更为持久。也有人将教师权威分为三种类型：制度化权威、学识化权威、人格化权威。[①] 显然，学识化权威和人格化权威都可以划归为教师的个人权威。

（二）教师权威与学生教育自由的关系

涂尔干（E. Durkheim）指出："人们有时把权威和自由这两个概念对立起，仿佛这是教育中两个互相矛盾、泾渭分明的要素，但这种对立是人为的。事实上，这两个概念非但不互相排斥，而且互相联系。自由是恰当地加以理解的权威之女儿。因为所谓不受束缚，并不意味着做他喜欢做的事，而是自制以及善于有理智地行动和履行义务。教师的权威，恰恰就应该用来使儿童有这种自制。因此，教师权威并不是为了限制学生的自由，而是为了促进学生的自由。"[②] 在这里，涂尔干之所以把教师权威与学生自由看作是相互联系的东西，关键在于他对教师的权威有一个恰当的理解，即教师权威应该用来使儿童自制，从而使儿童得到自由。杜威则认为"权威"与"个人自由"之间存在着尖锐的矛盾。过于强调权威，就会压抑人的个性自由，致使社会停滞不前。由此，他号召应该用一种"有组织的理智"且遵循"自由的精神"将权威与个人自由有机结合起来。如他所言："至于自由，它首先在本质上是消极的……但是教育本质上是建设性的……儿童是必然或多或少地要听命于他们的长者，不能让他们做自己利益的保护者。权力，在教育上，在某些程度上是不可避免的，凡是施

① 夏琍、姚本先：《教师权威与学生自由》，《当代教育论坛》2004 年第 5 期。

② 张人杰主编：《国外教育社会学基本文选》，华东师范大学出版社 1989 年版，第 23 页。

教的人必须找到一条按照自由精神来行使权力的道路。"① 很明显，虽然杜威反对教师权威，但是也不得不承认学生对于教师权威的依赖性及教育中权威的不可避免性。阿伦特也曾指出："儿童的教育和训练，在这些领域中，广义的权威始终被接受为一种自然的必然性，显然是通过自然的需要、儿童的依附，以及通过一种政治的必然性形成的：只有当新生儿被纳入他们作为局外人出生在那里的一个前定世界的，一种已经形成的文明的连续性才能得到保证。"② 因此可以说，权威与自由的关系是互生共存的，主要体现在以下几方面：

首先，教师作为管理者，建立在其职权基础上的一定限度的权威是对学生自由的合理的限制因素，同时也是维护绝大多数学生真正自由的保障。教师的权威可以有效地来防止一些学生滥用自由去妨害另外一些学生的自由。在现实的教育情景中，某些学生可能通过滥用某些便利而得到的"自由"会致使另一些学生的自由受到限制，此时教师运用其权威来约束学生的任意行为，一方面可以保证全体学生重新享受应有的教育自由；另一方面也可以通过对学生自由的合理性限制防止自由沦为任意性和随意性。

其次，教师作为学生学习的引导者、指导者拥有一定的权威，获得学生的信任，能够扩大学生对人类所创造的文化财富的占有，从而增强其获取自由的力量。自由有形式自由与实质自由之分。就没有人为的限制阻碍我做我想做的事情而言，人是自由的，但是这种自由仅仅是一种形式上的自由或法权意义上的自由，它只能保证每个人享有自由的权利但不能保证人们能够实现自由。作为一种实质意义上的自由，必须是在能力的维度上进行考察，它指的是人们能够做什么的自由。正如有人所言："一个重要的限制条件是人的能力问题，即人没有足够的能力去选择实践他想做的事情。"③ 也就是说，实现真正的自由不仅要突破人为的种种限制，还必须突破能力的限制。在教育过程中，教师作为学生学习的引导者、指导者拥有一定的权威，能帮助学生掌握人类所创造的文化、知识和精神财富，开

① ［英］伯兰特·罗素：《社会改造原理》，张师竹译，上海人民出版社 2001 年版，第 93—94 页。

② ［法］科耶夫：《权威的概念》，姜志辉译，译林出版社 2011 年版，前言第 9 页。

③ 王永峥：《试论教育过程中的自由》，《教育理论与实践》1996 年第 5 期。

阔学生的视界，增强学生选择的意识和能力，从而使学生达到一种实质的自由。因此可以说，“为增进学生自由而行使的教师权威要么通过增加个人的选择范围或机会，要么通过发展人们用以把握机会的能力以增进自由的方式来实现。只有这样，才能免除人们受某种无可奈何要求的驱使而囿于某事物之中，或按照偏见行事”。[①]

（三）教师权威的合理性前提

综上，学生自由的实现离不开教师权威作用的发挥，合理的教师权威是学生自由的基础。问题的关键在于怎样树立合理的教师权威以保证学生最大的自由，同时避免教师权威沦为学生自由的威胁。换言之，合理的教师权威应满足什么样的条件？

首先，教师自身必须明白一点：拥有或运用权威是为了“育人”，为了促进学生自主性的发展。合理的教师权威不是为了管理而管理，对学生的支配和控制并不是目的。合理的教师权威是为学生自身的成长、成熟以及最终走向自主、自觉服务的。合理的教师权威能为学生的自由创造条件，提供方向和支持。

其次，应尽可能给学生一个自由开放的空间。合理的教师权威建立在学生自愿服从的基础上，只有经由学生的自由才能获得。相反，“当我放弃自我存在的自由，或是从一种错误的观点出发，即所谓牺牲自由时；当我绝对顺从而不是投入到权威的深层中去时，这时权威的衰败就是必然的。”[②] 合理的教师权威并不是绝对的，僵化的，定于一尊的，要求学生绝对服从的，而是为学生的自由保留和释放合理的空间。

再次，合理的教师权威必定是暂时的、情境性的，而非权威主义的。如果教师权威的目的在于促进学生的自主性发展，那么，它必定是暂时的，且具有一定的情境性。说它是暂时的，是因为如果教师权威旨在发展学生的自主性，那么，促使它成功的权威将逐渐失去效能直到完全消失。大学教师就经常要面对这样的现实，当学生逐渐接近甚至超过教师的水平

---

① ［美］梅里尔·唐尼等：《教育的理论与实践·引论》，王箭等译，江西教育出版社 1989 年版，第 166 页。

② ［德］德雅斯贝尔斯：《什么是教育》，邹进译，生活·读书·新知三联书店 1991 年版，第 83 页。

时，教师在获得成功的同时也失去了自己的权威。[①] 因此“关于教师的权威就有个十分奇怪的现象，即权威本身就包含了自我毁灭的种子”[②]。说它是情境性的，是指教师权威在其运行过程中，是否被学生所认可、接纳，要视它的行使情况而定。“没有与强权的联姻，权威只能是一个被挑选的对象。”[③] 因此，合理的教师权威并非是僵化的、永恒的、一劳永逸的。换言之，教师要保证对学生持续有效的影响，则必须不断提高自身各方面的修养，并且要不断反思其对权力的运用。

最后，合理的教师权威还有赖于教师对自身角色的合理定位。在传统教育中，教师是国家、社会的代言人，是道德的权威。在“君子不重则不威”的影响下，教师们板着面孔，学生们在严守师道的同时接受着来自各方面的约束。但这一切都是以牺牲学生自由为代价的。随着社会的进步，传统教师的道德教育功能逐渐弱化，教师的角色也发生了转变，传统意义上的“师道尊严”受到了一致批判。

教师权威也不再是一种权势型的权威，而是将知识、人格的内在因素作为建构权威的主导，教师不再拘于“传道、授业、解惑”，而更是充当学生成长发展的指导者、引路人、合作者。但这一切的变化都必须以教师自身获得清晰的认识为基础。也就是说，教师必须对自身的角色进行重新定位、合理定位，如果教师依然以主导者自居，就会导致教师权威的滥用，继而侵害学生的教育自由。

总之，要真正地实现学生自由，不可盲目地对教师权威进行批判和排斥，树立合理的教师权威是实现学生自由的重要保障之一。

---

① 涂艳国：《教师权威与学生自由》，《教育理论与实践》1999 年第 7 期。

② ［美］梅里尔·唐尼等：《教育的理论与实践：引论》，王箭等译，江西教育出版社 1989 年版，第 168 页。

③ 同上书，第 70 页。

第五章 教师的教育自由

学生处于教育关系中的弱势，因而容易引起人们的关注和重视。学生的自由和权利必须得到切实的尊重和保障，这是毫无疑问的。然而，自由是人生来就有的权利，也是个体发展的基础。从教育的人学视野出发，教育中的人不止包括受教育者——学生，也包括教育者——教师。作为教育教学活动中的主体之一，教师同样需要教育自由。教师的教育自由不仅是教师自我发展的必要条件，而且直接关系到学生的自由发展。

一 教师教育自由的历史探源

（一）西方教师教育自由的历史

在西方，最早的教师产生于古希腊，教师教育自由的思想渊源，最早也可追溯到古希腊罗马时期的思想自由。“若有人问及希腊人对于文化上的贡献是什么，我们自然首先要想到他们在文学和艺术上的成就。但更真切的答复或者要说，我们最深沉的感谢是因为他们是思想自由和言论自由的创造者。”①

古希腊著名的教育家和哲学家苏格拉底（Socrates）就曾教导人们：“必须将一切意见置于理性之棒之前，用光明的心接近各种发问，不可以以大多数的意见或权威的命令作为判断的根据。”② 面对审判，苏格拉底却向人们呐喊：

---

① ［英］J. B. 伯里：《思想自由史》，宋桂煌译，吉林人民出版社 1999 年版，第 9 页。

② 同上书，第 14 页。

> 各位雅典人！我们无论处在怎样的困境，需冒多大的危险，都必须坚守岗位，……我是为求智慧、爱智慧而生存，决不能因怕死而畏缩，停止研究学问。[①]

苏格拉底坚持思想自由，并用死捍卫了自由思想的尊严。"他是言论自由和思想自由的第一个殉道者。"[②] 但是，令人们迷惑的问题是，"以言论自由著称的一个城市竟然对一个除了运用言论自由以外没有犯任何其他罪行的哲学家提出起诉。"[③] 苏格拉底之死足以证明雅典的民主现状，那就是用多数人的民主取代了个人的自由，用古代的政治自由取代了教师个体的自由。这与贡斯当对古代人没有个人自由的分析不谋而合。[④] 无论雅典的教师有无教育自由，可以肯定的是，罗马教师的教育自由状况不会比雅典好。罗素曾指出，罗马帝国时期的特点是"屈服于秩序"[⑤]。在这样的环境中，教师教育自由的状况可想而知。

---

① ［日］中野幸次：《苏格拉底》，骆重宾译，新华出版社 1988 年版，第 88 页。

② ［美］J. F. 斯东：《苏格拉底的审判》，董乐山译，生活·读书·新知三联书店 1998 年版，第 229 页。

③ 同上书，第 228 页。

④ 对于雅典到底有没有思想言论自由这一问题，存有两种截然不同的观点：第一，美国报人斯东（L. F. Stone）认为苏格拉底之死与学术自由并没有必然的关系，苏格拉底被判处死刑并不是由于其言论自由的问题，而是苏格拉底的哲学与当时的民主制度存在根本的矛盾所致。他举例说，在公元前 307 年，雅典推翻马其顿扶持的独裁者之后，议会通过了一项未经议会明确许可禁止哲学家在雅典开办学校的法律，但由于不符合雅典言论自由的传统，这项法律不久就被废除了，提案人还受到罚金的出发。所以，斯东认为，在公元前 6 世纪到公元 6 世纪，哲学在雅典享受到了自由。（周志宏：《学术自由与大学法》，蔚理法律出版社 1989 年版，第 8—9 页。）与此意见相反的是罗马帝国时期作家普鲁塔克（Plutarch），他认为，在伯利克里时期，雅典就有禁止不信超自然现象和教授天文学的法律。现代的一些历史学家也提出，"公元前 5 世纪的雅典虽然常常被称为希腊的启蒙时代，但是，至少在后半叶，也是普遍迫害自由思想家的地方"。（［美］J. F. 斯东：《苏格拉底的审判》，董乐山译，生活·读书·新知三联书店 1998 年版，第 271 页。）他们认为，在这个时期，发生了一系列的异端审判，受害者包括大多数进步思想领袖，除苏格拉底之外，还有普罗泰格拉等。

⑤ 罗素认为，"古代希腊语世界的历史可以分为三个时期：自由城邦时期，这一时期以腓力浦和亚历山大而告结束；马其顿统治时期，这一时期的最后残余由于克里奥巴特拉死后罗马至之吞埃及而告消灭；最后则是罗马帝国时期。在三个时期中，第一个时期的特点是自由与混乱；第二个时期的特点是屈服与混乱；第三个时期的特点是屈服与秩序。"［英］罗素：《西方哲学史》（上），何兆武等译，商务印书馆 1963 年版，第 279 页。罗素认为雅典是有学术自由的。

“尽管争夺自由的历史可以追溯到苏格拉底对指控其蛊惑雅典青年人的雄辩，但真正学术自由的兴起直到中世纪大学的产生才出现。”[①] 12、13 世纪，“以学院、课程、考试、毕业典礼和学位组成的教育体系”[②] 即中世纪大学开始出现，真正的教师自由也是从这个时候开始出现。大学出现的初期，由于教会并没有一整套关于教师工作的审查制度，教会对于教师工作的价值和意义漠不关心，除非教师的思想言论等威胁到教会的安全与利益时才会受到抑制。尽管中世纪大学享有比较宽泛的自治权限，如留学生特权、司法豁免权、罢教权、内部成员的裁决权、免税权等，但这种权力仅限于大学的政权组织，而并非个人的教育自由。如，巴黎大学从院到系都制定了条条框框，涉及了教师工作的方方面面，从衣着服饰到演讲和辩论的主题与方法。为了保证对学校制度的服从，学者入校之初即被要求做忠诚宣誓：服从校规、保守秘密。[③] “在所谓排他的救济原理作为根基之宗教不宽容下，人类的理性在此受到压制和压迫，在大学内的学术研究活动也受到莫大的限制。”[④] 尽管有些学者坚持批判的立场，直至走向异端的边缘，但大多数人则是教会、国家的走卒。[⑤] 因此，与现代意义上的教师自由相比，中世纪的教师自由仅仅是一种团体的自治。

真正的教师自由兴起于德国大学。1694 年，普鲁士国王腓特烈一世以“哲学自由”（Libertasphilosophandi）作为理念，建立哈勒大学，将大学从中世纪的权威中解放出来，并在思维自由（Denkfreiheit）的基础上，使大学成为真正的探究真理的中心。这所大学“不仅是德国的而且是欧洲的第一所具有现代意义的大学”[⑥]，是欧洲“自由思想之堡垒”，在当时汇集了全欧洲最进步、最有才华的学者。这些学者把教学语言由拉丁语改为德文，他们抛弃古老的经典权威，决心依靠科学和人类理性的方法寻求

---

① Richard Hofstadter & walter Metzger, *The Development of Academic Freedom in The United States*, Columbia: Columbia University Press, 1955, p. 3.

② ［美］查尔斯·霍默·哈斯金斯：《大学的兴起》，梅义征译，上海三联书店 2007 年版，第 1 页。

③ 林杰：《西方知识论传统与学术自由》，博士学位论文，北京大学，2003 年，第 61 页。

④ 周志宏：《学术自由与大学法》，蔚理法律出版社 1989 年版，第 11 页。

⑤ 林杰：《西方知识论传统与学术自由》，博士学位论文，北京大学，2003 年，第 72 页。

⑥ ［德］弗里德里希·鲍尔生：《德国教育史》，滕大春译，人民教育出版社 1986 年版，第 79 页。

真理。1711 年冈德林（N. Gundling）教授在一次演讲中明确指出哈勒大学与当时其他高校的区别表现为，“大学的任务是，把人们引向智慧。那就是说，引向分辨真理与谬误的能力。但是，如果对大学的研究有任何限制的话，这一任务就不可能实现。”[①]

然而，由于建立这所大学的腓特烈一世同时兼任校长（Rector），因此，在普鲁士，“禁止写作一切违反王室和国家利益的东西”成为教授们的首要限制。[②] 1723 年，在哈勒大学任教的启蒙哲学家沃尔夫（C. Wolf）被开除，原因是有人向腓特烈一世状告他的宿命论体系不仅将逐渐损害宗教和道德，而且也将破坏军队和国家的风纪。惊恐的腓特烈下令沃尔夫 48 小时内离开普鲁士领土，沃尔夫被迫到马堡大学任教，直到 1740 年腓特烈大帝即位，才恢复了他在哈勒大学的教职。[③]

1737 年格廷根大学的创建使其成为又一所标志思想自由的现代大学。格廷根大学的创建者明希豪森（G. A. Münchhausen）坚持传统与进步相结合的策略，把思想宽容和研究自由作为大学的根本原则，排除新教教派的纷争，禁止教师对于“异端”观点的指责，大大削弱了神学院对其他学院的监督权，营造一个宽容的自由学术氛围，教师们享有了教学自由和不受检查的权利。

1737 年哲学院颁布的章程规定：所有的教授只要不涉及损害宗教、国家和道德的学说，都应享有教学和思想自由这种责任攸关的权利；关于课程中使用的教材及讨论的各家学说，应由他们自己选择决定。[④]

格廷根大学教授在教学和研究中的自由特权被认为是德国大学史上的一个里程碑，是首次在法律意义上申明教师学术自由的原则。德国大学的学术自由原则在哈勒大学和格廷根大学的实践中得到了充分的体现。但也有学者认为，这些思想本身还不具备构成一整套大学的观念，只是指明了一个方向。[⑤] 因为，在启蒙时代，哈勒大学和格廷根大学的创建带有强烈

① ［美］S. E. 佛罗斯特：《西方教育的历史和哲学基础》，吴元训等译，华夏出版社 1987 年版，第 334 页。

② 周志宏：《学术自由与大学法》，蔚理法律出版社 1989 年版，第 14—15 页。

③ 贺国庆：《德国和美国大学发达史》，人民教育出版社 1998 年版，第 22 页。

④ 陈洪捷：《德国古典大学观及其对中国的影响》，北京大学出版社 2006 年版，第 16 页。

⑤ 同上。

的时代特征：首先，注重知识的实用性和工具性，不强调知识本身的价值，最受欢迎的是经世致用的学科；其次，大学作为国家机构，是国家权力的一部分，教育的目标是传授有用的知识，为国家培养人才，科学研究不是大学的基本任务；最后，学术自由虽然是两所大学的核心教育观念，在组织上完全受国家政府控制的大学，并不存在完全的自主和独立，哈勒大学的校长就是腓特烈一世。

1806 年普鲁士与拿破仑之战，普鲁士大败于法国军队，签订了“提尔西特和约”，普鲁士被剥夺了大片领地，丧失了哈勒大学在内的七所大学。1807 年至 1808 年，哲学家费希特（J. G. Fichte）发表了一系列演讲指出，普鲁士的解放取决于她是否有能力建立起一套适当的教育体系，学校应当为国家训练出杰出的领袖和能够自觉跟从他们前进的民众，普鲁士的复兴需要新的思想和观念[①]。1807 年，普鲁士国王腓特烈威廉三世向前来请愿的哈勒大学教授代表团表示：国家应以精神的力量来弥补物质上的损失。[②] 最终建立了以“教学自由”与“学习自由”为内容和基础的柏林大学。施莱尔马赫（F. Schleiermacher）、费希特被认为是柏林大学的精神缔造者，而洪堡则是柏林大学的实际创办者。

1808 年，施莱尔马赫在《关于德国式大学的断想》中提出，国家除了在大学的财政、警察事务及设施的保持和维护等方面发挥作用以外，大学要完全独立于国家，在大学内部要维持思想的自由和独立。他认为：“大学的目的不在于简单地学习训练记忆力，而在于为学生唤起一种全新的生活和高尚的、真正的科学精神，而这些远非强制所能造就，只有在精神完全自由的氛围中才有可能达此目标。”[③] 大学教师应当以哲学为根基，自由地探究专业教学及其之外的所有的高深领域，只有这样新知识才能获得。

费希特被誉为德国大学观念的真正奠基人[④]。在国家与教育的关系

① ［美］S. E. 佛罗斯特：《西方教育的历史和哲学基础》，吴元训等译，华夏出版社 1987 年版，第 398 页。

② 同上书，第 23 页；周志宏：《学术自由与大学法》，蔚理法律出版社 1989 年版，第 15 页。

③ 贺国庆：《德国和美国大学发达史》，人民教育出版社 1998 年版，第 41 页。

④ 陈洪捷：《德国古典大学观及其对中国的影响》，北京大学出版社 2006 年版，第 48 页。

上，他本来是反对国家控制教育的，后来，普鲁士在拿破仑侵略时期面临的困境使他放弃了以前的立场，转而支持一种国家主义教育，认为国家可以根据自己的需要对大学施加各种影响，这与主张思想自由和思想独立的洪堡的观点截然相反。但是，费希特认为，大学应当是“科学运用理智之艺术”的学校，教师的教学自由和学生的学习自由都应当保持独立。他说，大学“教师的教学不应该设置限制，也不应该暗示任何学科对他是个例外，即他不应该对大学学生限制他所具有的自由思考和传授独立思想的自由，大学学生已为学术自由做了适当的准备。”[①]

1809 年，洪堡任职于普鲁士内政部文化教育司。上任之后的洪堡向国王提交了关于建立柏林大学的申请，1810 年柏林大学建成。洪堡指出大学具有双重任务，即进行科学的探求和个性与道德的修养，这里的科学是纯科学，即能够统领一切学科的哲学，非应用型研究和技术研究，他的目的是将科研作为教学的手段，即“由科学而达至修养”(Bildungdurch Wissenschaft)。[②] 洪堡反对大学为经济的、社会的、国家的需要所左右和牵制，认为大学需要进行自由和纯粹的科学研究和自由教育；学生需要受到保障，不需要为了职业和实际的生活受到强迫。由于大学是从事纯科学的研究和教学，大学组织应当坚持的重要原则是自由，大学革新应该坚持的三原则：(1) 研究的自由；(2) 教学的自由；(3) 学生学习的自由。“Lehrfreiheit”包括两方面，即研究自由和教学自由，研究自由是指教授在研究过程中，有调查研究任何问题的自由，发表研究成果的自由，教会、政府、政党以及陈旧的传统不能干涉；教学自由指大学教授可以自由讲授自己发现或坚信是真理的知识。“Lernfreiheit”是指学习自由，德国大学生可以自由选自课程，有听课的自由，有学习任何学科的自由和转学的自由。[③] 另外还“有权批评学校和学生自治的权利享有大学公民权等”。[④] 洪堡在 1810 年的备忘录上所持的观点是：

① ［美］布鲁柏克：《教育问题史》，吴元训译，安徽教育出版社 1991 年版，第 613 页。

② 同上书，第 29—30 页。

③ Richard Hofstadter & Walter Metzger, *The Development of Academic Freedom in The United states*, Columbia: Columbia University Press, 1955, p. 3.

④ 滕大春：《外国教育通史》（第 3 卷），山东教育出版社 1989 年版，第 240 页。

> 国家不应把大学看成是高等古典语文学校和高等专科学校。总的来说国家决不应指望大学同政府的眼前利益直接地联系起来；却应相信大学若能完成他们的真正使命，则不仅能为政府眼前的任务服务而已，还会使大学在学术上不断地提高，从而不断地开创更广阔的事业基地，并且使人力物力得以发挥更大的功用，其成效是远非政府的近前部署所能意料的。①

经过洪堡、费希特、施莱尔马赫等的共同努力，以研究自由、教学自由及学习自由为主要内容的学术自由原则被人们接受，并逐渐被确立为举办大学的基本原则。当然，在这个原则的实施过程中也有斗争。在柏林大学成立后几年，保守的奥地利首相梅特涅（K. W. V. Metternich）控制的“德意志同盟”为防止学生的民族思想和自由精神引发革命，把攻击的目标指向各种自由主义运动根据地的大学。1819 年 9 月，德意志同盟在卡斯巴开会，制定“卡斯巴敕令”（Curlsbad Decress），主要内容是加强对大学的控制和监督，限制学术自由，在各大学设置了负有监视教授公开、私下讨论任务的“政府代表人”（Regierungsbevoll matchtiger），并规定各邦有权利和义务罢免危害公共安全和国家基础的教师。敕令的公布，标志着德意志各国开始了历史上所谓的“迫害煽动者”（Demagogenverfolgung）时期，许多著名的教授遭到威胁、罢免和放逐。②

然而，正是经历了这一段痛苦的经验，催生了学术自由的宪法保障。1848 年普鲁士革命后，同年 10 月，为响应杜宾根大学要求保障学术自由的呼吁，德国各主要大学的代表齐聚耶拿，要求在宪法中保障“完全的教学和学习自由”。普鲁士国王鉴于此，不久便促使德意志同盟废止了“卡斯巴敕令”及其他压制学术自由的法令，并且在当时草拟的“法兰克福宪法”（1849）中，首次列入保障教师自由的条款。“法兰克福宪法”第 152 条规定：“学术及其教学是自由的”。虽然由于普鲁士国王腓特

---

① ［德］弗里德里希·鲍尔生：《德国教育史》，滕大春译，人民教育出版社 1986 年版，第 79 页。

② 周志宏：《学术自由与大学法》，蔚理法律出版社 1989 年版，第 18 页；贺国庆：《德国和美国大学发达史》，人民教育出版社 1998 年版，第 52 页。

烈·威廉四世拒绝接受而使“法兰克福宪法”流产，但在1850年制定的普鲁士宪法中，这一条款被原原本本地保留了下来，学术自由正式成为宪法保障的内容。[①] 进入魏玛共和国时期，政府对高等教育进行改革，第一次大战中遭遇践踏的学术自由研究精神重新获得肯定，大学重新成为讲授科学和自由研究学术的场所，大学自治和学术自由的传统得到恢复。1919年《魏玛宪法》第142条规定：“艺术、学术及其教学是自由的，国家应予保护并奖励之”。[②]

即便如此，在近代德国大学自治和学术自由在很大程度上只限定于大学校内的自由言论和自由研究，在校外，教授们必须小心谨慎，忠诚于政治，而校内的大学自治也并非所有的行政事务都可以拥有自主权，大学的自治也仅限于处理与教学、研究、课程及进修直接有关的事务。对纯粹知识的探究使得德国学者远离现实问题，他们不问实事，成为知识权贵的特殊阶层，对于学术上保持价值中立的学者们，德国政府采取不干涉的态度。由此近代学术自由的原则最终得以确立，并对其他国家的大学理念的发展产生重大的影响。

美国大学学术自由的制度化就主要受到德国的影响。正如周志宏所言：“在传统英美法上的市民自由及人权目录中，是无法找到‘Academic Freedom’这样的概念。追随其根源，美国法上的学术自由实际上是移植来自德国，受到的德国学术自由观念的影响。”[③] 虽然美国现代大学的构建是以学习德国大学的理念为前提的，但是，德国传统的学术自由内涵并非全部被美国采纳。德国的学术自由传统包括教学的自由以及学习的自由两个部分，前者主要是指教师在大学内教学和研究的自由；后者主要是指学生在学习上免于行政上的强制，自由转学和自由选择课程的自由。但是在美国早期引进的学术自由观念中，只强调了其中的学习自由，要求大学改革课程内容，提供学生更多选课的自由。1872年，哈佛校长艾略特（C. W. Eliot）创立了选修制，指出学生有选择课程的自由，教师可以按照个人的喜好授业解惑。1885年，在一篇以学术自由为主题的论文中完

① 周志宏：《学术自由与大学法》，蔚理法律出版社1989年版，第18—19页。

② 同上书，第19页。

③ 同上书，第24页。

全将学术自由定义为：选修制、科学课程和信教自由。早期美国学术自由的观念中，忽略了美国大学教师的教学和研究的自由。19 世纪末，因为大财团操纵大学董事会频繁解聘大学教师，侵害学术自由的事件多达二十多个，严重威胁到教师的地位和自由。为了对抗来自大学管理机构的肆意解聘，以维护学术自由，美国的大学教授们于 1915 年成立美国大学教授协会（Association of American University Professors，AAUP）发布了关于学术自由和终身聘任制的原则声明。这是学术自由发展史上重要的丰碑，也是学术自由走向制度化的新征程。1915 年的原则声明指出，“学者应该享有完全的不受限制的探究自由和发表研究成果的自由，这种自由是所有科学研究活动必不可少的条件。”① 在该声明中，为了保障教师的教学和研究自由，AAUP 提出了两项重要的主张：一是终身聘任制，大学讲师以上职位的专业人员任职 10 年以上均应永久聘任，没有正当理由不得任意解聘；二是教授会裁判，每个在大学内具有副教授以上职级的教师在被解聘前，应得到由专门用语写成的对他的控诉材料，并可以经由教授评议会选出的教师组成司法听证会，对于该控诉给予公平的裁判，被控诉者有权进行辩护。1915 年 AAUP 的原则声明被誉为“美国有史以来关于学术自由原则的最全面最有影响力的宣言”，“是学术职业发展的里程碑。”② 但在随后的发展中，大学教授们仍然因为不同的政治主张而遭遇解聘，为了更进一步保护教师职业的安全，1940 年美国大学教授协会（AAUP）和美国学院联合会（AAC）再次召开大会，发表联合声明，对 1915 的原则声明进行补充说明。1940 年的声明规定学术自由的内容包括：

(a) 教师在履行他的学术职责的条件下，有权享有充分的研究自由以及发表研究成果的自由，但是如果研究可以获得金钱报酬，应基于该机构的理解。

(b) 教师享有在教室进行专业讨论的自由，但需要避免在教室讨论与专业无关的具有争议性的话题。基于宗教或其他机构的目标之

① Louis Joughin, *Academic Freedom and Tenure*, Madison: The University of Wiscon Press, 1967, p. 164.

② Richard Hofstadter & Walter Metzger, *The Development of Academic Freedom in The United States*, Columbia: Columbia University Press, 1955, pp. 407 - 408.

原因，对于学术自由所设的限制，应当在任命时以书面形式加以表示。

（c）大学教师是具有学术职业的公民，是教育机构的职员。当他作为公民发表言论和写作时，不受学校的审查和约束，但他们特殊的身份和地位要求承担相应的义务。作为一个学者和教育机构的职员，他应当牢记公众可能会根据他的言辞来判断他的职业以及他的学校。因而，他应该在任何时候都是正确的，应该适当约束自己，明确指出自己的言论并不代表学校。①

1940 年 AAUP 的原则声明还曾被美国法院引用以作为解释大学聘任中的关于学术自由等概念的依据，并被视为界定学术职业上的习惯和惯例的标准，对保护教师的学术自由权利具有重要的意义。然而，20 世纪 50 年代，美国大学的学术自由遭遇了来自大学内外的威胁，特别是意识形态的严重危害。麦卡锡主义②对于学术自由的侵害主要表现为忠诚调查和忠诚宣誓。凡是在公立大学内的教师，如果被认为忠诚有问题，或曾参与颠覆性团体，或拒绝作忠诚宣誓者，均有被解雇或不予聘任。1948 年华盛顿大学对 11 位教授进行"忠诚调查"，严重侵犯了教授的学术自由权利；1950 年加利福尼亚州立大学进行的"忠诚宣誓"活动，震惊了美国学术界，这是一次对全体教师学术自由权利的肆意侵犯和践踏。面对麦卡锡主义的侵害，美国教授协会 AAUP 的原则声明并没有发挥应有的作用，并未能使教授免于遭遇解聘和各种迫害。直到 1958 年，AAUP 才对曾经发生的违反学术自由原则的具有代表性的事件进行公开的谴责，并发布《为了国家安全的学术自由和终身聘任制》，对教师的其他公民自由权利做出了具体的规定，认为教师应该享有公民政治权利，但是在国家安全政治形

---

① Richard Hofstadter & Walter Metzger, *The Development of Academic Freedom in The United States*, Columbia: Columbia University Press, 1955, p. 488.

② 麦卡锡主义（MCCarthyism）：1950 年，美国共和党参议员麦卡锡在西弗吉尼亚州一次纪念林肯诞辰的集会上宣称，美国政府中存在大量共产党人，他们左右了美国的外交政策。此一言论，令美国上下一片哗然。1953 年，当共和党成为参议院的多数党后，麦卡锡通过参议院调查小组委员会，掀起了一场清除共产党人士的反共运动高潮。他们打着维护国家安全的旗号，无视正常法律程序，怀疑一切人，包括联邦政府官员、大学教授、工会领袖、作家、报社编辑等，肆意进行迫害，时间长达五年之久，史称"麦卡锡主义"运动。

势下，大学教师的公民政治自由权利会受到一定的限制。1970 年 3 月，AAUP 就大学教师的学术自由权利发布了补充声明指出，争论是自由的学术探究的核心；大学教师仍然需要避免讲授一些与课堂无关的争议性的话题；大学教师是公民，享有其他公民同样的自由；以及大学在解聘教师时必须符合解聘教师的正当程序。这一原则声明虽然进一步明确了大学教授所享有的校内和校外的言论自由权利，并且通过调查对大学违反学术自由原则的行为进行批评和谴责，但是大学教师的学术自由和终身聘任的权利并未纳入法律保护的范围之内，侵犯学术自由的事件仍然相继发生。

（二）我国教师教育自由的历史

我国教师教育自由的历史大致可以追溯到春秋战国时期。由于王权的衰落导致学校的荒废，不论是国学或乡学都难以维持，日趋衰废，文化官员面对现实只能各自寻找出路，从而形成了“天子失官，学在四夷”[①] 的历史现实。其结果是打破了“学在官府”的局面，使原来由贵族垄断的文化学术向社会下层扩散，下移至民间，即所谓的“文化下移”，这为私学的产生和发展提供了条件。春秋战国，私学兴盛，为教师的教育自由提供了可能性。在官学中，“官师合一”，教师由政府官员兼任，他们的主要任务是官事为主，教学为辅，这就必然导致教师不可能有太多的教育自由。不论是国学、乡学都要在贵族传统思想统一指导下进行教育教学活动，受一种教育思想所支配，在教学内容上，教师只能根据传统的“六艺”进行教授。但是，在私学中，各家私学不可能有统一的思想，各派有自己的教育思想，有自己的教育实践，教师在教育教学活动中有很大的自由发挥的空间。如，在讲学上，允许教师可以自由择徒，随处讲学，学生也可以自由地选择老师；在教育内容上，突破“六艺”的局限，传授各学派的政治观点、道德思想及新的知识和技能；在教育场所上，教师可以根据自己的需要来安排教育活动的场所等。在齐国的稷下学宫，学者们可以不担任具体的职务，不加入官僚系统，却可以对国事发表批评性的议论，并享有优厚的待遇。这使得学者们不仅仅无生活之忧，更可以专心著述而言治乱之事。国君与学者们的关系也不是君臣，而是师友，这就为学

---

① 《左传·昭公十七年》。

者们提供了相当大的独立和自由的空间。总之，春秋战国时期，形成了我国历史上思想最为自由的时代，也是教师享有最多自由的时代，因此也最大限度地发挥了知识分子阶层作为整体的独立性和创造精神。

然而，到秦朝，严禁私人讲学，恢复吏师合一及政教合一，这使得教师的教育自由遭受极大的打击。至汉初，各家并存，推重“黄老之学”的文教政策使教师的教育自由又得到了一定程度的恢复。然而，基于中央集权国家统治的需要，到汉武帝时期又推行了“罢黜百家、独尊儒术”的文教政策，至此，儒学成为历朝历代政治的指导思想，也是唯一的指导思想。由于各朝各代的统治者都会使用暴力以压制、对付那些与主流意识形态不相符合的言论，这使得作为知识分子的教师在教学和研究中战战兢兢。如，当朱元璋看到《孟子》中有“君视臣如草芥，则臣视君为草寇”、“民为重，社稷次之，君为轻”等言论时，便认为此“非臣子之言”，扬言“使此老在今日，宁得免耶?”遂下令国子监撤去孔庙中孟子配享的神位。虽旋即恢复，但却一直耿耿于怀，并于洪武二十七年下令翰林学士刘三吾等删去《孟子》中触犯君权独尊的语录共85条，修成所谓的《孟子节文》颁行全国。

到了隋唐和宋元时期，由于私学、书院等的繁荣，教师也曾在一定范围内获得了一定程度上的自由。如，在唐朝，虽然官学体系已经非常发达，教学管理制度也相对较为完善，但是唐朝也明文鼓励私人办学，而且官方对道教和佛教的提倡，也为教师享有一定的教育自由奠定了基础。这样，在具有不同层次、办学灵活、机构简单、形式多样、内容丰富、覆盖面较广的唐代私学中，教师无疑在教学及研究等方面享有较大的自由空间。同样，在宋元书院教育的早期，教师无论是在教授、学术研究还是教育教学活动的管理等方面都享有较大的自由权。然而，随着书院教育的影响日益扩大，政府开始加强对书院的控制，书院逐渐被纳入到官学体系中，有的直接变成了地方官学，成为准备科举的场所，这样教师在教授、学术研究等方面的自由又重新遭到政府的干涉和限制。另一方面，即使政府不曾对教师进行干涉和限制，由于书院的教学内容多局限于儒家经义，教师享有的教育自由从学术研究的角度来看也是非常有限度的。

至晚清时期，随着权利、民主、平等等观念的传入及对师范教育的重视，教师自身的权利意识也开始觉醒。但是，在清末学制的相关规定中，仍然对教职员规定了许多旨在维护封建统治秩序的禁令和严厉的惩儆条例，教师的教育自由难以得到真正的实现。

民国时期，蔡元培开始系统地将西方的教师教育自由理念传入中国。1912 年，京师大学堂改制为北京大学。1916 年 12 月，蔡元培获任第一届校长。在执掌北大期间，他明确提出并践行了“思想自由、兼容并包”的学术理想。他说：“思想自由，是世界大学的通例”，“大学教员所发表之思想，不但不受任何宗教或政党之拘束，亦不受任何著名学者之牵掣。苟其确有所见，而言之成理，则虽在一校中，两相反对之学说，不妨同时并行，而一任学生比较而选择，此大学之所以大为也。”① 按照这种思想，北大网罗了大量思想各异而各有才干的教师。1917 年秋，蔡元培学习德国的大学管理模式，在北大组建评议会，作为学校最高立法机构和权力机构，各科教授会也随即成立，成为我国大学教授治校、民主管理的先声。

二 教师的基本教育自由

（一）确定教师基本教育自由的依据

首先，作为具备成熟理性及完全责任能力的公民，教师拥有作为普通公民享有的一切自由。但是由于教师职业身份的特殊性，教师除了享有普通公民应当享有的基本自由外，还享有作为专业技术人员所享有的一些自由。这是在确定教师的基本教育自由时都必须予以考虑的因素。基于此，教师的基本教育自由至少包括两方面的内容：一是作为普通公民应当享有的自由；二是专业人员应当享有的自由。

其次，对教师基本的教育自由内容的考量还必须从教师自由的现状出发。在教育活动中，教师自由正遭受不同程度上的侵犯。如教师难以行使正当的教育教学权利，不能确保自己在教育教学过程中的主导地位；教师的劳动得不到能够体现其劳动价值的报酬；劳动时间严重超出国家法律的有关规定，普遍存在劳动强度过大的情况；教师的人身自由、安全和健康

---

① 黄宇智：《潘懋元高等教育文集》，汕头大学出版社 1997 年版，第 466 页。

等权益得不到保障等。[①] 这是我们思考教师的基本教育自由不可忽视的现实依据。

再次，确定教师的自由还必须考虑教师权利的法律基础。从教育法学视角看，教师的权益至少包括两大类：一类是教师作为普通公民的权益，主要包括平等权、政治权利、宗教信仰自由权、人身自由权、社会经济权、文化教育权和监督权等；另一类是教师作为教育教学专业人员所特有的权利，主要包括教育教学自主权、学术自由权、指导评价权、获取报酬权、参与教育管理权、培训进修权及申诉权等。[②] 依据我国《中华人民共和国教师法》和《中华人民共和国教育法》的规定，教师的权利主要包括教育教学权、科学研究权、管理学生权、获取报酬待遇权、民主管理权和进修培训权等。

最后，已有关于教师自由的研究也为我们确定教师的基本教育自由提供了参考。如有人从人与现实世界的关系为基础，认为教师在教育教学中表现出三种类型的自由，包括教师与教育教学各要素关系中的主体自由，主体关系中的社会自由，教师与自身发展中的个性自由。[③] 有人从教师发展的内在本质是自由理念与自主精神出发，认为在构成型态上，教师的自由体现为拒绝权自由、选择权自由和创造权自由；在形成状态上，教师的自由则表现为摆脱“常人束缚”，走向“内在自足”。[④] 还有人认为，教师是理性与自由的结合体，教师理性是教师在其具体的教育教学专业生活中持有的生存态度、思考方式乃至生活方式。据此，教师自由应该包括教师个体的生命自由和教学生活中的教学自由。[⑤] 也有人从一般公民的自由出发，认为教师自由包括五个层次，即教师的意志自由、理性自由、政治自由、人格自由和人生自由。[⑥]

---

① 王卫东：《当今中小学教师权益问题：基于现实的思考》，《教育科学研究》2005 年第 2 期。

② 黄崴：《教育法学》，广东高等教育出版社 2002 年版，第 188—191 页。

③ 张晓丽：《论教师自由》，《教育科学论坛》2009 年第 12 期。

④ 戴双翔、姜勇：《论教师的自由》，《教育发展研究》2008 年第 1 期。

⑤ 赵昌木、宫顺升：《教师的理性与自由》，《教育理论与实践》2009 年第 4 期；宫顺升：《教师自由的遮蔽与重现》，《教育科学论坛》2009 年第 3 期。

⑥ 管月飞：《论教师自由的可能性及其限度》，《文教资料》2007 年第 1 期上。

（二）教师基本的教育自由之构成

基于上述考虑，教师的基本教育自由应至少包括以下内容：

1. 公民自由

在中国传统社会中，由于教师一直被置于一种绝对的神圣化的地位，导致了人们对教师无条件的尊重，继而也带来了人们对教师无限度的期待和高要求。人们固执地认为，作为“人类灵魂工程师”的教师，担负着向年青一代“传道、授业、解惑”之大任，是不能也不应该出现这样或者那样的问题的，是不能也不应该动辄言“利”的，因为君子曰“义”，“小人”才曰“利”。作为君子，教师只能讲究修身养性，“止于至善”，追求高尚和奉献，否则就是道德低下。殊不知，教师也是世俗中人，要求其“跳出三界，不在五行中”，成为不食人间烟火的圣人是强人所难。人们对教师道德上的高要求，实际上已经大大地缩小了教师作为普通人的行为空间。教师劳动得不到能够体现其劳动价值的报酬；劳动时间严重超出国家法律的有关规定，劳动强度过大；教师的人身自由、安全和健康等权益得不到保障等，诸如此类的问题频繁爆发。事实上，教师职业同其他职业一样，教师首先是以个体公民的身份存在，公民所享有的一切权利，教师也都应该拥有。

公民自由是教师应当享有的最基本的自由，不论性别、年龄、种族、职位等，每位教师都可以平等享有的基本公民权。就作为权利主体的个人公民而言，至少涉及三种权利，即公民权利（私权利）、政治权利（公权利）和社会权利。公民权利是由个人自由所必须的各种权利组成的，主要包括人身自由，言论、思想和信仰自由，拥有财产、订立契约的权利以及获得公正审判的权利等；政治权利是指公民作为政治实体所应拥有的选举权和被选举权等参与和行使政治权力的权利；社会权利是指从享有某种程度的社会福利与安全到充分享有社会遗产并依据社会通行标准享受文明生活的权利等。上述权利都是教师作为普通公民应该享有的基本自由。失去了基本的公民自由权，意味着教师的作为普通人的人权被剥夺。就目前教师的生存现状而言，强调教师作为普通公民所享有的权利具有非常强的现实意义。

2. 教学自由

教学是整个教育活动中最为关键的一个环节。如果给予教师以教学自由，公共教育系统将发挥非常重要的作用，因为教师不仅可以以自己的言行为学生提供示范，而且，教师的教学自由可以让学生接触各种不同的价值观念。此外，教学自由还具有非常重要的教育学意义。虽然人们经常把教育过程说成是人的再生产和人才生产的过程，但是，它不同于一般的物的生产过程。一般物的生产过程有固定的生产工艺、流水线，教育过程则不同，它复杂多变且不墨守成规。在这个过程中，教师面对的学生在认识能力和倾向、气质特征、性格等方面都存在巨大的差异性，教师需要根据自己的专业知识来处理种种复杂的情况。在这个过程中，教师需要有一定的独立性。教育活动是一种专业的活动，教师需要一定的专业自主权，并同时用来反对非专业人员的无理干涉，这一点已经得到了广泛的认可。同时，出于学生创新能力发展的需要，教师也需要教学自由。如果仅仅允许教师向学生兜售现有课本中的现成的观点，教师不能介绍其他不同的观点或他自己的观点，那么，学生也就不可能对某一问题形成全面的了解，更遑论形成新的观点或培养学生的创新能力。由此可见，教学自由对于教育活动来说必不可少。

然而，迄今为止，“教学自由”的概念尚且比较模糊。有人认为学术自由包含教学自由，教学自由是学术自由的一个重要内容，如泰勒（Malcalm Tight）认为，学术自由是指“学者个人在从事学习、教学、研究以及出版时可以免予服从或免予遭遇不正当的干预的自由。”① 孟禄（P. Monore）主编的《教育百科全书》也认为“学术自由是指在具有高深学问的高等教育机构中教学并证明真理的自由，或探求真理而不受政治官僚或宗教权力的干扰的自由。”② 此外，博兰尼（M. Polanyi）、爱因斯坦（A. Einstein）等也都认为学术自由包含着教学自由。还有的将教学自由等同于“教育自由”或“教师职业上的自由”，将其理解为“教师在日常教育实践中所拥有的教育权限”③。此外，也有人认为教学自由包括了学

① Malcolm Tight, *Academic Freedom and Resonsibility*, Buckingham: Open University Press, 1988, p. 132.

② Paul Monore, *A Cyloedia of Education* (*Vol.* 2), London: The Macmillan Company, 1925, p. 700.

③ ［日］筑波大学教育学研究会：《现代教育学基础》，钟启泉译，上海教育出版社 1986 年版，第 443、445 页。

生的学习自由。

为了同学术自由、学习自由相区别,[①] 我们采用日本教育学家将教学自由看成是一种“职业自由”或“教授自由”的观点,“它不仅意味着教师在教学过程中所享有的一系列权利,而且还指教师们在教学活动中所追求的一种自主思想或行动状态,同时也是他们自觉应用教学规律开展教学活动的状态或结果”[②]。

就教学自由的内容而言,一般涉及两个方面,即教师选择“教什么”和“如何教”的自由,其中包括教师对学生学习评价的自由,也包括教师在一定限度内惩戒学生的自由。具体而言,教师享受的基本教学自由包括:(1)理解教学目标的自由;(2)选择和使用教材的自由;(3)选择和编辑教学辅导材料的自由;(4)组织和管理课堂教学的自由;(5)选择合适的教学方式、方法或手段的自由;(6)在教学过程中,进行教学评价的自由;(7)参加教学科研的自由;(8)参与各项教学制度制定的自由;(9)维护教学秩序的自由;(10)按照自己的理解讲解教学内容的自由。[③]

3. 研究自由

作为研究者,从事科学研究是教师的基本职责,享有科学研究的自由是教师应当享有的基本自由之一。

《中华人民共和国教师法》第七条第二款规定,教师有“从事科学研究、学术交流,参加专业的学术团体,在学术活动中充分发表意见”的权利。这是教师作为专业技术人员所享有的权利之一,也是《宪法》第四十七条规定的公民具有学术自由权在教师职业中的具体体现。但是,有关教师学术自由的问题存在着一种观点,即认为学术自由是学术性研究的

① 一般认为,教师的教学是他们的研究结果在学生中间的传播,由于研究自由包含研究者向公众公布研究成果的自由、教学自由甚至是研究自由的一部分。但是鉴于教学与学术研究是两种目的、性质及方法都很不相同的活动,因此,将教学自由完全置于学术自由之下,似乎不能够详细地认识教学自由。就教学自由与学习自由的关系而言,教学自由确实可以包含学习自由,因为“教学”最简单来理解就是师生之间的双边活动,因此,教学自由自然包含了教师教的自由和学生学的自由。但是,鉴于教师的教和学生的学也是两类不同性质的活动,因此,不将教师教的自由和学生学的自由分别开来讨论,似乎也不能很好地认识每一种自由。

② 石中英:《教育哲学导论》,北京师范大学出版社2004年版,第278页。

③ 同上。

自由，并主要出现在大学教育中，而中小学教育并未进入学术研究的领域，不具有学术的性质。显然，这种观点存在着明显的偏颇。事实上，学术研究的自由是教师职业生涯中很重要的一部分，不仅仅局限于高校教师，中小学教师也同样具有学术研究的责任和义务。而且，中小学教师作为研究者的地位已经在教育实践中得到承认。因此，无论是中小学教师还是大学教师都享有同样的研究自由。但是，在具体的学术研究当中，教师往往会受到政治因素、经济因素、学术传统等因素的影响，不能充分表达自己的观点。为了学术的发展与繁荣，研究自由是起码的要求，它贯穿在学术研究的整个过程中。然而，对于什么是研究自由，人们尚未达成统一。

《简明不列颠百科全书》将其解释为："教师和学生不受法律，学校各种规定的限制或公众压力的不合理干扰而进行讲课、学习，探求知识及研究的自由。"① 日本宪法学者的解释是："学术自由所保障的，并非是仅限于大学才有的一种特权自由，而是任何人皆有的学术活动自由，从而，学术自由系与一般的自由、市民的自由同性质。"② 博兰尼认为："学术自由在于选择自己研究的问题的权利，不受外界控制从事研究的权利以及按照自己的意见教授自己的课题的权利。"③ 爱因斯坦说："我所理解的学术自由是，一个人有探求真理以及发表和讲授他认为是正确的东西的权力。这种权力也包含着一种义务：一个人不应当隐瞒他已认识到是正确的东西的任何部分。"④ 对于学术自由概念的争论，麦奇路普（Fritz Machlup）认为采用任何关于学术自由的概念的论释都是不恰当的。如果采用最一般的学术自由概念，则显得过于粗糙而毫无用处；如果对学术自由的解释包括太多的限定条件，则学术自由的概念又太狭隘而毫无意义，我们无法找到一个学术自由的概念，似乎它能为我们指明实现学术自由原则的行动方

① 中国大百科全书出版社《简明不列颠百科全书》编辑部：《简明不列颠百科全书》（第8卷），中国大百科全书出版社1986年版，第726页。

② 谢海定：《作为法律权利的学术自由权》，中国社会科学院2004年版，第48页。

③ ［英］迈克尔·博兰尼：《自由的逻辑》，冯银江等译，吉林人民出版社2002年版，第36—37页。

④ ［美］爱因斯坦：《爱因斯坦文集》（第3卷），许良英等译，商务印书馆1994年版，第323页。

向。[①] 事实确实如此。根据上述学术自由的概念及本文对“自由”的界定，考虑到研究的需要，我们认为：“第一，学术自由既是一种社会自由，也是一种个体自由。第二，就其作为一种社会自由而言，它是指整个学术研究领域不受外界控制或干扰的权利；就其作为一种个体自由而言，它是指教师个人在研究活动中所拥有的不受外在力量所影响的最高自主或自治。第三，无论是作为一种社会自由，还是作为一种个体自由，学术自由就如同任何其他类型的自由一样，是有条件、有限度的，而不是无条件、无限度的。教师或某一学术组织并不能无限制地或随心所欲地使用这一原则。学术自由与学术自律、学术责任以及必要的社会监督分不开。第四，就学术自由所包含的具体内涵来说，应该涵盖学术活动的全过程，包括①选择研究课题的自由；②按照自己的设想从事课题研究的自由；③根据科学研究所得出的一般结果，发表言论或出版专著的自由；④在课堂上引导和促进学生就某一学术或社会问题进行学理讨论的自由；⑤在学术研究的范围内，免于因为履行上述自由而遭歧视、排斥或起诉的自由。”[②]

4. 个性自由

就教师而言，实现教师的个性自由首先体现为把教师这个职业看成是一种生命的需要，不只是谋生的手段，而是为了体现自己的生命价值。把专业成长看成是自我生命发展的过程，而不只是用来提高竞争力的手段。在此基础上，教师的个性自由还表现为各方面能力的自由拓展。人的能力包括认知能力和实践能力，这些能力并不是从来如此和固定不变的，而是要经历一个从低到高、从小到大、从片面到全面的不断开拓和发展的过程。人的自由发展，相应地要求人的能力能够自由地得到拓展。教师自由表现在其各种能力的自由提高与拓展上，具体应通过教师的专业发展来实现。教师专业发展是教师的专业成长或教师内在专业结构不断更新、演进和丰富的过程。在专业意识觉醒的基础上，教师要拥有充分的专业发展自主权，“使教育教学充分展现自我的生命，让他把自己的个性、价值观、态度融于教学过程中，使教育教学成为生命的创造”[③]。因此，从一个新

① 张斌贤：《大学：自由、自治与控制》，北京师范大学出版社 2005 年版，第 12 页。

② 石中英：《教育哲学导论》，北京师范大学出版社 2004 年版，第 272 页。

③ 冯建军：《论教师生命发展的策略》，《当代教育科学》2006 年第 10 期。

手成长为一名成熟的教师，需要在语言表达能力、课堂管理能力、处理教材的能力、处理突发事件的能力、科研能力、人际沟通能力、自我反思能力等方面进行不断的训练，从而具备实现个性自由的能力。

5. 参与学校管理的自由

教师参与学校管理是学校管理民主化的一种重要表现，它不仅体现了学校民主管理的形式，也决定了学校管理民主化的程度和管理的质量。教师参与学校管理是法律赋予教师的特殊权利。在《中共中央关于教育体制改革的决定》中规定："学校逐步实行校长负责制，有条件的学校要设立由校长主持的，人数不多的，有权威的校务委员会，作为审议机构。要建立和健全以教师为主体的教职工代表大会制度，加与民主管理和民主监督。"在这里，教师作为学校管理主体参与学校管理的权利被确定下来，并提出了教师参与学校管理的基本组织形式即教职工代表大会。《中华人民共和国教育法》第三十条也规定："学校及其他教育机构应当按照国家有关规定，通过以教师为主体的教职工代表大会等组织形式，保障教职工参与民主管理和监督。"《中华人民共和国教师法》第七条还规定，教师享有"对学校教育教学、管理工作和教育行政部门的工作提出意见和建议，通过教职工代表大会或者其他形式，参与学校的民主管理"的权利。正是上述规定基本上保障了教师参与学校管理的权利，但教师参与管理权的实现还必须由学校的具体规章制度来保证，而这正是目前大多数学校所缺乏的，从而导致教师真正参与管理的困难。

三　教师教育自由的价值

（一）有助于实现教师的专业自主权

如果教师没有教育自由，那么教师就只能成为国家教育权力的执行者，教师完全变成了国家体制的代言人，执行着纯粹的教化工作。另外，国家为了使教师能够真正执行其教育政策，也发展出了严密的教育结构，并通过层层的监控，对教师的教育行为进行全方位的规范，如果缺乏教育自由，那么教师就必然也只能成为真正的"教书匠"。此时，整个教育系统就将成为国家权力的运作系统，教育中也只能存在权力，教育将表现为一种纯粹的强制。教师教育自由可以为教师提供一种最基本的保障，即教师从国家那儿接受合乎人类文明准则的教育任务，至于如何完成这项任务则是属于教师自己的专业权利。而且，由于教育过程的复杂性及教育的基本目标所需要的就是教师能够以其教育智慧灵活地、妥善地解决所产生的问题从而实现教育目标。当然，教师的自由应该是法治下的自由，即教师不能违反相关的法律法规，应以不损害学生的教育自由为底线，去帮助学生实现全面个性的发展。

然而，目前对于“教师”是不是专业人员尚存有争议，但是有一点是不可否认的，即教师在自己的工作范围内拥有较大的专业自主权，教师可以不受专业以外的势力的控制与限定，且有能够自主地做出职业判断的自由。因此，教师专业自主就是指教师在教育过程中，在不侵犯学生的教育自由的前提下，依据其专业化的个人教育知识与技能，对教育过程享有自由判断与执行的权利。这不仅仅要求教师享有种种教育自由，也要求教师能自觉地抗拒非专业人员的干预，譬如非专业的行政管理人员。在教育系统中，教育行政系统的管理人员大多数都是专业出身，但是，由于行政工作的需要，他们必须对教师的专业活动进行检查、评测，当他们用自己的标准去评价继而干涉教师的教育教学活动时，就会发生冲突。

在不合理的制度规约下，教师应有的专业自主处于不能自由、自主的状态，学校管理中的长官意志，教育管理中的量化指标如升学指标、分数排名、课题数量、获奖数量、文章数量，诸如此类的规定和要求压得教师喘不过气来，教师无暇、无心、无力从事专业发展。而且，在我国现行管理体制下，学校由上级行政部门直接领导、垂直管理，在利益驱动下，许多管理部门纷纷插手学校事务，学校成为众多管理部门展示权威、争夺权利的竞技场。学校为了迎接上级的各种检查、评比和验收，迎来送往，疲于应付，教师也难于幸免，除了完成教学工作，他们还要应付诸多非教学工作。“这种被动应付的局面不从制度、机制上加以改变，其必然后果是压抑、消磨教师在专业领域里的责任心和创造力，使他们逐渐演化成只是执行他人规定的工具。”[①] 因此，必须对教师减负，减少外来的过多的检查与控制，扩大教师的自由空间，为他们营造宽松的氛围及和谐的环境。在足够宽松的环境中，教师才能自由地、独立地行使专业权力，创造性地

① 叶澜：《改善发展“生境”提升教师自觉》，《中国教育报》2007年9月15日。

开展工作展现自己的教育智慧，实现自己的专业理想。

一般来说，教师的专业自主权包括教学选择权、评价权、惩戒权与学术研究权、教学改革权等。《中华人民共和国教师法》规定的“教师权利”中，有5款直接涉及教师的专业自主：“进行教育教学活动、开展教育教学改革和实验”；“从事科学研究、学术交流、参加专业的学术团体，在学术活动中充分发表意见”；“指导学生的学习和发展、评定学生的品行和学业成绩”；“对学校教育教学管理工作和教育行政部门的工作提出意见和建议，通过教职工代表大会或其他形式，参与学校的民主管理”；“参加进修或者其他方式培训”等权利。

在日常工作中，似乎上述权利都没有丧失，教师都日复一日、年复一年地重复着同样的工作。但是，很多老师并不真正了解到底什么是专业自主。这是由于，为了解决国家生存的危机而确立的教育价值取向及相应的教育教学体制基本上没有给教师们太多的选择空间。教师的主要工作就是服从于国家政治、经济、社会发展的需要，教育政策也是高度集权化的。因而在教育实践中，从意识形态到课堂教学模式等都是单一的。随着社会环境的发展变化，学生的自我意识的觉醒及自主发展的要求，教育的这种模式已经不能适应时代的要求。所以，教师们必须发挥自己的专业自主权，创造个性化的教学，从而培养个性化的学生。就目前的状况来看，经过数次课程改革，为教师的专业自主提供了相当大的空间，外部的束缚与限制已经宽松很多，关键的问题是教师没有专业自主的意识与能力，其中专业自主能力是专业自主实现的内在障碍、限制。因此，教师自由不仅是要给予教师专业自主的空间，还应创造条件使他们具备专业自主的能力，从而实现一种实质的专业自主。

（二）有助于发现真理

教师（特别是大学教师）和学者作为公民的一分子承担着不同于一般人的责任，他们的这种责任首先是示范性的，即他们必须去发现他们认为重要而真实的东西，甚至在这个过程中不限于符合他们所教授的学生的最佳利益。“这是一种对真理的纯粹的责任，从这一角度看，这是一种最接近于使他的生活符合他自己信念的责任，而根据伦理个人主义的理想模式，这种责任是一种职业责任可达到的我们每个人所具有的最基本的伦理责任。”[①] 毫无疑问，发展知识和追求真理是教师和学者的使命。正如德沃金所言，“专业的人员的责任是如此清楚和明确地得到规定，这便是：寻求、传播并教授他们所认识的真理。学者为这种责任而生存，并且仅仅为它而生存。”[②] 而且，“为了保证知识的准确和正确，学者的活动必须只服从真理的标准，而不受任何外界的压力，如教会、国家或经济利益的影响”[③]。

然而，由于真理“像有机体和社会形式一样要不断发展，”所以，“真理不是先行完成的”[④]。真理的发展变化需要通过自由讨论，才能获得科学的结论，自由是获取真理的先决条件。密尔说：“我们永远不能确信我们所力图窒息的意见是一个谬误的意见；假如我们确信，要窒闭它也仍然是一个罪恶。”[⑤] 因为，在一些人看来，有些意见是十分荒谬的，也确实很荒谬，如爱因斯坦之前，有人告诉你时间是可以倒流的，或者在哥白尼之前，有人告诉你地球是绕着太阳转的，你肯定会认为这个人在讲科幻小说。但后来的事实证明他们所讲的并不是幻想，而是被证明了的真理。因此，“表达自由是人的最重要的权利，任何禁令都是对真理的扼杀。如果解开对学说的束缚，真理将在与各种谬误较量的角斗场取胜，谁曾听说在自由而公平的遭遇战中，真理会落败？”[⑥] 任何意见无论它是对的，还是错的，用权威来压制意见的表达和讨论都是可恶的。基于世界上没有所谓绝对确定性这种东西，人类需要假定自己的意见为真确的，以便通过公开讨论和纠正手段，使事实和论证能对人心产生影响。“一个人能够多少行近于知道一个题目的全面，其唯一途径只是聆听各种不同意见的人们关于它的说法，并研究各种不同性对于他的观察方式。”[⑦] 因此，为了保证意见的真确性，必须以反对它和批驳它的完全自由为条件，在自由的思想

---

① ［美］德沃金：《自由的法：对美国宪法的道德解读》，刘丽君译，上海人民出版社 2001 年版，第 356—361 页。

② 同上。

③ ［美］布鲁贝克：《高等教育哲学》，王承绪等译，浙江教育出版社 1998 年版，第 46 页。

④ 同上书，第 47 页。

⑤ ［英］约翰·密尔：《论自由》，许宝骙译，商务印书馆 2008 年版，第 17 页。

⑥ ［英］约翰·弥尔顿：《论出版自由：阿留帕几底卡》，吴之椿译，商务印书馆 2009 年版，第 13 页。

⑦ ［英］约翰·密尔：《论自由》，许宝骙译，商务印书馆 1998 年版，第 24 页。

市场中，真理才能获得。换言之，自由是发现真理的条件。据此，德沃金断言："根据学术自由是发现真理的传统价值，由独立的学术机构和学者所构成的系统，提供了包括科学、艺术、政治在内的非常广泛的学术领域从整体上达致真理的最佳机会。这种观点认为，如果我们让学者和学术机构享有免于外部控制的最大的自由，那么我们将有更好的发现真理的机会。"① 简言之，思想自由和表达自由是通往真理的唯一路径，为了达到真理，必须保证自由的条件，对于教师尤应如此。

（三）有助于民主政治的发展

虽然关于民主本身的争论有很多，但是有一点是肯定的：民主的实现有赖于民众对政治广泛而有效的参与，有赖于民众独立思考、自由表达、深入讨论、正确判断、达成共识，最后形成多数意见。因为，"我们不能肯定好社会是什么样的。我们只能尽可能提出各种方案并在实践中进行验证。这些方案即使被证明为不可接受或不正确的，但对于一个问题的正面和反面进行争论是一个开放社会生活的应有之义。它使一切变化皆有可能，而不被专制或垄断所阻滞。"②

对于一般公众而言，有效参与政治生活并不取决于发表高深见解，而是了解各种数据和信息，对不同意见的材料进行比较分析，在综合的基础上做出判断和最终选择。因此，信息、事实及材料的完整性、准确性和充分性对于公众的政治选择至关重要。"充分供应这些材料是民主取得成功的智力条件。"③ 教师的自由在很大程度上保证了这些材料源源不断的供给。教师作为重要的知识分子不仅有较高的文化素养、广博的知识和专业性技能，而且还有一种深刻内在的人文关怀，强烈的批判精神和高度的社会责任感。余英时将知识分子的特性归纳为五点："深切关怀一切有关公共利益之事；将公共利益视作自身之事；将政治、社会问题视为道德问题；有一种义务感，不顾一切代价地追求终极结论；深信现状事物必须作

---

① Louis Menand, *The Future of Academic Freedom*, Chicago: University of Chicago Press, 1996, p. 185.

② 刘亚敏：《论学术自由的政治价值》，《清华大学教育研究》2008 年第 5 期。

③ ［美］科恩：《论民主》，聂崇信等译，商务印书馆 2004 年版，第 159 页。

改变"[①]。而教师的自由恰恰能使作为知识分子的这种特性充分发展，使他们在钻研学问的同时，也将自身的注意力转向现实政治生活，成为现时代的批判者、民众的代言人、社会舆论的引导者和各种改革方案的设计者。[②]"对复杂的社会、政治和文化问题进行理智的、持久的和有效的讨论，是知识分子社会角色的重要组成部分，特别是当他或她为'民主'生活的创立作出贡献时更是如此；我还相信当代'民主'社会迫切需要这种讨论。"[③] 他们根据自已的政治理想，代表不同的利益阶层，自由发表建立在事实和说理基础上的政见，为公众提供各种可供选择的方案，让公众充分了解各方面的情况，并通过广泛的对话、争论，作出明智的选择，最终在谋求公共问题的解决上达成一定程度的共识。

四　教师教育自由的限度

（一）不损害学校秩序

良好的秩序环境是教师发展的必要条件。作为社会组织的学校，它的各个部分，包括管理者、师生及他们使用的物质资源，都应当按照一定的秩序组合起来，才能有效运作。学校秩序即是教师行为的结果又是教师行为的保障。教师自由离不开良好的学校秩序，"秩序鼓励着信赖和信任，并减少着合作的成本"[④]。从理论上看，尽管学校秩序与教师自由之间并不必然存在矛盾的关系，但是从教师的自由实践活动来看，学校秩序极有可能在自由的状态下失去其应有的状态。学校固然不可以以建立学校秩序之名侵入教师的自由领域进行不正当的强制，但教师也不可以以教师自由之名扰乱学校的公共秩序，影响正常的教育教学活动。正因此，才使得教师法律和教师制度的设计成为必要。各种教师制度的出现，恰恰说明了教

① 余英时：《士与中国文化》，上海人民出版社 1987 年版，第 3 页。

② ［美］吉鲁：《教师作为知识分子：迈向批判教育学》，朱红文译，教育科学出版社 2008 年版，导论第 5—7 页。

③ ［美］杰弗里·C. 戈德法布：《"民主"社会中的知识分子》，杨信彰等译，辽宁教育出版社 2002 年版，第 4 页。

④ ［德］柯武刚、史漫飞：《制度经济学：社会秩序与公共政策》，韩朝华译，商务印书馆 2000 年版，第 98 页。

师的行为需要教育制度的调控。这种调控通常是以不损害教师的自由为前提。

在教育活动中，教师的基本的教育自由的设定，同样受到来自学校秩序对他的各种言行的制约或规范。至于制约或规范的程度大小，则取决于教师自由度的大小。但总是存在着制约或规范，这意味着教师在教育活动中的言行无论如何都不能造成学校秩序的混乱或破坏。也就是说，无论教师的思想自由还是行为自由都必然受到学校秩序的制约，任何人概莫能外。至于什么样的状态可以称之为有序，而什么样的状态是无序的，这既取决于人们的秩序观念；同时，也会受到流行观点的影响，因此这是一个涉及多学科的复杂概念。在此，我们无意于也不能给出一个标准化的秩序概念，但可以确定的是，秩序的生成一般遵循两种路径：其一，由权力机构通过制定各种规则建构而成的一种外部秩序；具有很强的人为性、强制性、确定性，追求标准化和统一性。传统的学校秩序的获得多是通过这种路径。其二，通过传统文化习俗、心理结构等自发生成的，组织内部各内在要素之间经过博弈后达成的某种相对均衡。这是一种内生秩序，具有非强制性、模糊性、情感性和隐蔽性等特点，因此往往被人们忽视。但是，从理想层面来看，只有当外在秩序的建构与内在秩序的生成相互协调之时才是学校秩序的理想状态。①

（二）不损害学生的自由

学校秩序是教师自由发展的基本条件，这意味着学校秩序与教师的发展是紧密联系在一起的。但是，还有一种更可能，教师的行为并没有扰乱学校正常的教育教学秩序，但却可能对学生带来伤害。这恰恰是对教师教育自由的限制。教师自由的底线是不损害学生的自由。但是，把教师自由与学生自由并提并不意味着二者的对立。教师与学生同为教育活动中的主体，都需要获得发展，而追求自由就是他们共同的目标。从根本上说，教师自由的实现同时也就是学生自由的实现，因为教师成功的标志就是其学生通过自主的发展最终获得自由和独立。教师自由不是要压抑学生自由，而是要促进学生自由。但事实上，“人拼命寻找自由，对自由的渴求常常勃

---

① 张建雷：《复杂思维视角下的学校秩序及其生成》，《教学与管理》2011 年第 24 期。

发强烈的冲动；但另一方面，人却又极易做奴隶，且喜欢做奴隶。”[①] 这种情况表现在某些教师身上就是，他们可能出于功利目的或者外在压力（权力）而利用教师权威来压制和控制学生，迫使他们变得循规蹈矩、驯服听话。他们以为这样做排斥了“异端”、维护了“秩序”，从而达到了“自由”。殊不知，“人不应该做统治者，而应做自由人。……对他者的奴役也是对自己的奴役”[②]，而“奴役在于匮乏自由人的意识。奴役的世界是精神自身被异化了的世界。奴役源于外化。奴役即人的本性的异化，人的本性的向外抛出”[③]。因此，不尊重学生的自由就是不尊重教师自己的自由，对学生的奴役也即对教师自身的奴役。“自由的缺失使教育仅仅成为一种强制的规训，从而在根本上堵塞了教化，也使得教育不再以培养精神人格为目的。”[④] 教师必须懂得，教师不仅仅是一种职业，更是一种生存方式。如果教师屈服于外界（权力、金钱、政治）的压力、诱惑或者自己欲望的奴役而僭越学生的自由，那么他便只是一个自我欲念的牺牲品。

（三）不损害其他教师的自由

这是教师自由的内在要求。“己所不欲勿施于人，”每个教师在追求自己的教育自由的同时不应以牺牲其他教师的自由为条件。自由是基于人与人之间的平等交往，是地位的平等，是人格的平等，是一种“我—你”关系中的平等。教师与教师关系中的教师自由主要表现为教师之间基于平等关系的互相信任和交流，并共同组成教育中的共同体。每个教师都是一个独立的个体，都有表达自我的自由，有与谁合作的自由。教师之间应互相学习、交流和合作，为了学生的发展共同努力。

（四）不损害公共利益

“绝对自由并非是任意行事和随心所欲”。[⑤] 没有无责任的自由，也没

---

① ［俄］别尔嘉耶夫：《人的奴役与自由》，徐黎明译，贵州人民出版社 1994 年版，第 65 页。

② 同上书，第 67 页。

③ 金生鈜：《论教育自由》，《南京师大学报》（社会科学版）2004 年第 6 期。

④ 同上。

⑤ ［法］萨特：《存在与虚无》，陈宣良译，生活·读书·新知三联书店 2007 年版，第 708 页。

有无自由的责任，自由必须承担责任。“自由不仅意味着个人拥有选择的机会并承受选择的重负，而且还意味着他必须承担其行动的后果，接受对其行动的赞扬或谴责。自由与责任实不可分。”① 人拥有自由的同时也拥有责任。教师的教育自由不是教师的任意行事和为所欲为，而是伴随着自我节制的，是基于教师的“良心”或“良知”，是基于对学生和社会的责任感，且应该承担享受教育自由所产生的后果。也就是说，教师自由不损害公共利益既是教师作为一个普通公民应尽的责任，同时，也是对教师作为专业人员的要求。作为普通公民，教师的言论自由当以不损害国家、社会的公共安全等为底线。作为专业的人员，教师是国家教育权力的执行者，教学自由、研究自由都只能在国家要求的范围内进行有限的选择，不能够对国家、社会公共利益带来损害。

教师作为知识分子有追求真理的权利和使命。教师自由是追求真理的先决条件，因此，为了获得真理需要保障教师或学者的自由，这一点已经获得各国法律的认同。正如有人言：“对我们的学院和大学理智领袖横加任何束缚都会葬送我们国家的未来。任何教育领域都没有被人们认识的如此深刻，以至于不再能取得新的发现。”② 但是，教师享有自由的前提是不得损害国家、社会的公共利益。如果教师在其研究活动中所持的价值观强烈地违背了主流价值观，并可能会造成严重的消极的社会影响，就必须停止。他们不能以学术自由为由，完全推卸对他人和社会的责任。同样教师在选择“教什么”的时候，也必须考虑教的内容是否有害于国家、社会的利益。如果与国家的主流价值观相左，且会给国家、社会带来不良的后果，就不得进入到课堂中。

---

① ［英］F. A. 哈耶克：《自由秩序原理》（上），邓正来译，生活·读书·新知三联书店1997年版，第83页。

② ［美］布鲁贝克：《高等教育哲学》，王承绪等译，浙江教育出版社1998年版，第47—48页。

第六章　教育自由的制度保障

教育自由的理念是一种理想的教育状态，要使这种理念成为教育现实，即成为教师、学生在日常教育生活中能够切实拥有的权利并由此而获得个性的发展，就必须借助于体现教育自由理念的教育制度。无数的事实已经向人们证明：寄期望于人的素养的提高或价值观念的转变，抑或依赖于市场的原则，都不可能真正实现教育自由；唯有通过结构性的制度调整，才可能将教育自由的理念变为现实的教育实践。

一　制度与教育制度

（一）制度及其功能

1. 本文采用的制度定义

制度是教育制度的上位概念，理解教育制度首先必须明白什么是制度。

在中国古代，"制度"有两种用法。第一种用法："制度"为动宾结构，"制"为动词，取制定、规定之意；"度"为名词，"度"的意义是"尺度、法度、规则"等，合并为"制定法度、制定规则"的意思。如《中庸·二十八章》有"非天子，不议礼、不制度、不考文。"但这种用法不多见，较多见的是第二种用法，即将"制"与"度"合并成一个名词，是规定的样式的意思，延伸为一切规范，包括惯例、规定等，这是"制度"一词最主要的用法，与当代"制度"的含义也极其接近。如《周易·节》中的"天地节而四时成，节以制度，不伤财、不害民"。由此可见："制度"一词在古文里的基本内涵是：受王权保护的，以法令、法度、规范等为主要表现形式的一系列群体性的规范与规则，有外在规约、束缚、局限的意思。这一意义，与我们今天的理解已经十分接近。《辞海》对制度的解释共有三个含义：（1）要求成员共同遵守的，按一定程序办事的规程；（2）在一定的历史条件下形成的政治经济文化等各方面的体系；（3）旧指政治上的规模法度。①

在英语国家，与制度对应的单词是 institution。它最初的意思是指“确立的规则和惯例”。它是拉丁文 institutionem 的变体，而这一名词则是由拉丁文动词 institutus 演变而来，institutus 意思是“确立”，由表示“赋予、内在化”的词根“in”和表示“建立”的词根“statuere”的变体“stitutus”组成，而“statuere”则是由动词“stand”演变而来。这种考察给我们这样的启示：制度是从无到有确立起来的具有约束力的东西。关于 institution 的中英文比较，韦森有较为详细的讨论。他认为从 15 世纪以来，西方学者往往把习惯（usage）、习俗（custom）、惯例（convention）、传统（tradition）、社会规范（norm）等都包含在 institution 这个词中。②

现当代的研究由于出发点和研究目标不同，对制度的理解存在较大差异。正如德国学者柯武刚（W. Kasper）、史漫飞（M. E. Streit）所言：“文献中的‘制度’一词有着众多和矛盾的定义”③。其中，代表性的观点有：（1）制度是一种规则；（2）制度是一种社会结构；（3）制度是一种“习惯”；（4）制度是一种集体行动和社会互动；（5）制度是一种“行为模式”；（6）制度是一种特定的“组织”；（7）制度是一个系统。④在这些观点中，制度的“规则说”既与我们日常生活中的理解最为接近，也为大多数的学者所接受。

在西方，新制度经济学派多把制度理解为一种规则或规则体系，且这种规则体系总是从个人利益出发，调节人与人之间的利益分配，并以实现个体利益最大化为目的。如诺思（D. C. North）指出：“制度是一个社会

① 《辞海》（缩印本），上海辞书出版社 1980 年版，第 185 页。

② 对西文 institution 进行考据，研究比较深入，在我国影响较大的是复旦大学的韦森教授。考据后，韦森教授认为，institution 译成汉语更恰当的译法是“制序”。参见韦森《社会制序的经济分析导论》，上海三联书店 2001 年版，第 10 页。

③ ［德］柯武刚、史漫飞：《制度经济学：社会秩序与公共政策》，韩朝华译，商务印书馆 2000 年版，第 32 页。

④ 邹吉忠：《自由与秩序：制度价值研究》，北京师范大学出版社 2003 年版，第 57—63 页。

的游戏规则，更规范地说，它们是为决定人们的相互关系而人为设定的一些契约”①，是“一系列被制定出来的规则、守法程序和行为的道德伦理规范，它旨在约束追求主体福利或效用最大化利益的个人行为”②。罗尔斯则从政治哲学的角度将制度理解为如何实现社会合作的规则。他说：“我要把制度理解为一种公开的规范体系，这一体系确定职务和地位及他们的权利、义务、权力、豁免等等”③。涂尔干从社会学的角度出发，认为社会结构的基本构成便是“规范”，即为共同价值观所支持并用以指导个体行为的准则，而“规范”在某个领域的集结和体系化便是“制度”。④ 韦伯对制度的定义更简单：“制度应是任何一定圈子里的行为准则。”⑤

我国学者对制度的定义也多采用“规则说”。如，林毅夫指出：“从最一般的意义上讲，制度可以被理解为社会中个人遵循的一套行为规则。”⑥ 邹吉忠也认为“制度是用以调整个体行为者之间以及特定组织内部行动者之间关系的权威性行为规则（体系）”⑦。辛鸣也说：“制度，就是这样一些具有规范意味的——实体的或非实体的——历史存在物，它作为人与人、人与社会之间的中介，调整着相互之间的关系，以一种强制的方式影响着人与社会的发展。”⑧

由此，大家一般都会认同，制度即社会活动中各参与人都必须遵守的规则，但在制度形式或内容等方面人们却有不同理解。如诺思认为，制度“由正式规则（成文法、普通法、规章）、非正式规则（习俗、行为准则

① ［美］道格拉斯·诺思：《经济史中的结构与变迁》，陈郁等译，上海三联书店 1994 年版，第 3 页。

② 同上书，第 226 页。

③ ［美］约翰·罗尔斯：《正义论》，何怀宏等译，中国社会科学出版社 1988 年版，第 54 页。

④ ［法］埃米尔·涂尔干：《社会分工论》，渠东译，生活·读书·新知三联书店 2000 年版，第 13 页。

⑤ ［德］马克思·韦伯：《经济与社会》（上），林荣远译，商务印书馆 1997 年版，第 345 页。

⑥ ［美］R. 科斯：《财产权利与制度变迁：产权学派与新制度学派译文集》，刘守英译，上海三联书店 1994 年版，第 375 页。

⑦ 邹吉忠：《自由与秩序：制度价值研究》，北京师范大学出版社 2003 年版，第 68 页。

⑧ 辛鸣：《制度论：关于制度哲学的理论建构》，人民出版社 2005 年版，第 51 页。

和行为规范）和两者的强制性所组成”[①]。柯武刚等则依据制度产生的途径将制度分为“内在制度”和“外在制度”。内在制度是群体内随经验而演化得来的规则，如习俗、道德规范等；外在制度是外在设计出来并靠政治强力强加于社会的规则，如司法制度等。[②] 此外，还有一些人认为，把习俗、道德规范、习惯等纳入制度之中是对制度的泛化，因为它忽略了制度与隐藏在制度背后的社会心理、社会观念、价值观等的差别。

本文也倾向于把制度理解为一组规则或规则范畴，而且是正式的、权威的、稳定的外在规则。但是，这种定位似乎有使制度静态化的嫌疑，而制度是必须付诸于行动才有存在的价值和意义。如果制度仅仅停留在静态的规则上不去实施，就没有实质性的意义，就等于没有制度。甚至有了制度不实施，比没有制度给社会造成的秩序危机更严重。所以有些学者更倾向于把制度定位为“行为模式”。如米德（G. H. Mead）就认为：“社会制度就是有组织的社会活动形式或群体活动形式。”[③] 亨廷顿（S. P. Huntington）也认为：“制度就是稳定的、受珍重的和周期性发生的行为模式。”[④] 罗尔斯也曾指出：“一种制度可以从两个方面考

---

① ［美］道格拉斯·诺思《新制度经济学及其发展》，路平等译，《经济社会体制比较》2002 年第 5 期。

② 柯武刚、史漫飞认为，“规则及整个规则体系靠人类的长期经验而形成。人们也许曾发现过某些能使他们更好地满足其欲望的安排。例如，向约见的人问好的习惯可能被证明是有用的。有用的规则如果被足够多的人采用，从而形成了一定数量（临界点）以上的大众，该规则就会变成一种传统并被长期保持下去，结果他就会通行于整个共同体。当规则逐渐产生并被整个共同体所了解时，规则会被自发地执行并被模仿。不能满足人类欲望的安排将被抛弃和终止。因此，在我们日常生活中占有重要地位的规则多数是在社会中通过一种渐进式反馈和调整的演化过程而发展起来的。并且，多数制度的特有内容都将渐进地循着一条稳定的路径演变。我们称这样一种规则为‘内在制度’。”（［德］柯武刚、史漫飞：《制度经济学：社会秩序与公共政策》，韩朝华译，商务印书馆 2000 年版，第 35—36 页。）“因设计而产生。它们被清晰地制定在法规和条例之中，并要由一个诸如政府那样的、高踞于社会之上的权威机构来正式执行。这样的规则是由一批代理人设计出来并强加给社会的。这些代理人由一个政治过程选举出来，并高踞于社会之上。这样的规则最终要靠强制性法律手段来执行，如通过司法系统。我们称这些制度为‘外在制度’。”（［德］柯武刚、史漫飞：《制度经济学：社会秩序与公共政策》，韩朝华译，商务印书馆 2000 年版，第 36—37 页。）

③ ［美］乔治·赫伯特·米德：《心灵、自我与社会》，霍桂桓译，华夏出版社 1999 年版，第 282 页。

④ ［美］塞缪尔·P. 亨廷顿：《变化社会中的政治秩序》，王冠华等译，生活·读书·新知三联书店 1989 年版，第 12 页。

虑：首先是作为一种抽象的目标，即由一个规范体系表示的一种可能的行为形式；其次，这些规范指定的行为在某个时间和地点，在某些人的思想和行为中的实现。”[①] 前者是指一种抽象的制度，是一种理想的可能状态；后者是指一种实施了的制度，是一种按照这种规范所表现的行为方式，二者紧密相连，共同构成制度的完整内涵。罗尔斯还认为："适用于制度的原则决不能和用于个人及其在特殊环境中的行为的原则混淆起来”[②]，制度必须是“一种公开的规范体系，这一体系确定职务和地位及它们的权利、义务、权力、豁免，等。这些规范制定某些行为类型为能允许的；另一些则为被禁止的，并在违反出现时，给出某些惩罚和保护措施”[③]。因为，制度是人与人交往的产物，它是因处理社会公共生活中人与人之间的利益和负担的恰当分配而产生的，它不是个人及其在特殊环境中行为的原则，而是公共生活的原则，对象指向的是社会或者共同体的共同的益品。

我国学者冯建军教授给出的定义较好地实现了上述对制度的要求。他认为："制度是一定社会特定时期存在的，处理社会行为主体间公共生活的正式规则体系以及建立在这种规则基础上，由权威机构来维系的社会主体的互动方式。”[④] 这一定义不仅将制度定义为静态规则和动态实施，还将适用于个人的特殊的规则与适用于制度的原则区别开来。也正是在这个意义上，我们认为制度一般是指正式的制度，正式制度是一定时期处理社会公共生活的正式的、显性的、权威的规则，它由权威机构制定、颁布和执行。正式制度代表着社会制度的主流，具有强制性，在社会发展中起着不可替代的作用。而非正式的制度，如新制度经济学家所说的“价值信念、伦理规范、道德观念、风俗习惯、意识形态”等，虽然也规范社会生活中的一面，但往往是模糊的，它内存于人的主观意识中，不能直接运用他律的机制来实现，人们对它们的遵守也往往是自发的、不假思索的，缺乏权威性和强制性，也缺乏责任主体。

---

① ［美］约翰·罗尔斯：《正义论》，何怀宏等译，中国社会科学出版社 1988 年版，第 55 页。

② 同上书，第 54 页。

③ 同上。

④ 冯建军：《论教育制度和教育制度公正》，《教育理论与实践》2008 年第 6 期。

2. 制度的功能

与“功能”一词对应的英文单词是 Function，它源于希腊文 Functio。在汉语中，从字面意义上理解，“功”即作用，“能”指实现该作用的能力，功能是对事物属性的一种表征和描述，是由事物的本质属性所决定的功用及能力。中国古代文献中就有“观本行于乡党，考功能于官职”[①] 之类的用法。因此，制度的功能就是指构成制度的各种交往规则体系及其社会互动方式所呈现的行为功效和能力。制度经济学中以及其他一些学科对制度功能有相当详细和系统的论述，比如整合功能、维持秩序功能、激励约束功能、塑造功能等。这些为我们思考制度的功能提供了借鉴。本文借鉴制度哲学的研究将制度的功能概括为确定界限、形成秩序、提供预期、形成激励或约束等方面。

(1) 确定界限

确定界限是制度最为基本的功能，也是最为重要的功能之一。制度通过一系列的规则“告诉人们能够、应该、必须做什么，或是相反”，从而为人们的行为划定界限。这条界限既包括权利与义务的明晰，也包括活动空间和活动范围的确定。权利的实质就是规定人们在活动中的行为规则和活动空间，义务则是对行使权利的约束和责任。无权利的人不会去承担义务，无义务的人将滥施权利，两者将导致秩序的混乱。制度通过规定人们能做什么、不能做什么、该怎么做、不该怎么做，从而划定了一条行为的边界。这条边界标志着社会共同体认可的行为准则，在界限以内就会得到许可、赞赏、鼓励，超越界限的行为就会受到社会排斥、舆论谴责和权威部门的打击。由此，制度为人们的社会活动提供了一种行为框架，限制着人们行为的方向及活动的路线，划定了所有人在活动中应有的空间，并影响着人的各种选择和发展。一般而言，习俗、惯习、价值观念等非正式的制度是约定俗成的，所以它主要依靠道德伦理的力量来约束人们的行为。以条令的形式出现的正式的制度则具有强制性、权威性，它要求人们必须执行与服从，它以法律的、行政的、纪律的力量来保证相关规定得以贯彻执行。人的所有活动都处于种种的制度之中，人的活动空间也被种种的制度所限定，制度确定和限制了人的选择集合。在制度规定的空间内活动，

① 《汉书·杜钦传》。

就会受到鼓励，得到保护，产生安全感，于是更加严格地遵循这种活动范围，这就进一步强化了制度的权力性。如果试图越过制度规定的活动范围，就会受到相应的惩戒，必然也会感受到制度的约束性。但是，如果有人的行为已经"越界"但是却没有受到相应的惩罚，或者受到惩罚的概率很低，那么"越界"就会成为一种常规，这就说明这一制度的约束力已经严重削弱，必须加以修改。

（2）形成秩序

形成秩序是制度的另一重要功能。"秩序在人类生活中也起着极为重要的作用。大多数人在安排他们各自的生活时都遵循某些习惯，并按一定的方式组织他们的活动和空闲时间。"① 秩序是人类社会活动得以存在和发展的必要前提，是活动有序进行的重要保障。没有秩序，社会合作是不可能的，也必将走向无政府主义的深渊。它的形成也在活动中起着关键性的作用，是由主体之间相互作用、相互制约、遵循法律法规等而形成的一个稳定的、连续的、有机的统一状态，具有一致性、确定性、规范性等基本特征。正是这些特性保障了人类社会的有序发展。

从历时态来看，社会秩序有两种较为典型的形态：一种是等级—分层的秩序，一种是多元—分化的秩序。前者是以人身依附为基本特征的旧秩序。在这种秩序中，权力、身份等是人们必须敬畏的权威，等同制度的作用。严格的等级性是这种制度最为突出的特征。后者则是以物的依赖性为基础，并以人的独立性和自主性为基本特征的现代秩序。在这一秩序中，每个人都是独立的利益主体，人格的平等、权利的平等及行动的自由构成了主体间的自由竞争、平等互动的关系。现代制度正是通过这种合法、合理的秩序安排为社会合作创造了最基本的条件。社会合作是人类社会生产生活得以顺利进行的必要条件，虽然人与人之间存在竞争，但更需要合作，二者是矛盾的统一体。然而，竞争是自发的，但合作却不是，或者说，由于人的有限理性、信息的不对称、资源占有的多寡等因素，人自身不可能处理好竞争与合作的关系，为了实现人类之间的良性竞争与合作，就必须制定一定的规则并要求人人遵循之。正是从这个意义上讲，制度就

① ［美］博登海默：《法理学法律哲学与法律方法》，邓正来译，中国政法大学出版社 1999 年版，第 223 页。

成为人们在活动的分工与协作过程中经过多次博弈而达成的一系列契约。正如斯诺所言："制度是一个社会的游戏规则，更规范地说，它们是为决定人们的相互关系而人为设定的一些契约。"[①] 制度为人们在活动中的分工合作提供了一个基本的框架，从而为实现合作创造条件，保证合作的顺利进行。所以，制度的基本功能之一就是规范人们之间的相互关系，减少信息成本和不确定性，把阻碍社会合作得以顺利进行的因素减少到最少最低的程度。在这个意义上说，制度与秩序具有同一性。所以，布罗姆利（D. W. Bromley）说："没有社会秩序，这个社会就不可能运转。制度安排或工作规则形成了社会秩序，并使它运转和生存。"[②]

（3）提供预期

由于制度的公共性、相对稳定性、平等性、工具性等特征，使得人们在行动之前便可知道如果采取某种行为将意味着什么，其结果会是什么，从而为人们的行为提供合理预期，这是制度的又一重要功能。

制度的一个重要特点便是罗尔斯所强调的"公共性"或说是"公开性"。由于制度涉及每一个人的利益，所以必须是为每个人所了解、所认可、所遵守。尤其在多元化的现代社会中，更需要一个更为明确、公开的规则，来使秉持不同价值观念的主体能够和谐相处，并能够形成一种多元互动的合作体系。[③] 也正是由于制度的这种公共性，人们可以借助于制度提供的公共信息，使每个人都可以对别人的行为作出比较准确的判断，并在此基础上确定自己的行动方向，哪怕这个行动是他从来没有做过的，但是只要通过父母、学校、社会等多种渠道获知制度所确定的一套程序或规则，只要进入该程序，且符合其相应的规定条件，就不会受到阻挠，且十分有可能达到行动目的。与此同时，借助制度提供的信息，人们还可以预期他人的行动，并与之及时的沟通，形成良好互动，所以，在考虑自己如何行动时，获悉他人行动的信息十分重要。只有知道他人的行动，知道他人对自己行动的反应，才能决定自己应该如何行动，才能合理地调节自己

① ［美］道格拉斯·诺思：《经济史中的结构与变迁》，陈郁等译，上海三联书店1994年版，第3页。

② ［美］布罗姆利：《经济利益与经济制度》，陈郁等译，上海三联书店1996年版，第55页。

③ 邹吉忠：《自由与秩序：制度价值研究》，北京师范大学出版社2003年版，第72页。

与他人的关系，以便有效达成自己的目的。

（4）形成激励或约束

就制度的本质而言，它内在的包含着道德和伦理规范。如有研究者曾指出，“可以说制度包括一系列约束行为的规则和守则，一套跟踪偏离规则和守则的程序，以及一套制约规则和守则定义和执行方式的道德和伦理规范”①。制度提倡什么或反对什么、鼓励什么或压抑什么的规定，需要借助相应的奖励或惩罚的强制力量才可能得以实现。通过制度的激励，可以规定人们行为的方向、改变人们的偏好，从而影响人们的选择。正如罗尔斯所言：“社会的制度形式影响着社会成员，并在很大程度上决定着他们想要成为的那种个人，以及他们所是的那种个人。”② 通过制度的约束，可以规避人们的不良行为倾向。由于人从根本上讲是理性与欲望、人性与兽性的矛盾统一体。“人在达到完美境界时，是最优秀的动物，然而一旦离开法律和正义，他就是最恶劣的动物。”③ 所以，必须通过制度的约束机制迫使人们遵守共同制定的契约和秩序，抑制可能出现的恶欲膨胀。当人的欲望和兽性损害了他人权益和秩序的时候，制度就会发挥其法定的严肃性、权威性和强制性，行使非人格化的权力，给予惩罚。所以，尽管制度不能完全杜绝坏事，但至少能遏制人的恶性，惩治人的恶行，使恶者不能自由为恶，降低坏事发生的几率。正如邓小平所指出的：“制度好可以使坏人无法任意横行。”④ 同样，制度不好，反倒加剧人的恶行。

综上，我们只是从制度的形式角度来对它的功能进行了阐述。也就是说，上述几方面的内容只是制度的一般性功能。事实上，具体的制度的功能必定有与其内容相关的特殊功能。而且，在不同的历史发展时期，制度的功能也是不同的。因为在不同的历史发展阶段制度的内容是不同的，这种不同固然是与社会生产力的不同有关，但不同社会群体的利益差异与价值偏好也起着直接的作用，也就是说，存在着制度的阶级性内容，正是由于制度内容的差异导致了制度为实现其阶级利益的特殊功能。

① ［美］埃里克·弗鲁博顿等：《新制度经济学：一个交易费用分析范式》，姜建强等译，上海人民出版社2006年版，第574页。

② ［美］约翰·罗尔斯：《政治自由主义》，万俊人译，译林出版社2000年版，第285页。

③ ［古希腊］亚里士多德：《政治学》，吴寿彭译，商务印书馆1965年版，第9页。

④ 邓小平：《邓小平文选》（第2卷），人民出版社1994年版，第333页。

从理论上讲，制度功能的发挥是理所当然的。但在现实的制度运行过程中，这种当然只是一种理论的可能，并不一定会必然实现。因为，在制度功能发挥的过程中尚且存在着一些困境。譬如，公地悲剧①和囚徒困境②。个体的理性行为产生的集体的不合理性行为，体现了个体理性与集体理性的冲突。由于种种冲突的存在，制度很难顺畅地实现其功能。当然，这也并不意味着制度功能的实现是不可能的。因为，制度涉及的参与人会根据以前的行为后果对下次行为进行适应性的调整，经过长期的磨合，人的行为还是能回到制度所期望的轨道上来，制度的功能还是能够最终实现的。

（二）教育制度

教育制度是制度的下位概念，理应是制度在教育中的体现和具体化，但是从现有情况来看，已有对教育制度的界定与上述“制度”概念存在较大差异。目前，学术界对教育制度的界定有许多种，归纳起来主要有以下两种：

---

① 1968 年，英国科学家哈丁（Garrett Hardin）在美国著名的《科学》杂志上发表并提出了著名的公地悲剧，即追求最大化利益的个体理性行为导致公共利益受损的恶果。他以古老的英国村庄一篇牧民可以自由放牧的公共用地为例。该村庄每个牧民直接利益大小取决于其放牧的牲畜数量，一旦牧民的放牧数超过草地的承受能力，过度放牧就会导致草地逐渐耗尽，而牲畜因不能得到足够的食物就只能挤出很少量的奶，倘若更多的牲畜加入到拥挤的草地上，结果便是草地毁坏，牧民无法从放牧中得到更高收益。这便是著名的公地悲剧。

② 1950 年，由就职于兰德公司的梅里尔·弗勒德（Merrill Flood）和梅尔文·德雷希尔（Melvin Dresher）拟定出相关困境的理论，后来由顾问艾伯特·塔克（Albert Tucker）以囚徒方式阐述，并命名为“囚徒困境”，这是博弈论中最著名的案例。经典的囚徒困境如下：警方逮捕甲、乙两名嫌疑犯，但没有足够证据指控二人入罪。于是警方分开囚禁嫌疑犯，分别和二人见面，并向双方提供以下相同的选择：若一人认罪并作证检控对方（相关术语称“背叛”对方），而对方保持沉默，此人将即时获释，沉默者将判监 10 年。若二人都保持沉默（相关术语称互相“合作”），则二人同样判监 1 年。若二人都互相检举（相关术语称互相“背叛”），则二人同样判监 8 年。面对上述选择，囚徒到底应该选择哪一项策略，才能将自己个人的刑期缩至最短？两名囚徒由于隔绝监禁，并不知道对方选择；而即使他们能交谈，还是未必能够尽信对方不会开口。就个人的理性选择而言，检举背叛对方所得刑期，总比沉默要来得低。试设想困境中两名理性囚徒会如何作出选择：若对方沉默、背叛会让我获释，所以会选择背叛；若对方背叛指控我，我也要指控对方才能得到较低的刑期，所以也是会选择背叛。二人面对的情况一样，所以二人的理性思考都会得出相同的结论——选择背叛，结果二人同样服刑 8 年。

第一种，认为教育制度（educational institution）就是教育组织（educational organization）。如仲新等人认为："教育制度即教育的机构及功能，依据法规并以社会传统或教育观为基础而成立或发展的教育组织。教育制度即教育政策借法规而具体化的设施，也可以说是以教育法令为中心的组织。"① 台湾研究教育史的学者也认为，在对教育制度史的研究中应"以历朝教育行政组织及学校教育之设施为重心"②。国内十二所重点师范大学联合编写的《教育学基础》将教育制度界定为："教育制度是指一个国家各级各类教育机构与组织的体系；二是教育机构与组织体系赖以存在与运行的一整套规则，如各种各样的教育法律、规则、条例等。……教育制度不仅包括教育的各种施教机构与组织，而且包括教育的各种管理机构与组织。"③

第二种，认为教育制度（educational institution）就是教育体系或系统（educational system）。《中国大百科全书·教育》指出教育制度"指根据国家的性质制订的教育目的、方针和设施的总称"，也"指各种教育机构系统。"④《教育大辞典》将教育制度定义为："一个国家各种教育机构体系。包括学校教育制度（学制）和管理学校的教育行政机构体系。……有的国家把教育制度看做按国家性质确立的教育目的、方针和设施的总称。"⑤ 黄济、王策三主编的《现代教育论》将教育制度界定为："教育制度不仅包括教育的各种施教机构系统，而且还包括教育的各种管理机构系统。"⑥ 陈孝彬认为："教育制度是为实现一定社会的教育目的而建立起来的教育活动组织系统。"⑦

上述对教育制度概念的界定存在以下问题：

首先，教育制度不同于教育组织。虽然，康芒斯（J. R. Commons）

---

① ［日］仲新等：《学校制度》，雷国鼎等译，台湾中华书局 1972 年版，第 2—3 页。

② 雷国鼎：《西洋近代教育制度史》，教育文物出版社有限公司 1985 年版，第 1 页。

③ 国内十二所重点师范大学联合编写：《教育学基础》，教育科学出版社 2002 年版，第 85 页。

④ 中国大百科全书总编辑委员会《教育》编辑委员会：《中国大百科全书·教育》，中国大百科全书出版社 1985 年版，第 187 页。

⑤ 顾明远：《教育大辞典》第 1 卷，上海教育出版社 1990 年版，第 68 页。

⑥ 黄济：《现代教育论》，人民教育出版社 1996 年版，第 256 页。

⑦ 陈孝彬：《教育管理学》，北京师范大学出版社 1990 年版，第 116 页。

认为，制度就是一种“运行中的机构。从家庭、公司、工会、行业协会，直到国家本身，我们称之为‘制度’”[①]。斯宾塞也把制度看作“履行社会功能的机构”[②]。而且，英语中的“institutue”在汉语中有“制度”与“机构”的双重含义。但是，“组织是指一些参与者：以一个共同目的去实现目标的个人群体。它们包括政治主体（政党、参议院、城镇议会、受规章约束的代理人）、经济主体（企业、贸易联盟、家庭农场、合作社）、社会主体（教堂、俱乐部、体育协会）和教育主体（学校、学院、职业培训中心）。”[③] 尽管制度可以体现在组织中，但“制度不是组织”[④]。因此，只有教育组织内部的各种规则即教育组织制度才属于教育制度，而教育组织本身并不是教育制度。制度与那些受益于制度的人在一起被称为组织，如果说制度是社会游戏的规则，组织就是社会玩游戏的角色。柯武刚认为：“普通英语的习惯用法经常将这里所定义的制度与‘组织’混为一谈。组织是对资源的系统安排，其目的在于实现一个共同目标或目标集。因此，公司、银行、政府机构是有目的的组织，而基督教的‘十诫’和交通规则却是制度。”[⑤] 布罗姆利也认为：“制度为规则、准则和所有权，而不是由这些规则、准则和所有权确定的组织机构。”[⑥]

其次，教育制度不同于教育系统。《教育大辞典中》将教育制度界定为教育目的、方针和设施。事实上，教育目的和方针属于教育思想范畴，而教育设施则属于教育物质范畴。黄济、王策三主编的《现代教育论》对教育制度的定义也过分强调教育机构，而忽略了教育制度的本质属性即教育规则，同时也混淆了“教育制度”与“教育系统”概念。

---

① ［美］康芒斯：《制度经济学》（下），于树生译，商务印书馆 1997 年版，第 86 页。

② ［英］邓肯·米切尔：《新社会学词典》，蔡振扬译，上海译文出版社 1987 年版，第 176 页。

③ ［美］道格拉斯·诺思：《新制度经济学及其发展》，路平等译，《经济社会体制比较》2002 年第 5 期。

④ ［德］柯武刚、史漫飞：《制度经济学：社会秩序与公共政策》，韩朝华译，商务印书馆 2000 年版，第 117 页。

⑤ 同上书，第 148 页。

⑥ ［美］布罗姆利：《经济利益与经济制度》，陈郁等译，上海三联书店 1996 年版，第 44 页。

“所谓‘系统’，是指由许多独立活动而又互相联系的因素，为了达到过去所宣布的目标而结合起来的总体。所以系统不仅是那些组成这个系统的许多因素，而且是使它发生作用的各个组成部分之间的组织关系。”①

教育制度既不等于教育组织也不等于教育系统，而是指教育规则。因此，有研究者指出，教育制度是指“用以调整个体行动者之间以及特定教育组织内部行动者之间关系的强制性或权威性的行为规则体系”②。但是，这一定义完全是对邹吉忠的“制度”定义的简单克隆，③ 没有反映出教育制度与其他制度相比的独特性所在。教育制度必须是符合教育规律和青少年身心发展要求的，是为一定社会的教育目的服务的，最终是为了实现人的全面自由发展。这是教育制度不同于政治制度、经济制度等的根本所在。基于此，有研究者将教育界定为：“根据一定社会的政治、经济制度和受教育者的身心发展特点所制定的，旨在实现教育目的的，教育主体（政府、教育管理部门、学校、教师、学生、家长）在教育系统各种的交往规则体系以及其社会互动方式”④。笔者较为赞同这种观点。同样，这里讨论的教育制度也是指由国家或一定的教育行政部门以及学校制定并公开发布和实施的正式的规则体系，即正式的教育制度，不包括教育习俗、教育习惯、伦理规范等非正式制度。正式的教育制度包括宏观、中观、微观三个层次：一是国家对教育系统的总要求，对学校教育系统作出质的、量的与结构的规定，确定一个国家教育发展的总方案、总方针，是一个国家根本的教育制度；二是教育系统内部的基本制度，如教育体制、学制和各种教育政策、法律与法规等；三是学校教育活动中的具体制度，如招生制度、教学管理制度、考试制度、评价制度等。⑤

---

① 联合国教科文组织、国际教育发展委员会：《学会生存》，华东师范大学比较教育研究所译，教育科学出版社 1996 年版，第 164 页。

② 李江源：《教育制度：概念的厘定》，《河北师范大学学报》（教育科学版）2003 年第 1 期。

③ 邹吉忠认为：“制度是用以调整个体行为者之间以及特定组织内部行动者之间关系的权威性行为规则（体系）。”邹吉忠：《自由与秩序：制度价值研究》，北京师范大学出版社 2003 年版，第 68 页。

④ 冯建军：《论教育制度和教育制度公正》，《教育理论与实践》2008 年第 6 期。

⑤ 同上。

二　教育制度：实现教育自由的关键环节

（一）教育自由实现路径的考察

当个体的自由被确立为教育的基本价值后，也就意味每个人都有处理自己事务的权利。然而，在一个人人都为自己争取自由的情况下，人人都可能受到他人自由的限制与约束。此时，如何避免“囚徒困境”的再次发生，即“教育自由如何可能”成为理论和实践中都必须回答的问题。纵观中外历史，对这一问题的回答，归结起来主要有以下几种：

1. 道德及文化路径

不少人坚持认为，解决不同主体间自由冲突的根本出路就在于培养人的德性，提高人的道德境界，即通过人的利他精神及道德境界的提高来抑制人趋利避害、追逐私利的本性。譬如，斯密（A. Smith）在自由主义处处弥散，人人热衷于追逐个人权益之时著《道德情操论》，其本意正在于此。斯密认为，一方面，追逐私利是人的本性使然；另一方面，人又是有同情心的，基于同情心基础上的谨慎、节制、正义、仁慈等美德可以有效地抑制个体对私利的追逐。因此，在坚持个人主义并给予个体以充分自由的基础上，要不断地加强个体修养，提高个体的道德境界，实现“经济人”与“道德人”的合一，并以此消解由个体追逐私利所带来的种种冲突和矛盾。我国在改革开放后，坚持两手都要抓两手都要硬，在推动经济改革的同时，更不断强调道德修养的重要性，进行道德文化、精神文明建设的初衷也便在于此。当代社群主义者更明确提出，只有具备优良德性的社会个体，才能够在不同场合和事件中保持道德信仰的完整性，从而顺利解决各种社会问题。这种德治论的思想在教育领域体现为一些人将教育自由的实现寄期望于教育主体的个人素养的提高和主观观念的转变，希望以此来获得教育的改善。

显然，道德及文化素养的提高对于解决自由冲突问题的积极意义是有目共睹的，问题在于：自由的问题虽然是一个关涉个人的问题，但它更是一个社会性问题，单靠个人道德境界及品质的提高是无法解决宏观的社会问题的。而且，当道德的人在不道德的社会，或个体的道德与社会的道德发生冲突时，个体的道德永远无法充分保障个人自由，更不用说解决由自由带来的种种冲突和矛盾。[①] 因为“人们的不正义倾向并不是共同体生活的一个永久方面；它在许多方面多少依赖于各种社会制度，特别是依赖于这些制度是否正义。”[②] 道德的人只有在由道德的制度建构起来的道德社会中，才能借助于道德的修养解决自由的冲突问题，使社会达致和谐与秩序，并充分保障个人的自由。正如邓小平指出的那样：“我们过去发生的各种错误，固然与某些领导人的思想、作风有关，但是组织制度、工作制度方面的问题更重要”[③]，“制度好可以使坏人无法任意横行，制度不好可以使好人无法充分做好事，甚至会走向反面”[④]。简言之，尽管个体素养的提高或观念的转变是社会或教育改善的一个重要条件，但却不是最为根本的条件。

2. 宗教路径

如果说道德是中国传统社会最为重要的整合机制，在西方，宗教则是最为重要的整合机制。西方社会的个人自由虽然是从反抗教会专制和宗教的精神枷锁开始的，但是19世纪中叶以来，随着自由放任主义导致的种种社会问题不断爆发，人们开始寻找能够治疗“自由病”的药方。此时，一些人将目光重新投向了宗教，要求重新认识宗教在保障个人自由中的价值。如，涂尔干发现宗教能促使人们在对神圣之物的体验和推崇中抑制和超越自然冲动和个人主义，甘愿为自己信奉的道德目标作出牺牲。在此，宗教作为一种能够从个人自由中引导出社会责任感的社会整合机制，对自由问题的解决，是有一定补充作用的[⑤]。韦伯也从新教中导引出一种伦理精神即理性的禁欲主义，并认为它能克服资本主义经济冲动的自由放纵和贪婪攫取的负面性[⑥]。舍勒（M. Scheler）则从基督教里发现了疗治现代

① ［美］尼布尔：《道德的人与不道德的社会》（第2版），蒋庆等译，贵州人民出版社2007年版，第126页。

② ［美］约翰·罗尔斯：《正义论》，何怀宏等译，中国社会科学出版社1988年版，第235页。

③ 邓小平：《邓小平文选》（第2卷），人民出版社1994年版，第333页。

④ 同上。

⑤ 于海：《西方社会思想史》，复旦大学出版社1993年版，第254页。

⑥ ［德］马克斯·韦伯：《新教伦理与资本主义精神》，于晓等译，生活·读书·新知三联书店1987年版；［美］丹尼尔·贝尔：《资本主义文化矛盾》，赵一凡等译，生活·读书·新知三联书店1989年版。

人因自由而生的孤独和精神紊乱的药方，他致力于探寻在基督教中获取重建人心秩序即“爱的秩序”的可能性。[①]

基于对宗教价值的重新认识，宗教教育重新得到了重视。在宗教教育的倡导者看来，现代世俗性高校已经偏离了教授学生理性道德观的方向，致使道德观陷入了道德相对主义的泥潭之中，为了战胜这种道德相对主义的泛滥，宗教教育有必要重新回归公共领域。阿姆斯特丹的市长 Job Cohen 在 2002 年曾号召人们不要总是强调宗教的地位，要更多地注意宗教教育在公共领域的作用和地位。他甚至说：“没有清真寺、没有庙宇、没有犹太教堂，我们将不会成功。”伴随着宗教教育回归公共领域口号的兴起，在西方社会兴起了一大批旨在回归基督教传统道德的组织，这些组织的共同特点是站在基督教传统的立场上，呼唤公众对道德问题的关注，以消解世俗化发展带来的种种社会问题。同时，公共领域内的教育部门也被认为有义务通过挖掘宗教教义来引导人们树立有益于社会发展的信仰和良好的道德观念。就学校内的宗教教育而言，英国早在 20 世纪 40 年代就规定公立中小学学校的学生必修宗教教育，而且每天都要聚会膜拜。在美国，虽然不允许在课堂内讲授宗教课程，也不正式设立宗教课程，但政府允许公立学校校外课余进行宗教教育，允许学生宗教俱乐部课前课后在班级组织祈祷，允许公立学校的学生学习圣经等。在高校校园中也出现了大量的学生宗教组织，他们自发组织宗教祈祷小组和圣经学习小组，一些学校还安排神学博士或知名牧师做神学报告以吸引广大师生参加。许多教派和地方教会都设立专门的校园宣教机构，指导校园学生的宗教活动。对我们来说，自由问题的宗教解答倒也不是毫无启发性的，但问题在于，宗教的作用必须在秩序良好的社会中才有可能，也就是说，宗教作用的发挥必须依赖于由制度提供的良好社会环境。

3. 市场路径

在西方现当代主流经济学中，经济自由受到了极大的推崇，从斯密到密尔、再到哈耶克和弗里德曼，经济自由不仅被当成一切自由的必要条件和基础，而且是经济增长、社会进步和人的发展的基本动力。在他们看

① ［德］马克斯·舍勒：《爱的秩序》，林克等译，生活·读书·新知三联书店 1995 年版；［德］马克斯·舍勒：《价值的颠覆》，罗悌伦等译，生活·读书·新知三联书店 1997 年版。

来，追求自利的经济人之间充分自由的竞争，不仅可以自动地增加国家财富、带来社会繁荣、促进社会全面发展，而且本身就能达成一种和谐的秩序，就如同一只“看不见的手”靠着“理性的狡狯”在个人充分自由的行动中，可以自动地实现效率和公平。哈耶克甚至反对“有序竞争”的说法，认为自由竞争是无须前提的，无须秩序来保证竞争的自由，相反自由竞争可以自发地生长出社会秩序。[①] 然而，“公地悲剧”、“囚徒困境”等使这些幻想不攻自破。过度自由的竞争不仅不可能如哈耶克所设想地那样自动地生长出社会秩序，相反还会成为秩序混乱的重要原因，甚至还可能将人类引向自我毁灭的深渊。因此，经济自由并非无限制的自由，自由竞争也并非无前提。实现自由竞争至少有三个制度性前提，即市场、企业和政府。市场是人们为实现资源有效配置而发明的、进行自由交换的机制和装置，它“只有在一个用道德法规和权威维护着安宁的社会才有可能”[②]。由于市场交易成本的存在，企业也作为一种用以降低交易成本、绕开市场交换的制度安排而存在[③]。不管是市场还是企业都需要政府所提供的法律秩序作为前提和保障，因此，经济自由的问题仍然是一个制度的问题，离开制度的经济自由是完全不可能的。

在教育领域，一些人期望通过教育的市场化实现个体之间的自由竞争，以此来保证个人平等的教育自由。不可否认，教育市场化确实在一定程度上有助于实现教育自由，但教育市场化并不是教育自由实现的最为根本的条件，而且教育市场化已经给教育带来了种种问题，尤其是教育的公平、平等问题。因此，解决这些问题，最后还必须借助于国家的力量建立合理的教育制度，从而为教育中的自由竞争提供必须的教育秩序，解决由于过度自由竞争所带来的种种诸如教育公平、平等，教育质量等问题。

综上可知，教育自由的可能性问题涉及多个方面，需要各种因素共同发挥作用，但是在各种可能性路径中，通过合理的教育制度安排实现教育

---

① ［英］F. A. 哈耶克：《个人主义与经济秩序》，贾湛等译，北京经济学院出版社 1989 年版，第 6 页。

② ［美］查尔斯·林德布洛姆：《政治与市场：世界的政治——经济制度》，王逸舟译，上海三联书店、上海人民出版社 1991 年版，第 45 页。

③ ［美］R. 科斯：《财产权利与制度变迁：产权学派与新制度学派译文集》，刘守英译，上海三联书店 1994 年版，第 20—21 页。

自由具有优先性，也是关键的、起决定性作用的环节。没有教育制度所保障的教育秩序，个人自由永远无法得到真正的实现。

（二）教育制度的优先性

就保证教育自由的实现来说，基本的教育制度具有决定性的意义。尽管非正式的教育制度如教育伦理、教育传统和教育习俗等可能会对教育自由的实现产生不同程度的消极影响。但是，要保证教育自由走向实践形态，就必须依赖于体现教育自由理念的基本的教育制度，教育制度具有实现教育自由的优先性。

罗尔斯曾说，社会应当是一个“持久的、公平的社会合作体系”，而现代社会制度就是“要使社会成为自由平等的、被各自持有合理的综合性信条深刻分裂的公民间的一个公平稳定的合作体系。”[①] 所谓“综合性信条深刻分裂”，是指现代社会在全球化过程中出现的价值及信仰的多元化趋势。在这种背景下，规则化、形式化的制度就成为持相互分裂甚至对立的自由主体之间借以沟通、交往、互动和合作的公共结构和整合机制。因此，在罗尔斯的政治自由主义的理论体系中，保证自由而平等的公民所组成的公正而稳定的社会之长治久安的一个重要内容就是为社会确立一“基本结构”，它被理解为“主要的社会制度以此种方式在一个系统中相互匹配，并分配着各种根本权利和义务，也塑造着通过社会合作而产生的各种利益划分”[②]。就是说，任何社会理想的实现都需要借助于基本制度来实现。社会的不同在于其基本制度在权利、义务以及利益的分配上存在着根本性的差异。社会理想实现的根本切入点就在于公民的权利和义务之分配。因此，当我们在考虑教育自由的理念如何走向实践形态时，它的逻辑起点应当是基于教育制度安排所作出的有关受教育者、教育者、管理者等之间的权利和义务之分配，而不能将希望寄托在所谓实践主体的个人素质、主观观念的转变，或教育的市场化等。换言之，在教育自由被确定为教育的基本理念，教育制度的安排就对教育自由理念的实现起着决定性的

---

① ［美］约翰·罗尔斯：《自由与正义》，《市场社会与公共秩序》，刘军宁等编，上海三联书店 1996 年版，第 330—331 页。

② ［美］约翰·罗尔斯：《政治自由主义》，万俊人译，译林出版社 2000 年版，第 285 页。

作用。一种教育理念成为真正指导教育实践的理念，并外化为人的行为，制度是关键性的因素。而且，也只有通过理念的制度化，体现某种教育理念的教育行动才会出现。

正如丘伯（J. E. Chubb）和莫伊（T. M. Moe）在分析美国教育改革收效甚微的原因时指出的那样，“制度是了解学校的关键因素”，应“以制度理论的视角分析学校”。他们认为，所有的学校都深受其所处的制度环境的影响，学校以何种形式进行组织、运作是否成功，在很大程度上反映了其所处的制度背景。因此，如果要想实现教育改革的目标，就必须改变管理学校的规则体系，创立新的教育制度，通过新的教育制度的激励来影响教育者个体的“选择”，而不是仅仅在口头上提出各种要求。[①] 然而，在有关教育改革的各种方案中，教育制度尤其是学校内部及各种微观领域的教育制度并没有受到质疑。人们只是从教育理念出发，在宏观层面提出种种要求并直接指向问题的解决方案，而忽略了这样一个事实，即教育中的问题实质上是宏观的和微观的教育制度以及与教育直接或间接有关的制度内在冲突的外在表现。现有的教育改革之所以较少涉及制度的改革，主要是基于以下原因：

其一，利益因素，也是最为重要的因素。一般而言，现有的制度是既得利益者为保护其既得利益而制定的，也就是说现有制度是对既定利益格局的保护。对现有制度的改革则意味着既定利益格局的打破，从而遭到既得利益者的反对或抵抗，使教育自由的阻力增大。由此在改革的实践中往往产生这样的局面，即“对教育制度问题避而不谈，因此各种问题及其解决方法倾向于用非制度性的术语来表达，但是这样的解释并不能阐明学校和它所处的制度环境之间的关系”[②]。

其二，教育制度的相对稳定性或惯性在客观上对教育改革造成阻滞。一定的制度是特定时期社会关系和社会结构的反映，制度的形成也有一个制度化的长期过程，经历了这一过程就形成了稳定的制度。制度的稳定性造成了人们按章办事的习性。正是在这个意义上，制度经济学的创始人凡

① ［美］约翰·E. 丘伯等：《政治、市场和学校》，蒋衡等译，教育科学出版社 2003 年版，第 23 页。

② 同上书，第 21 页。

勃伦（T. Veblen）把制度看作是一种“自然的习俗”，一种“思想习惯”，一种“流行的精神状态”，类似于各种“习惯性的上瘾”。[①] 制度的这种稳定性无疑给制度的改革造成阻滞。就教育实践而言，所有的学校都在适应已有制度环境的过程中发展了自己的组织形式。这些组织形式又反映了它所适应的制度环境。由于不同的制度环境，尤其是不同的制度管理体系，总是先天地支持一定形式的组织结构而抑制其他组织形式的发展。而且，在个体层面，不同的制度以不同的方式影响（缩小或扩大）个人的选择，从而影响教育改革的进程、发展，甚至影响教育改革的成功与失败。

其三，对人类德性与道德能力浪漫式地过高估计。在教育实践中，人们总是一厢情愿地认为，个体是天生具有社会良知的道德人，会义无反顾地为着实现社会的崇高理想和目标而能够牺牲个人的利益。基于此，人们认为教育自由理念的实现完全可以依赖于教育观念的转变。通过树立教育自由的理念，依据天生的道德约束性使人自觉地为着教育自由的理想而努力。也正因此，在教育改革中，人们总是规避制度改革的问题。然而，事实上，“人们奋斗所争取的一切，都同他们的利益有关”[②]，“人性之私，不容回避”[③]。叔本华（A. Schopenhauer）曾指出：“人主要的和基本的动机和动物的一样，是利己主义，亦即迫切要求生存，而且要在最好的环境中生存的冲动”[④]。“任何人如果不同时为了自己的某种需要和为了这种需要的器官而做事，他就什么也不能做”[⑤]，“他们的需要即他们的本性”[⑥]。可以说，“所有人类行为均可视为某种关系错综复杂的参与者的行为，通过积累适量信息和其他市场投入要素，他们使其源于一组稳定偏好的效用达至最大。”[⑦] 这意味着，现实教育活动中的人并非单纯的道德人，而是

① ［美］凡勃伦：《有闲阶级论：关于制度的经济研究》，蔡受百译，商务印书馆2009年版，第138—139页。

② 《马克思恩格斯选集》（第1卷），人民出版社1972年版，第582页。

③ 扈中平：《德育应如何看待“利己”》，《学术研究》2005年第6期。

④ 叔本华：《伦理学的两个基本问题》，任立等译，商务印书馆1996年版，第221页。

⑤ 《马克思恩格斯选集》（第3卷），人民出版社1972年版，第286页。

⑥ 同上书，第514页。

⑦ ［美］贝克尔：《人类行为的经济分析》，王业宇等译，上海三联书店1999年版，第9页。

一个理性人，逐利是人的本性所趋，妄图通过道德境界的提高或利他精神的培养来实现教育自由的理念也是不现实的，教育自由的实现最终还须依赖于制度的保障。

三 教育制度如何保障教育自由的有效实现

既然教育制度是实现教育自由的主要路径，或说，在实现教育自由的众多路径中具有优先性，接下来的问题是：教育制度是通过什么或怎样来实现教育自由的？是不是所有的教育制度都能够保证教育自由理念的实现？

（一）教育制度如何实现教育自由

就教育制度的本质而言，它内在的包含着道德和伦理规范。就个人而言，教育制度通过规定明确教育活动中教育行政管理人员、学校管理人员、教师、学生等各层面群体与个体的职责、权利、义务，使教育系统中的每个成员都明确知道应该做什么、怎样做，从而形成良好的教育教学秩序，满足不同成员的个体需要。就社会而言，教育制度对人类的教育交往、合作、竞争以及利益的分配做出了具体的规定，使得教育活动有序地开展，从而有利于教育的发展与进步。人的教育活动无处不在教育制度中，教育自由的实现需要教育制度的保障。现代教育制度的最大好处就在于“有效界定自由主体之间、个人与社会之间的权利义务边界，以使自由主体在自由竞争中实现自己价值的同时，促进社会的发展和进步，通过促进社会的进步为个人自由进一步发挥创造条件”①。

1. 明确主体身份，保障主体权益

教育制度对教育自由的保障首先要明确教育主体的自由身份，并对不同主体间的权利、义务、责任和利益关系划定清晰的边界，从而排除干预、控制和奴役，获得自由发展的空间。就学生而言，如果在学校中，学生被看作被塑造者、被改造者，他们的言行受到学校或者教师的监督和限制，他们学习的知识是被筛选过的，他们不仅没有学习的自由，甚至他们不是作为自由身份的人生活在教育中，他们随时可能受到

① 邹吉忠：《自由与秩序：制度价值研究》，北京师范大学出版社2003年版，第189页。

监视、训练、干预和惩罚。缺乏自由的身份，就会使本身稚嫩的学生处于一种缺乏保护的脆弱状态，在学校和教师的强势之下，他们只能畏惧、屈服、顺从，处于一种他治的状态。这种他治的状态是个人自由的毁灭者，也是教育自由的毁灭者。所以，教育制度应该首先保障受教育者的自由身份，为他争取更多的教育自由创造条件。就教师而言，如果教师独立的身份地位没有得到确认，那么教师就难以获得应有的社会地位、利益、权利以及由此产生的权力，学校及其他人便可以随意地践踏教师的自由，侵犯教师的合法权益。无论是教师作为普通公民的权益，如平等权、政治权利、宗教信仰自由权、人身自由权、社会经济权、文化教育权和监督权等，还是教师作为教育教学专业人员所特有的权利，如教育教学自主权、研究自由权、指导评价权、获取报酬权、参与教育管理权、培训进修权及申诉权等都不可能得到有效保障，教师的教育自由也就无从谈起。就学校而言，如果不能获得相对独立的地位，那么它们就无法在与政府管理部门、各种社会组织的博弈中获得平等的话语权，就只能成为政治话语、行政命令的传声筒，社会需求的应声虫，而这又直接影响到教师、学生教育自由的实现。

2. 确定教育秩序，协调不同主体的利益冲突

由于教育资源，尤其是优质的教育资源始终处于稀缺状态，所以教育竞争普遍存在于教育的各个层面，如个人之间、学生之间、班级之间、教师之间、学校之间，甚至国家之间。有竞争便有冲突，解决冲突的办法可以是教育竞争，也可以是教育合作。就教育竞争而言，恶性的教育竞争会导致人与人之间关系的恶化，使整个教育秩序处于混乱之中。正如罗素所言："争强好胜决非完全是一种罪恶。当它们以服务社会、艺术创作或艺术发现的竞赛形式表现出来的时候，它就成为一种非常有用的刺激，敦促人们更加努力地创造财富"，[①] 但"当争强好胜的本能被用于获取财物时……是有害的，因为财物的数量有限，一个人得到了别人就没份了。当争强好胜的本能以这种形式表现出来时，必然会引起恐惧，而残忍又几乎必然会由恐惧发展而来。"[②] 其次，无序的教育竞争也会导致整体效率的

① ［英］罗素：《自由之路》（上），李国山等译，文化艺术出版社 1998 年版，第 80 页。

② 同上书，第 102 页。

下降。个人教育利益的最大化并不能导致整体教育利益的最大化，反而会导致大量不经济的现象。再次，教育竞争往往是奖励强者，惩罚弱者、不幸者，使得弱者更弱，社会中的不平等也被复制到教育中。最后，教育竞争也容易使人忽略德行的重要性。那么我们将如何以较低的代价和非暴力的方式来解决教育中的冲突呢？开展教育合作是不错的选择。但是，教育合作的开展也必须以良好的教育秩序为前提。

教育制度成为维持教育秩序解决教育冲突、促成教育合作的一种合理性安排。首先，教育制度通过限制人的放纵行为降低冲突发生的可能性。教育制度告诉人们能、不能、必须这样、必须不这样、可以或者不可以做什么事；其次，当冲突出现时，教育制度通过预设的机制，提供冲突的裁决方式。教育制度指定某些行为是允许的，是道德的，某些行为是禁止的，并在违反时，给予惩罚措施。所以，教育竞争中所存在的种种问题的解决必须要以良好教育制度的建立为前提。教育制度通过有效界定教育主体的权利、义务，并提供教育主体活动的游戏规则，使其教育活动得以在一定范围内有效开展，在追求自己的教育利益时，不损害他人的教育自由，促进教育的进步与发展，也为教育自由的进一步发挥创造条件。也正是因为教育制度的存在，教育主体才能获得自由竞争的机会，从而使人的全面而自由的发展成为可能。

3. 确定行为界限，划定不同主体的活动空间和范围

任何的自由都是有限度的，教育自由也不例外。教育自由是教育制度规定下的自由，正如“自由是规定的结果”。教育制度通过一系列的规则为教育生活划定了界限。它告诉人们应该做什么、不应该做什么、禁止做什么。这界限既包括权利与义务的明晰，也包括活动空间和活动范围的确定。权利的实质就是规定人们的行为规则和活动空间。义务则是行使权利的约束和责任。通过规划人们的行动空间，为人们的充分发展划定了一个安全的行动空间，使得人们不必要担心他人的任意干涉，而专注于自己的教育自由权的充分利用，有效发挥自己的聪明才智，促进个人自由的发展。阿克顿（L. Acton）说：“只有当人们学会遵守和服从某些法则之后，自由才开始真正出现。而在人们尚未学会遵守和服从某些法则之前，自由

表现为无拘无束的放纵和无政府状态。”[①] 原因就在于，“一个遵守已公布的法规的人不必害怕对他的自由的侵犯”。[②] 随着教育制度的完善，教育中的主体得以不断地从对他人和学校的人身依附中解放出来，“取缔封闭性‘城墙’的局限，消除任性的权力意志和无所不在的道德意志的统治，凸显人的主体性和自主性”。[③] 因此，教育制度是教育自由的保护者，它抵挡了权威和他人的任意干涉，使个人能充分发挥自己的主观能动性，使教育自由变为现实。

4. 提供行为预期，保障不同主体教育自由的平等实现

作为确定的教育制度，由于其明晰性、抽象性、平等性和工具性，使人们能够借助于中介化、理性化的制度规则，对他人或社会的教育行为做出比较准确的行为预期，同时也能引导自己选择自己的教育行为。当我们通过教育制度了解到某种教育行为会产生什么样的教育结果时，我们就能根据自己的实际情况选择适合自己的教育活动，遵守教育制度的一系列规章制度，那么我们便可预期产生某种结果，获得某种教育成就、达成教育目的。与此同时，人们通过对违反教育制度所受惩罚的预期，从而遵循教育制度，避免违反教育制度，由此给予教育以秩序和稳定性，使教育主体从行为的可预期上获得安全感，为教育自由的顺利开展创造条件。正如伯林所言：“必须通过立法和为人类这头犟驴发明一套大棒和胡萝卜的制度才能做到。哲学家掌权的时候，必须创立一种人为的奖惩制度，只要他们的所作所为有利于获得更大的幸福，就要给予奖励，当他们的实际行动不利于获得更大的幸福，就要给予惩罚。”[④] 教育制度正是通过这样一种稳定的预期机制“大大减少根源于价值多元及复杂多元互动所带来的不确定性因素，形成一种促进人们互动和交往的激励结构，并通过消除各种外部性来达到个人价值与社会价值的均衡。”[⑤] 那么，教育制度是如何做到

① ［英］阿克顿：《自由与权力》，侯健等译，商务印书馆 2001 年版，第 315 页。

② ［美］约翰·罗尔斯：《正义论》，何怀宏等译，中国社会科学出版社 1988 年版，第 231 页。

③ 邹吉忠：《自由与秩序：制度价值研究》，北京师范大学出版社 2003 年版，第 190 页。

④ ［英］以赛亚·伯林：《自由及其背叛：人类自由的六个敌人》，赵国新译，译林出版社 2005 年版，第 17 页。

⑤ 袁礼斌：《市场秩序论》，经济科学出版社 1999 年版，第 12—14 页。

这一点的呢？最根本的原因就在于其抽象性和平等性，决定了它的非人格化特征，它“没有憎恨和激情，因此也没有‘爱’和‘狂热，……‘不因人而异’，形式上对‘人人’都一样”①。现代教育制度只针对客观上存在的行为和事实，而不会因人而异，而且我们在制定相关的规则时，事先也不知道谁在什么情况下会使用它们，因此，现代教育制度具有先天性的对事不对人。如此一来，教育制度一方面打破了特殊主义的限制，可以作为自由主体相互预期的公共机制，同时，又使一个人能够充分地保有自己的自由，从而保证教育自由的平等实现。借用斯密的话来说，“每一个人，在他不违反正义的法律时，都应听其完全自由，让他采用自己的方法，追求自己的利益，以其劳动及其资本和任何其他人或其他阶级相竞争。”② 同样的道理适用于教育，只要个体不违反正义的教育制度，就应该允许他享有完全的教育自由，追逐自己的利益，并在与其他人在自由竞争中实现自我。

5. 适度的行为约束，提供可能的教育自由实现机制

制度的利益基础内在地决定了制度的约束功能。戈森（H. H. Gossen）认为，之所以需要约束是因为“一方面，个人的力量不足以保护自己不受侵袭或损害；另一方面，在很多情况下看来难以确定每个人可以达到而又不损害他人的界限。这两方面的情况必然使社会创造出一种权力，支持受到损害威胁的个人的力量，并在可疑的情况下确定个人权利的界限。”③ 约束包括两个方面：一是限制；二是保障。限制就是明确规定教育中主体行为的活动界限，或者说确定主体的选择范围，或主体所拥有的权利规定。教师和学生一旦逾越权利的边界就会受到惩处、制裁。保障是指防止不同教育主体的权利受到侵犯和损害，以保证他们在履行其义务的同时享有相当的权利。限制与保障统一在约束功能之中，限制本身就意味着保障，而保障实际上就是限制。约束机制

① ［德］马克思·韦伯：《经济与社会》（上），林荣远译，商务印书馆 1997 年版，第 250 页。

② ［英］亚当·斯密：《国民财富的性质和原因的研究》（下），郭大力等译，商务印书馆 1974 年版，第 252 页。

③ ［德］戈森：《人类交换规律与人类行为准则的发展》，陈秀山译，商务印书馆 1997 年版，第 142 页。

是选择机制，它以某种关系为尺度对行为进行限制，并选择决定哪些因素、怎样的行为可以进入到主体的活动之中，哪些因素和行为被排斥主体的活动之外，从而也就规定了主体活动和发展中各种因素实际的相互作用，规定了它的偏好、它的大小，以及对各种因素实际相互作用加以整合所得到的发展的现实样态或历史样态。约束功能所彰显的秩序是显而易见的，但是，制度的约束功能又是如何实现自由目的的？事实上，教育制度通过形式化和程序化的方式改变了约束的方式，使教育制度对不同主体的约束从实质性的人身约束，到形式性的行为约束。在这样的制度环境下，个人获得了价值观、信仰、情趣、精神世界等实质性方面的抉择权。即使在外在的形式约束方面，也改变了不完善的制度的形式非理性特征，注重程序约束，尽量减少实体性的强制。在这两个层面上，不同的教育主体都大大地扩展了自由行动的范围，获得了更多的选择机会，为个人智慧、才能和力量充分自由发挥预留出了巨大的空间，因而约束成了教育自由得以可能的实现机制。①

6. 恰当的行为激励，实现个人自由最大化

任何制度都有激励功能，“制度构造了人们在政治、社会和经济方面发生交往的激励结构。”② 教育制度的激励功能是通过教育制度的合理安排（制定法律、政策和规章），对有限的教育资源、学校资源等进行合理分配，使教师与教师、学生与学生、教师与学生、教师与其他社会群体之间的利益关系得到正当解决，权利、义务在公正、平等的基础上达至一致，自身的行动得到相应的回报来实现的。激励机制是动力机制，它提供学校管理整体意义上的创新条件和活力源泉。对于一个学校来说，给予其成员什么样的激励以及激励程度的大小，足以决定其发展速度的快慢。社会发展动力学的核心问题是人的积极性、创造性和潜能的发挥。一个社会共同体的成员如能始终富有积极性、创造性、潜能得以充分发挥，这个社会便不愁没有发展的动力和自我更新能力。而共同体成员积极性、创造性和潜能的发挥，主要靠制度激发和保持。教育制度的激励功能主要是通过

① 赵敏：《教师制度：自由秩序的生成路径》，《教育研究与实验》2009 年第 6 期。

② ［美］道格拉斯·诺思：《制度、制度变迁与经济绩效》，刘瑞华译，上海三联书店 1994 年版，第 3 页。

目标的预期导向与竞争来实现的。首先，教育制度对不同主体的行为选择和发展具有预期导向作用。教育制度的激励功能是通过提倡什么反对什么、鼓励什么压抑什么等信息的传达，并借助奖励或惩罚的强制力量得以监督执行。教育制度通过目标的设立，引导不同教育主体的行为方向，改变个体的偏好，影响他们的选择。与此同时，由于不同主体的需要、动机和目的不同，导致了不同主体间的利益冲突，从而产生竞争。教育制度通过激励机制和约束功能，按照学校运行和发展的客观要求，通过抑制不合理的、有害的自由和竞争，鼓励合理的自由和竞争，从而实现个体自由的最大化。

（二）什么样的教育制度才能保障教育自由的有效实现

教育自由的实现依赖于教育制度功能的合理发挥，好的教育制度可以保障教育自由的有效实现，但是不好的教育制度反倒“有可能完全剥夺人的自由，使人成为一个没有判断自由的能力的人”。[①] 教育是以人为中心和出发点的，以追求人的自由和全面发展为根本目的的。因此，所谓“好的制度”与“不好的制度”，其根本的标准在于：是否有利于调动最大多数人的积极性、主动性、创造性，是否有利于充分发挥广大实践主体的主体能力，是否有利于培养和提高人的文化素质，换言之，是否有利于促进人本身全面而自由的发展，这是教育制度应遵循的根本标准和方向。[②] 具体而言：

1. 好的教育制度应当以人为本

何谓以人为本？弗洛姆说：“所谓人本主义，它的意思是指每一个均体现了全部的人性；因此，人所具有的，每一个人都具有”。[③] 从根本上说，“人本主义一指人是万物的尺度，人的全面发展是一切社会努力的目的与准则”[④]。马克思则进一步强调，要真正做到人本，并使之成为普遍

---

① ［俄］别尔嘉耶夫：《人的奴役与自由》，徐黎明译，贵州人民出版社 1994 年版，第 71 页。

② 李江源、胡斌武：《论教育制度的伦理道德之维》，《教育理论与实践》2006 年第 1 期。

③ ［美］埃里希·弗洛姆：《在幻想锁链的彼岸：我所理解的马克思和弗洛伊德》，张燕译，湖南人民出版社 1986 年版，第 16 页。

④ 同上书，第 148 页。

的事实，“必须推翻那些使人成为被侮辱、被奴役、被遗弃和被蔑视的东西的一切关系”[①]，从而“把人的世界和人的关系还给人自己”[②]。因此，坚持以人为本就是“把人作为发展的实践主体和根本动力，把人作为发展的终极价值和根本目的，切实做到依靠人、提高人、尊重人和为了人”[③]。换言之，就是要把人及人的发展、完善、尊严和自由放在中心位置上，将人本身看作目的，而不是达到任何其他东西的手段，做到尊重人的尊严，满足人的发展需要，促进人的自由而全面的发展。

以人为本，首先要改善人的生存条件、教育条件，为人的发展提供最基本的自由，满足人的发展的基本需要。一方面，发展意味着人的生存和发展条件的改善，从而使人获得较之以前更多的解放和自由，这是因为人们拥有的社会条件对个体生存、享受和发展具有实质性的意义；另一方面，发展意味着人的选择能力的扩大、人的自由的扩展，“发展可以看做是扩展人们享有的真实自由的一个过程”，“自由不仅是发展的首要目的，也是发展的主要手段”[④]。对发展的评价必须以人们拥有的自由是否得到增进为首要标准，发展的权利是每个人不可剥夺的基本人权，每个人均有权参与、促进并享受社会政治、经济、文化等的发展，在这种发展中每个人的基本自由都能获得充分实现。正如斯蒂格利茨（J. B. C. Medal）所言：“当所有人的声音在权力的走廊里都能被听到的时候，政府应更加负责，更加透明。其制定的政策可能就很少会发生突然而急剧的变化。”[⑤]因此，政府应“鼓励民众在各个领域的参与，这是发展和充分实现所有人权的重要因素”[⑥]。就教育而言，政府应当鼓励民众参与教育，以获得自由发展的可能。

以人为本，还要维护教育的公正性。完全的市场化不能解决自由竞争所带来的教育公平、教育平等问题，因此，教育以人为本需要政府发挥其

---

① 《马克思恩格斯选集》（第1卷），人民出版社1972年版，第10页。

② 同上书，第443页。

③ 辛鸣：《制度论：关于制度哲学的理论建构》，人民出版社2005年版，第227页。

④ ［印］阿马蒂亚·森：《以自由看待发展》，任赜等译，中国人民大学出版社2009年版，第7页。

⑤ 高国希：《以人为本，建设美好社会》，《学校党建思想教育》2004年第4期。

⑥ ［挪］艾德等：《经济、社会与文化的权利》，黄列译，中国社会科学出版社2003年版，第142页。

作用，在保障自由竞争、教育机会公平以及平等获得和平等享有教育资源的前提下，在教育制度的安排上系统地落实每个人都获得发展的自由权利，尤其是弱势群体的权利。对于不同阶层提出的相互冲突的教育主张，政府都应予以重视并设法保护其合法利益不受任何一方的侵害，即既要切实保护强势群体的教育权益使，使个体的能力得到最大化的实现和发展，又要切实保障弱势群体的教育权益，使他们能得到最起码的教育。

人是教育的中心和出发点，也是教育的目的和归宿；教育在人的交往与活动中展开，人在教育交往与活动中成长和发展；因此，一切教育制度都必须以人为本，这是任何教育制度都必须遵循的基本原则，也是任何好的教育制度的基本特征。“制度是以人性的需要为基础，制度的基本价值诉求是以人性为最基本的依据，从而发挥其保障人性需要的作用”①，认识不到教育制度的人本性，即使教育制度具备一般制度的秩序、界限、激励或约束等功能，也无法做到保障人的教育自由，甚至可能成为束缚人的发展的牢笼。“以人为本”的教育制度，就是把教育与人的幸福联系起来，将“人的全面而自由的发展”作为根本的价值追求，尊重人的尊严，保障人的基本权利，实现人的终极价值，使教育制度真正成为“人性化”的教育制度，而不是束缚人的发展的“牢笼”。“以人为本”的教育制度，就是要使教育制度“不只是规范人的行为的一种手段，而且还能成为提升人的需要层次、丰富人的精神世界的一种方式”②。“以人为本”的教育制度，就是把相信人、依靠人、为了人，把最广大人民的最根本的利益作为一切教育制度的出发点和落脚点，把实现好、维护好、发展好最广大人民的根本利益作为衡量一切教育制度的唯一标准。总之，以现代人的精神培养现代人，以全面发展的视野培养全面发展的人，是教育制度以人为本的应有之义。当某些教育制度不符合教育的发展、不符合“人的全面而自由的发展”、不利于调动广大教育工作者的积极性时，就应该对其进行修改或废除。

2. *好的教育制度必须满足正义理念的要求*

尽管不同的时代对正义的理解不同，要求也不同。但是，就我国的发

---

① 施惠玲:《制度伦理研究论纲》，北京师范大学出版社 2003 年版，第 124 页。

② 李江源、胡斌武:《论教育制度的伦理道德之维》，《教育理论与实践》2006 年第 1 期。

展现状来看，正义应该是“作为公平的正义”而存在的，正义意味着平等的自由。因此，“在某些制度中，当对基本权利和义务的分配没有在个人之间作出任何意义的区分时，当规范使各种对社会生活利益的冲突要求之间有一恰当的平衡时，这些制度就是正义的。”① 教育制度明确了教育中的权利和义务以及教育利益的分配，“作为公平的正义”的教育制度必须满足这样的条件：保障平等的教育自由是确定不已的，且不受制于政治教育或社会利益的权衡。当教育制度致力于保障每个受教育者平等教育自由时，它就是正义的，任何正义的教育制度，都不能以侵犯人的教育自由为代价。

教育制度的正义，首先要确保制度设计的公正性。制度是由人设计出来的，在设计制度时必须同时考虑两个方面：一是出于什么样的目的设计制度，这就是要追问制度赖以建立的观念基础是否正义，是否具有普遍的合理性；二是制度设计的程序本身是否公正，是否做到了民主、公开和透明，保证了全体社会成员的基本权利、义务和利益。教育制度设计的公正就是要以合理的教育公正观指导教育制度的设计，使设计的制度最大化地符合教育公正的要求，其设计的结果就是教育制度本身。如果没有制度的公正设计，就不可能有制度本身的公正。②

其次，教育制度的正义要求教育制度本身的公正性。就是以公正的标准对制度本身的评价。“公正的标准就是以权利为基点的一系列关于权利的界定和分配的原则体系”③，它评价制度规定的权利和义务的基本内容以及权利和义务在利益主体间的分配是否合理。教育制度本身的正义意味着教育制度应以教育公正的基本原则审视该制度是否反映或符合原则的一般要求，也就是以教育公正的原则为标准对教育制度内容进行评价。因此，正义的教育制度必须确保人人享有平等的教育自由，为学生及教师的自由发展和个性多样化服务，而不应该处于政治或利益集团的控制之下，服务于国家意志的形式上的教育制度。教育制度应内含着教育理想与教育价值追求，符合教育规律，这才是实质意义上的教育制度。

---

① ［美］约翰·罗尔斯：《正义论》，何怀宏等译，中国社会科学出版社 1988 年版，第 5 页。

② 冯建军：《论教育制度和教育制度公正》，《教育理论与实践》2008 年第 6 期。

③ 施惠玲：《制度伦理研究论纲》，北京师范大学出版社 2003 年版，第 196 页。

再次，教育制度的正义意味着教育制度运行过程的公平、正义。公正的制度只有通过执行和运作，才能使公正的理想转化为现实的力量。制度运行的公正是一种程序公正和操作公正，它要求制度平等地对待所有的公民，要求人们服从并遵守制度规则，杜绝个人的主观随意性，禁止个人或群体自行正义，做到制度面前人人平等。同时，建立合理的监督约束机制，避免公共权力的滥用和对公共利益的损害。为实现教育制度运行过程中的公平和正义，必须做到以下几点：第一，要建立教育资源配置的平衡机制，确保教育起点公平，即应该免除任何形式的特权，给具有同样发展潜力的社会成员以同样的起点，保障教育资源平衡配置的制度应使用于任何人。第二，给人更多的参与决策的权力，最大限度地整合、平衡各个利益集团的要求，保障绝大多数成员的教育需求和利益在教育制度中得到体现。当然，我们并不能以更多的人的利益而牺牲少部分人的利益，正义要求每个人享有平等的自由，因此教育制度正义的最终追求是保障所有人的需求和利益的体现。就我国教育制度的现状来看，虽然教育制度具有不完善的地方，但它只是教育制度完善过程的一个不成熟阶段，并不意味着教育制度不会走向成熟。而且，我们忍受一项不正义的教育制度只能是在需要用它来避免另一种更大的不正义的情况下才有可能。因此，教育制度必然最终走向正义。第三，建立弱势补偿的制度机制，加强对弱势群体的补偿力度，进而促进教育的整体发展。第四，由于制度的实施总是要依靠人的，而人的不公正（如出于个人利益、感情、权钱交易因素），往往导致好的教育制度无法得以实现。因此我们还应该做出相关规定，将操作步骤合理化、程序化，固定下来，形成公正的操作程序，保证操作的公正。

最后，教育制度的正义还要求教育制度矫正的公正。教育制度矫正的公正是一种事后追加性公正，是对制度不公正行为的一种纠偏和补偿。如对不公正制度的禁止或矫正、对不公正行为的惩罚、对受侵害者利益的补偿等。

结　语

自由之于教育的重要性已不言而喻，但如何建构理想的教育自由理念并将其实现却是当前面临的最为迫切的问题。本研究正是对何为教育自由、如何实现教育自由等问题的追问、探索，得出了若干结论，同时，受时间、学养等诸多因素所限，还存在着一些问题亟待深入探讨。

首先，就国家与教育的关系而言，它决定了教育是否享有自由及享有自由的多少。教育自由实践的历史已经证明，教育不可能完全摆脱政府的干涉，也不可能完全国家化，否则就将会走向教育的无政府主义或极权主义，教育自由的实现依赖于国家或社会的适当干预。那么，如何确定国家在教育中的作用？对这一问题的回答，又需对教育与国家的关系进行更加系统、深入考察和论证，同时还必须综合考虑主流的意识形态、教育的发展水平、人口的素质基础等因素。

其次，学校的教育自由也有待更深入的讨论。学校的教育自由在一定程度上保障着教师的教育自由及学生的教育自由，甚至是教师教育自由及学生教育自由的前提基础。只有学校享有了一定的教育自由，才可能摆脱国家、社会的过度干预从而给予教师和学生以自由发展的空间。但目前这一问题尚未引起更多研究者的关注，本研究也未涉及太多。

再次，教育制度的改革是实现教育自由的关键环节，但不是全部。本文仅就教育自由实现的制度保障进行了应然层面的理论分析。事实上，教育制度的贯彻执行包括其改革，都有赖于人的观念的转变及教育系统外部的支持。如果将教育自由的实现完全寄托于教育制度的改革，很可能导致教育制度形同虚设，难以得到有效的执行，教育自由的理念更加不会得到有效实现。因此，对教育自由实现机制的考察还应当对教育制度的改革及贯彻的执行主体进行明确，对制约教育制度有效执行的影响因素进行深入的考察分析，对教育制度的可行性及有效性等进行进一步的论证等。

最后，在追寻教育自由的道路上，或许有阴霾、或许有阻滞，但我坚信，通过越来越多研究者的关注、钻研，必将形成星星之火可以燎原之势，并最终掀起一场教育思想的革命。

路漫漫其修远兮，但吾将上下而求索！

参考文献

一 中文文献

（一）论著

［1］［英］阿克顿：《自由与权力》，侯健等译，商务印书馆2001年版。

［2］［法］阿贝尔·雅卡尔等：《没有权威和惩罚的教育》，张伦译，中国人民大学出版社2005年版。

［3］［印］阿马蒂亚·森：《以自由看待发展》，任赜等译，中国人民大学出版社2009年版。

［4］［匈］安东尼·德·雅赛：《重申自由主义》，陈茅等译，中国社会科学出版社1997年版。

［5］［美］阿伦特：《人的境况》，王寅丽译，上海人民出版社2009年版。

［6］［英］安东尼·阿巴拉斯特：《西方自由主义的兴衰》，曹海军等译，吉林人民出版社2004年版。

［7］［德］阿克塞尔·霍耐特：《为承认而斗争》，胡继华译，上海人民出版社2005年版。

［8］艾克文：《霍布斯政治哲学中的自由主义》，武汉大学出版社2010年版。

［9］［英］艾瑞克·霍布斯邦：《资本的年代：1848—1875》，张晓华译，国际文化出版公司2006年版。

［10］［英］安迪·格林：《教育与国家形成：英、法、美教育体系起源之比较》，王春华等译，教育科学出版社2004年版。

［11］［俄］别尔嘉耶夫：《人的奴役与自由》，徐黎明译，贵州人民

出版社 1994 年版。

[12] [巴西] 保罗·弗莱雷:《被压迫者教育学》,顾建新等译,华东师范大学出版社 2001 年版。

[13] [英] 波兰特·罗素:《自由之路》,李国山等译,文化艺术出版社 1998 年版。

[14] [英] 波兰特·罗素:《罗素论教育》,杨汉麟译,人民教育出版社 2009 年版。

[15] [英] 波兰特·罗素:《权威与个人》,储智勇译,商务印书馆 2010 年版。

[16] [英] 波兰特·罗素:《社会改造原理》,张师竹译,上海人民出版社 2001 年版。

[17] [法] 邦亚曼·贡斯当:《古代人的自由与现代人的自由》,阎克文等译,上海人民出版社 2005 年版。

[18] [美] 杜威:《经验与教育》,姜文闵译,人民教育出版社 2005 年版。

[19] [美] 杜威:《民主主义与教育》,王承绪译,人民教育出版社 2001 年版。

[20] [美] 杜威:《人的问题》,傅统先等译,上海人民出版社 1986 年版。

[21] [美] 德沃金:《至上的美德:平等的理论和实践》,冯克利译,江苏人民出版社 2003 年版。

[22] [捷] 丹尼尔·沙拉汉:《个人主义的谱系》,储智勇译,吉林出版集团有限责任公司 2009 年版。

[23] [英] 戴维·罗斯:《正当与善》,林南译,上海译文出版社 2008 年版。

[24] [美] 大卫·麦克里兰:《意识形态》,孔兆政等译,吉林人民出版社 2005 年版。

[25] [英] F. A. 哈耶克:《哈耶克文选》,冯克利译,江苏人民出版社 2006 年版。

[26] [英] F. A. 哈耶克:《自由秩序原理》,邓正来译,生活·读书·新知三联书店 1997 年版。

［27］［英］F. A. 哈耶克：《致命的自负》，冯克利等译，中国社会科学出版社 2000 年版。

［28］［英］F. A. 哈耶克：《自由宪章》，杨玉生等译，中国社会科学出版社 1999 年版。

［29］［美］弗里德里希·沃特金斯：《西方政治传统：近代自由主义之发展》，黄辉等译，吉林人民出版社 2001 年版。

［30］［美］弗里德里希·沃特金斯：《西方政治传统：现代自由主义发展研究》，黄辉等译，吉林人民出版社 2001 年版。

［31］［美］费瑟斯通：《见证美国民主教育的希望与失败》，王晓宇等译，华东师范大学出版社 2005 年版。

［32］［德］弗里德里希·鲍尔生：《德国教育史》，滕大春译，人民教育出版社 1986 年版。

［33］［英］格雷厄姆·沃拉斯：《政治中的人性》，朱曾汶译，商务印书馆 1995 年版。

［34］［美］古特克〈哲学与意识形态视野中的教育》，陈晓端译，北京师范大学出版社 2008 年版。

［35］顾肃：《自由主义基本理念》，中央编译出版社 2005 年版。

［36］［英］赫伯特·斯宾塞：《社会静力学》，张雄武译，商务印书馆 1996 年版。

［37］［英］赫伯特·斯宾塞：《斯宾塞教育论著选》，胡毅等译，人民教育出版社 2004 年版。

［38］［英］霍布斯：《利维坦》，黎思复等译，商务印书馆 1987 年版。

［39］［美］亨利·A. 吉鲁：《教师作为知识分子：迈向批判教育学》，朱红文译，教育科学出版社 2008 年版。

［40］［英］杰夫·惠迪等：《教育中的放权与择校：学校、政府和市场》，马忠虎译，教育科学出版社 2003 年版。

［41］金生鈜：《规训与教化》，教育科学出版社 2004 年版。

［42］金生鈜：《保卫教育的公共性》，福建教育出版社 2008 年版。

［43］［英］J. B. 伯里：《思想自由史》，宋桂煌译，吉林人民出版社 1999 年版。

［44］［德］柯武刚、史漫飞：《制度经济学：社会秩序与公共政策》，韩朝华译，商务印书馆 2000 年版。

［45］［德］卡尔·雅斯贝尔斯：《什么是教育》，邹进译，生活·读书·新知三联书店 1991 年版。

［46］［英］克劳德：《自由主义与价值多元论》，应奇等译，江苏人民出版社 2006 年版。

［47］［美］肯尼斯·J. 阿罗：《社会选择与个人价值》，丁建峰译，上海人民出版社 2010 年版。

［48］［英］K. R. 波普尔：《开放社会及其敌人》，郑一明等译，中国社会科学出版社 1999 年版。

［49］［德］格尔哈德·帕普克：《知识、自由与秩序：哈耶克思想论集》，黄冰源译，中国社会科学出版社 2001 年版。

［50］李宏图：《从“权力”走向“权利”：西欧近代自由主义思潮研究》，上海人民出版社 2007 年版。

［51］［英］洛克：《人类理解论》，关文运译，商务印书馆 2009 年版。

［52］［美］劳伦斯·A. 克雷明：《美国教育史》（1—3 卷），朱旭东等译，北京师范大学出版社 2002 年版。

［53］联合国教科文组织国际教育发展委员会：《学会生存：教育世界的今天和明天》，华东师范大学比较教育研究所译，教育科学出版社 1996 年版。

［54］［美］罗纳德·德沃金：《认真对待权利》，信春鹰等译，上海三联书店 2008 年版。

［55］［法］雷蒙·阿隆：《论自由》，姜志辉译，上海译文出版社 2007 年版。

［56］刘军宁等：《市场社会与公共秩序》，上海三联书店 1996 年版。

［57］［美］列奥·施特劳斯：《政治哲学史》，李天然等译，河北人民出版社 1998 年版。

［58］［美］罗伯特·达尔：《民主理论的前言》，顾昕译，东方出版社 2009 年版。

［59］［法］卢梭：《社会契约论》，何兆武译，商务印书馆 1980

年版。

[60] [法] 卢梭:《论人类不平等的起源和基础》,李常山译,商务印书馆 1997 年版。

[61] [法] 卢梭:《爱弥儿》,李平沤译,商务印书馆 1978 年版

[62] [法] 卢梭:《教育漫话》,傅任敢译,人民教育出版社 2006 年版。

[63] 李梅:《权利与正义:康德政治哲学研究》,社会科学文献出版社 2007 年版。

[64] 李强:《自由主义》,吉林出版集团有限责任公司 2007 年版。

[65] [法] 米歇尔·福柯:《规训与惩罚》,刘北成等译,生活·读书·新知三联书店 1999 年版。

[66] [美] 米尔顿·弗里德曼等:《自由选择:个人声明》,胡骑等译,商务印书馆 1982 年版。

[67] [美] 米尔顿·弗里德曼:《资本主义与自由》(第 2 版),张瑞玉译,商务印书馆 2004 年版。

[68] [英] 米尔恩:《人的权利与人的多样性:人权哲学》,夏勇等译,中国大百科全书出版社 1995 年版。

[69] [法] 孟德斯鸠:《论法的精神》,张雁深译,商务印书馆 1987 年版。

[70] [美] 迈克尔·沃尔泽:《正义诸领域:为多元主义与平等一辩》,褚松燕译,译林出版社 2002 年版。

[71] [英] 麦克·F. D. 扬:《知识与控制:教育社会学新探》,谢维和等译,华东师范大学出版社 2002 年版。

[72] [英] 马克·J. 史密斯:《文化:再造社会科学》,张美川译,吉林人民出版社 2005 年版。

[73] [美] 迈克尔·W. 阿普尔:《课程政治:现代教育改革与国定课程》,杨思伟等译,师大书苑出版社 1997 年版。

[74] [美] 迈克尔·W. 阿普尔:《意识形态与课程(第二版)》,黄忠敬译,华东师范大学出版社 2001 年版。

[75] [美] 迈克尔·W. 阿普尔:《官方知识:保守时代的民主教育》(第 2 版),曲囡囡等译,华东师范大学出版社 2000 年版。

[76] [美] 迈克尔·W. 阿普尔：《教育·科技·权力：视资讯教育为一种社会实践》，白亦方译，高等教育文化事业有限公司 2004 年版。

[77] [美] 迈克尔·W. 阿普尔：《文化政治与教育》，阎光才等译，教育科学出版社 2005 年版。

[78] [美] 迈克尔·W. 阿普尔：《教科书政治学》，侯定凯译，华东师范大学出版社 2005 年版。

[79] [美] 迈克尔·W. 阿普尔：《国家与知识政治》，黄忠敬等译，华东师范大学出版社 2007 年版。

[80] [美] 迈克尔·W. 阿普尔：《教育与权力》，曲囡囡等译，华东师范大学出版社 2008 年版。

[81] [美] 迈克尔·W. 阿普尔：《被压迫者的声音》，罗燕等译，华东师范大学出版社 2008 年版。

[82] [美] 迈克尔·W. 阿普尔：《教育的"正确"之路》（第 2 版），黄忠敬等译，华东师范大学出版社 2008 年版。

[83] [美] 迈克尔·W. 阿普尔：《民主学校：有效教育的启示》，白亦方等译，冠学文化出版 2009 年版。

[84] 马凤岐：《教育政治学》，人民教育出版社 2007 年版。

[85] 马凤岐：《自由与教育》，北京师范大学出版社 2006 年版。

[86] [美] 尼布尔：《道德的人与不道德的社会》（第 2 版），蒋庆等译，贵州人民出版社 2007 年版。

[87] [美] 纳坦·塔科夫：《为了自由：洛克的教育思想》，邓文正译，生活·读书·新知三联书店，2001 年版。

[88] [美] 诺齐克：《无政府、国家与乌托邦》，姚大志译，中国社会科学出版社 2008 年版。

[89] [美] 南茜·弗雷泽：《正义的中断：对"后社会主义"状况的批判性反思》，于海青译，上海人民出版社 2009 年版。

[90] [美] 南茜·弗雷泽、[德] 阿克塞尔·霍耐特：《再分配，还是承认?》，周穗明译，上海人民出版社 2009 年版。

[91] [法] 皮埃尔·勒鲁：《论平等》，王允道译，商务印书馆 2010 年版。

[92] [法] 皮埃尔·莫内：《自由主义思想文化史》，曹海军译，吉

林人民出版社 2004 年版。

[93] [法] P. 布尔迪约，J. C. 帕斯隆：《再生产：一种教育系统理论的要点》，邢克超译，商务印书馆 2002 年版。

[94] [英] 沛西·能：《教育原理》，王承绪等译，人民教育出版社 1964 年版。

[95] [美] 乔尔·斯普林格：《脑中之轮：教育哲学导论》，贾晨阳译，北京大学出版社 2005 年版。

[96] [美] 乔治·霍兰·萨拜因：《政治学说史》，盛葵阳等译，商务印书馆 1986 年版。

[97] [美] 乔万尼·萨托利：《民主新论》，冯克利等译，上海人民出版社 2008 年版。

[98] [美] 桑德尔：《自由主义与正义的局限》，万俊人译，译林出版社 2001 年版。

[99] [美] 斯蒂芬·J. 鲍尔：《教育改革：批判和后结构主义的视角》，侯定凯译，华东师范大学出版社 2002 年版。

[100] 石中英：《教育哲学导论》，北京师范大学出版社 2002 年版。

[101] 石元康：《当代西方自由主义理论》，上海三联书店 2000 年版。

[102] 施惠玲：《制度伦理研究论纲》，北京师范大学出版社 2003 年版。

[103] [法] 托克维尔：《论美国的民主》，董果良译，人民教育出版社 2001 年版。

[104] [美] 唐纳德·R. 凯利：《多面的历史：从希罗多德到赫尔德的历史》，陈恒等译，生活·读书·新知三联书店 2003 年版。

[105] 涂艳国：《走向自由》，华中师范大学出版社 1999 年版。

[106] [德] 威廉·冯·洪堡：《论国家的作用》，冯兴元译，中国社会科学出版 1998 年版。

[107] [英] 威廉斯：《关键词：文化与社会的词汇》，刘建基译，生活·读书·新知三联书店 2005 年版。

[108] [美] 威廉·A. 盖尔斯敦：《自由多元主义》，佟德志等译，江苏人民出版社 2005 年版。

［109］［英］威廉·葛德文：《政治正义论》，何慕李译，商务印书馆 2007 年版。

［110］汪民安：《福柯的界限》，南京大学出版社 2008 年版。

［111］辛鸣：《制度论：关于制度哲学的理论建构》，人民出版社 2005 年版。

［112］［美］约翰·E. 丘伯等：《政治、市场和学校》，蒋衡等译，教育科学出版社 2003 年版。

［113］［英］约翰·洛克：《教育片论》，熊春文译，上海人民出版社 2005 年版。

［114］［英］约翰·洛克：《政府论》，瞿菊农等译，商务印书馆 1982 年版。

［115］［德］伊曼努尔·康德：《论教育学》，赵鹏译，上海人民出版社 2005 年版。

［116］［美］约翰·A. 霍尔，［美］G. 约翰·艾坎伯雷：《国家》，施雪华译，吉林人民出版社 2007 年版。

［117］［美］约翰·凯克斯：《反对自由主义》，应奇译，江苏人民出版社 2003 年版。

［118］［英］约翰·密尔：《论自由》，许宝骙译，商务印书馆 2008 年版。

［119］［英］约翰·穆勒：《功利主义》，徐大建译，上海人民出版社 2007 年版。

［120］［古希腊］亚里士多德：《政治学》，吴寿彭译，商务印书馆 2009 年版。

［121］［英］以赛亚·伯林：《自由论》，胡传胜译，译林出版社 2003 年版。

［122］［美］约翰·罗尔斯：《正义论》，何怀宏等译，中国社会科学出版社 1988 年版。

［123］［美］约翰·罗尔斯：《政治自由主义》，万俊人译，译林出版社 2000 年版。

［124］［英］约翰·格雷：《自由主义的两张面孔》，顾爱彬等译，江苏人民出版社 2002 年版。

[125] [美] 约翰·凯克斯:《反对自由主义》, 应奇译, 江苏人民出版社 2005 年版。

[126] [英] 约翰·邓恩:《民主的历程》, 林猛等译, 吉林人民出版社 1999 年版。

[127] 应奇等编:《第三种自由》, 东方出版社 2006 年版。

[128] 邹吉忠:《自由与秩序: 制度价值研究》, 北京师范大学出版社 2003 年版。

[129] [英] 泽格蒙特·鲍曼:《自由》, 杨光等译, 吉林人民出版社 2005 年版。

[130] 仲建维:《学生权利论》, 华东师范大学出版社 2008 年版。

[131] 张琨:《教育即解放: 弗莱雷教育思想研究》, 福建教育出版社 2008 年版。

[132] 张凤阳:《政治哲学关键词》, 江苏人民出版社 2006 年版。

[133] 周志宏: 《学术自由与大学法》, 蔚理法律出版社 1988 年版。

(二) 辞典

[1]《辞海》, 上海辞书出版社 1989 年版。

[2] [英] 邓肯·米切尔:《新社会学词典》, 蔡振扬译, 上海译文出版社 1987 年版。

[3] [英] 戴维·米勒等:《布莱克维尔政治学百科全书》, 邓正来等译, 中国政法大学出版社 2002 年版。

[4] 顾明远:《教育大辞典》, 上海教育出版社 1990 年版。

[5] 中国大百科全书总编辑委员会《教育》编辑委员会:《中国大百科全书·教育》, 中国大百科全书出版社 1985 年版。

(三) 期刊论文

[1] 曹雁:《美国教育: 自由主义体制下的国家主义倾向》,《比较教育研究》2007 年第 6 期。

[2] 蔡辰梅:《以自由看待教育发展: 教育发展的价值反思与价值追求》,《复旦教育论坛》2006 年第 5 期。

[3] 陈列达:《国家市场经济与高等教育关系的不同模式》,《高等教育研究》1996 年第 2 期。

[4] 陈芳：《美国大学教师学术自由权利保障的制度分析》，《中国高等教育评估》2008 年第 2 期。

[5] 陈道英：《关于“禁网门”的几点宪法学思考》，《法学》2010 年第 12 期。

[6] 陈玉祥：《现代教育呼唤学生自由》，《华南师范大学学报》（社会科学版）2001 年第 2 期。

[7] 程天君：《学生自由发问何以缺失？》，《全球教育展望》2006 年第 4 期。

[8] 戴双翔、姜勇：《论教师的自由》，《教育发展研究》2008 年第 1 期。

[9] 冯建军：《教育自由及其原则：政治哲学的视角》，《教育学术月刊》2008 年第 6 期。

[10] 冯建军：《论教育制度和教育制度公正》，《教育理论与实践》2008 年第 6 期。

[11] 葛新斌：《学校，抑或监狱？》，《华南师范大学学报》（社会科学版）2009 年第 3 期。

[12] 高益民：《日本教育改革的新自由主义侧面》，《清华大学教育研究》2002 年第 6 期。

[13] 郭峰：《教师聘任制与学术自由》，《教育发展研究》2008 年第 3 期。

[14] 宫顺升：《教师自由的遮蔽与重现》，《教育科学论坛》2009 年第 3 期。

[15] 管月飞：《试论教师自由的可能性及其限度》，《教育科学论坛》2007 年第 5 期。

[16] 扈中平：《人是教育的出发点》，《教育研究》1989 年第 3 期。

[17] 扈中平：《教育目的中个人本位论与社会本位论的对立与历史统一》，《华南师范大学学报》（社会科学版）2000 年第 2 期。

[18] 扈中平、刘朝晖：《对道德的核心和道德教育的思考》，《华东师范大学学报》（教育科学版）2002 年第 2 期。

[19] 扈中平、刘朝晖：《中西教育观的比较与思考》，《教育评论》2002 年第 1 期。

[20] 扈中平、蔡春：《教育人学论纲》，《华东师范大学学报》（教育科学版）2003 年第 3 期。

[21] 扈中平：《教育的目的应定位于培养“人”》，《北京大学教育评论》2004 年第 3 期。

[22] 扈中平：《德育如何看待“利己”》，《学术研究》2005 年第 6 期。

[23] 扈中平：《教育何以关涉人的幸福》，《教育研究》2008 年第 11 期。

[24] 扈中平、肖绍明：《教育人性化的总体化实践》，《教育研究与实验》2010 年第 5 期。

[25] 扈中平、肖绍明：《教育何以复归人性》，《高等教育研究》2010 年第 6 期。

[26] 扈中平、吴元发：《论教师良心拒绝与正当不服从及其限度》，《华东师范大学学报》（教育科学版）2011 年第 3 期。

[27] ［日］黑泽惟昭：《日本教育中的新自由主义》，张德伟译，《外国教育研究》2010 年第 11、12 期。

[28] 郝文武：《自由教育的价值和实现方式》，《高等教育研究》2009 年第 9 期。

[29] 金生鈜：《我们为什么需要教育民主》，《教育学报》2005 年第 6 期。

[30] 金生鈜：《论教育自由》，《南京师大学报》（社会科学版期）2004 年第 6 期。

[31] J. B. G. 提拉克：《我们是否迈向高等教育的自由放任主义?》，陆骄译，《北京大学教育评论》2005 年第 3 期。

[32] 李协京：《新自由主义和新保守主义路线指导下的日本教育改革》，《教育研究》2005 年第 8 期。

[33] 劳凯声：《论现代国家与教育关系》，《教育研究与实验》1992 年第 4 期。

[34] 刘家峰：《论抗战时期基督教大学与国民政府之关系》，《史林》2004 年第 3 期。

[35] 李涛：《全球化语境下的中国教育公共治理：法理国家视阈中

的政治哲学诠释与批判》，《教育学术月》2010年第3期。

［36］刘尧：《教育要在功利与自由之间追求平衡》，《教育科学研究》2008年第4期。

［37］李江源、王蜜：《教育自由：教育制度建设的价值维度》，《教育理论与实践》2010年第1期。

［38］李虎林：《论学生自由的价值》，《教育评论》2005年第4下期。

［39］李文兵：《论学术自由及其限度》，《高教探索》2006年第6期。

［40］李江源、胡斌武：《论教育制度的伦理道德之维》，《教育理论与实践》2006年第1期。

［41］刘亚敏：《论学术自由的政治价值》，《清华大学教育研究》2008年第5期。

［42］马凤岐：《学术自由的限制》，《高教探索》2006年第1期。

［43］马凤岐：《教育与受教育者的自由》，《教育理论与实践》2001年第4期。

［44］潘洪建：《教师解放：从制度规约到自由发展》，《教育科学研究》2010年第1期。

［45］秦惠民：《现代社会的基本教育权型态分析》，《中国人民大学学报》1998年第5期。

［46］任仕君：《论学生自由及其限度：道德教育的自由困境与解决路径》，《教育理论与实践》2009年第5期。

［47］申素平：《父母、国家与儿童的教育》，《比较教育研究》2009年第3期。

［48］石中英：《学校教育与国家文化安全》，《教育理论与实践》2000年第11期。

［49］石中英：《论学生的学习自由》，《教育研究与实验》2002年第4期。

［50］滕志妍：《西方国家宗教与公共教育关系的政策模式探析》，《比较教育研究》2009年第1期。

［51］王燕：《自由：教育的伦理之维》，《教育研究》2007年第

11 期。

[52] 王卫东:《当今中小学教师权益问题:基于现实的思考》,《教育科学研究》2005 年第 2 期。

[53] 王燕晓、吴练达:《洪堡关于国家与教育关系的思想研究》,《现代大学教育》,2008 年第 5 期。

[54] 王蜜、李锐:《教育自由何以可能——教育制度的解答》,《教育学术月刊》2009 年第 10 期。

[55] 王保星:《美国大学教师终身教职与学术自由的关系》,《北京大学教育评论》2005 年第 1 期。

[56] 王保星、张斌贤:《"大学教师终身教职"的存废之争:美国大学教师学术自由权利保障的制度分析》,《教育研究》2004 年第 9 期。

[57] 王善安、杨晓萍:《论教育与儿童自由:基于伯林"两种自由概念"视角》,《教育探究》2009 年第 2 期。

[58] 吴思孝:《西方教师权威与学生自由的历史回眸》,《教育理论与实践》2006 年第 2 期。

[59] 许庆豫:《教育研究中的历史比较方法评介:〈教育与国家形成〉分析》,《比较教育研究》2000 年第 2 期,第 51—56 页。

[60] 许庆豫:《西方国家教育制度的诞生与发展》,《苏州大学学报》(哲学社会科学版)2000 年第 3 期。

[61] 项贤明:《教育发展与国家竞争力的理论探析》,《比较教育研究》2010 年第 6 期。

[62] 谢丽娜:《探究学习中"学生自由"的异化及合理化》,《教育发展研究》2010 年第 20 期。

[63] 夏琍、姚本先:《教师权威与学生自由》,《当代教育论坛》2004 年第 5 期。

[64] 杨小秋:《教师实践自由的张力及其限度》,《现代大学教育》2009 年第 4 期。

[65] 叶秀丹、黄欣祥:《教师的教授自由及其限度》,《海南师范大学学报》(社会科学版)2010 年第 2 期。

[66] 易红郡:《自由·平等·市场:哈耶克的自由主义教育观》,《当代教育论坛》2006 年第 11 上期。

[67] 易红郡:《撒切尔主义与〈1988年教育改革法〉》,《湘潭大学社会科学学报》2003年第4期。

[68] 乐先莲:《新自由主义视域中教育与国家的关系:韦斯特的“国家公共教育神话论”评析》,《比较教育研究》2010年第8期。

[69] 余若峡:《自然法视角下的国家教育权》,《教育发展研究》2010年第11期。

[70] 杨明:《论课堂中学生自由支配时间利用的问题和对策》,《教育科学》2007年第3期。

[71] 杨小秋:《教师实践自由的张力及其限度》,《现代大学教育》2009年第4期。

[72] 张俊友:《美国公立中小学校教师表达自由及其限度》,《比较教育研究》2009年第9期。

[73] 朱旭东:《当代西方国家与教育关系理论评述》,《比较教育研究》2002年第6期。

[74] 朱旭东、蒋贞蕾:《国家发展与教育发展模式探讨:教育现代化的视角》,《比较教育研究》2001年第1期。

[75] 朱旭东:《西方民族主义与教育研究述评》,《比较教育研究》2002年第11期。

[76] 周兴国:《从政府控制到市场运作:哈耶克自由主义教育政策观的思路与困境》,《比较教育研究》2005年第9期。

[77] 郑崧:《教育世俗化与民族国家》,《比较教育研究》2002年第11期。

[78] 赵婷婷、于旸:《美国大学中的行政权力及其对教师学术自由的影响》,《高等教育研究》2006年第12期。

[79] 张晓丽:《论教师自由》,《教育科学论坛》2009年第12期。

[80] 赵昌木、宫顺升:《教师的理性与自由》,《教育理论与实践》2009年第4期。

[81] 赵敏:《教师制度:自由秩序的生成路径》,《教育研究与实验》2009年第6期。

[82] 周杰:《学生自由缺失的教育观反思》,《现代教育论丛》2009年第12期。

（四）学位论文

[1] 蔡春：《在权力与权利之间：秩序自由主义教育研究》，博士学位论文，华南师范大学，2004 年。

[2] 谢文玉：《自由与民主的限度：20 世纪 60—90 年代美国人对新左派学生运动的认知》，博士学位论文，南开大学，2009 年。

[3] 周兴国：《教育自由及其限度》，博士学位论文，南京师范大学，2007 年。

[4] 朱利霞：《国家观念、市场逻辑与公共教育：转型期西方公立学校改革透析及其对中国的启示》，博士学位论文，华东师范大学，2004 年。

[5] 翟楠：《教育权力及其正当性之研究》，博士学位论文，南京师范大学，2008 年。

二 外文文献

[1] A. H. Halsey, Hugh Lauder, Phillip Brown, and Amy Stuart Wells, (eds,), Education: Culture, Economy, and Society, New York: Oxford University Press, 1997.

[2] Andy Green, Education and State Formation: The Rise of Education Systems in England, France and the USA, London: Macmillan Press LTD, 1990.

[3] Andy Green, Globalization and Nation State, London: Macmillan Press LTD, 1997.

[4] Anthony Arblaster, The Rise and Decline of Western Liberalism, Oxford: Basil Blackwell, 1984.

[5] Alan Skyes, The Rise and Fall of British Liberalism: 1776—1988, London and New York: Longman, 1997.

[6] Alistair Edwards, Jule Townshend, Interpreting Modern Political Philosophy, London: Macmillan Press Ltd, 2002.

[7] Annabel Patterson, Early Modern Liberalism, Cambridge: Cambridge University Press, 1997.

[8] Bruce Fuller and Richard Rubinson, ed., The Political Construction

of Education: the State, School Expansion, and Economic, New York: Praeger, 1992.

[9] Dale, R, et al, (eds), Education and the State: Schooling and the National Ineterest, London: Taylor&Francis Ltd, 1981.

[10] Edward L, Glaeser, Giacomo A. M. Ponzetto, Andrei Shleifer, "Why does democracy need education?", J. Econ Growth, 2007 (12).

[11] Eric Hobsbawm, The Age Of Capital, London: Weidenfedl&Nicolson Ltd, 1987.

[12] Freire, p, Pedagogy of the Oppressed, Harmondsworth: Penguin, 2003.

[13] Freire, p, Cultural Action for Freedom, Harmondsworth: Penguin, 1988.

[14] Freire, p, Education as the Practice of Freedom, New York: Continuum, 1976.

[15] Freire, p, The Politics of Education, London: Macmillan, 1985.

[16] Freire, p, Pedagogy of Freedom, Lanham, Md,: Rowman and Littlefield, 1998.

[17] Hobsbawn, E. J., The Age of Capital, 1848—1875, London: Abacus, 1977.

[18] I. Berlin, Four Essays on Liberty, New York: Oxford University Press, 1969.

[19] J. Salwyn Schapiro, Liberalism: Its Meaning and History, Princeton: Princeton University Press, 1958.

[20] John Gray, Liberalism, Buckingham: Open University Press, 1955.

[21] Jean Hampton, Hobbes and Social Contract Tradition, Cambridge: Cambridge University Press, 1986.

[22] James Tully, Meaning and Context, Quentin Skinner and His Critics, Oxford: Polity Press, 1988.

[23] J. C. D, Clark, The Language of Liberty 1660—1832, Cambridge: Cambridge University Press, 1986.

[24] John Mcnald, Rousseau and the French Revolution, London: the Athlone Press, 1965.

[25] John C. Rees, John Stuart Mill's on Liberty, Oxford: Oxford University Press, 1985.

[26] Ken Kempne, "Post – modernizing Education on the Periphery and in the Core", International Review of Education, 1998 (5/6) .

[27] Kingsley Martin, French Liberal Thought In The Eighteen Century, Boston: Little, Brown, 1962.

[28] Martin Carnoy, "Education, Economy and the State", Michael W, Apple, ed,, Cultural and Economic Reproduction in Education: Essays on Class, Ideology and the State, London: Routledge&Kegan Paul, 1982.

[29] Maurice Cowling, Mill and Liberalism, Cambridge: Cambridge University Press, 1990.

[30] Norman Geras and Robert Wokler (eds), The Enlightenment and Modernity, London: Macmillan Press Ltd, 2000.

[31] Philip Pettit, Republicanism: A Theory of Freedom and Government, Oxford: Oxford University Press, 1999.

[32] Patrick Joyce, The Rule of Freedom: The City and Modern Liberalism, London: Verso London, 2003.

[33] Philip Pettit, A Theory of Freedom: From the Psychology to the Politics of Agency, Oxford: Oxford University Press, 2001.

[34] Queen Skinner, Liberty befor Liberlism, Cambridge: Cambridge University Press, 2001.

[35] Queen Skinner, "A Third Concept of Liberty", London Revies of Books, Vol. 4, 2002.

[36] Queen Skinner, "The Idea of Negative Liberty: Philosophical and Historical Perspectives", Philosophy in history: essays on the historiography of philosophy, Richard Rorty, Jerome B, Schneewind, Quentin Skinner, Cambridge: Cambridge University Press, 1984.

[37] Queen Skinner, States and the Freedom of Citizens in States and Citizens, Cambridge: Cambridge University Press, 2003.

[38] Raynond Poignant, Education and Development in Western Europe, the United States, and the U, S, S, R, a Comparative Study, New York:

Teachers College Press, 1969.

[39] Robert Eccleshall, British Liberalism: Liberal Thought from the 1640s to 1980s, London and New York: Longman, 1986.

[40] Ruth W, Grant, John Locke' s Liberalism, Chicago: the University of Chicago Press, 1987.

[41] Roger Dale, The State and Education Policy, Buckingham: Open University Press, 1989.

[42] Svi Shapiro, Between Capitalism and Democracy: Educational Policy and the Crisis of the Welfare State, New York: Bergin & Garvey Publishers, 1990.

[43] Stacy Churchill, "The Decline of the Nation – State and the Education of National Minorities", International Review of Education, Vol. 4, 2004.

[44] Sheldon S, Wolin, Tocqueville Between Two World: the Making of a Political and Theoretical Life, Princeton: Princeton University Press, 2001.

[45] Uday Singh Mehta, Liberalism and Empire: A Study in Nineteenth – century British Liberal Thought, Chicago: the University of Chicago Press, 1999.

[46] Walter Simon (ed), French Liberalism, 1789—1848, New York: John Wiley and Sons, 1972.

致　谢

本书是在我博士论文的基础上修改完成的。虽然还有很多诸如分析流于粗浅之类问题的存在，但就我而言，已是投入了大量时间和精力，经过无数次痛苦的自我否定、肯定，一路跌跌撞撞艰辛完成的。文章天下事，得失寸心知。书稿即将付梓出版之际，心中自是感慨万千！

首先特别感谢恩师扈中平先生！蒙先生不弃，有幸为其弟子。多年来，先生的睿智与犀利、宽容与大度为我们营造了一种最好的精神氛围，置身其间，耳濡目染，潜移默化，使学生受益匪浅。不仅如此，生活中，他看似无心的点拨也总使心有疑惑的我体会到“山重水复疑无路，柳暗花明又一村”的豁然与敞亮。感谢师母刘朝晖女士，一个温婉可人、兰心蕙质、天然去雕饰且童心未泯的女子。与她的相处，是一件让人轻松、愉快的事，且总能让人唤起对美好生活的向往与憧憬！

感谢硕导王卫东教授，正是他引导学生走上学术之旅，也正是他严格、严谨的治学态度使我具备了较为扎实的学术功底，从而在学术上能有所长进。不仅如此，多年来，王老师和师母唐爱真女士在生活上对我如女儿般的关心、鼓励，让我有足够的勇气和信心坚持自己的理想走下去。

感谢其他所有曾经教导过、帮助过我的老师们：刘晖教授、董标教授、谢少华教授、胡劲松教授、葛新斌教授、郑航教授、刘良华教授、吴全华教授、齐梅教授、冯建军教授等。尤其要特别感谢董标教授，他在学识修养上的博学、严谨、审慎时刻鞭策着学生不敢也不可有一丝一毫的浮躁、得意与懈怠。

感谢闫德明教授、肖绍明博士、宋剑博士、陈彩燕博士、胡金木博士、严从根博士等诸位师兄师姐及读博期间诸位同学的帮助与宽容，在与他们的相互砥砺切磋中也让我有不少的启发。感谢师弟师妹邹应贵博士、陈停战博士、张建国博士、闫世贤博士等在学习和生活中提供的各种支持与帮助。

衷心感谢我的家人。阳光虽灿烂，却比不上父亲和母亲对我的爱。母亲之爱细致入微，她用自己的言传身教使女儿懂得什么是生活；父亲之爱深沉凝重，他常常教我做人要大气。焉得谖草，言树之背，养育之恩，无以为报，你们永远健康、快乐是我最大的心愿！还要特别感谢弟弟和弟媳，是他们更多地承担了照顾父母的重担，尤其是小侄女和小侄子的诞生，给了父母无限生活的乐趣，让我可以较为安心在外工作、读书！

本书的出版得到了广州市属高校重点学科建设项目和广东省普通高校优势重点学科建设项目资助，对资助单位深表感谢；也特别感谢中国社会科学出版社冯春风主任等工作人员对本书出版的辛勤付出。

最后，再次向所有关心帮助我的人道一声：谢谢！

常淑芳

2015 年 6 月于广州大学城榕轩公寓